税务干部业务能力升级学习丛书

征收管理

习题集

本书编写组◎编

中国税务出版社

图书在版编目（CIP）数据

征收管理习题集 / 本书编写组编. -- 北京：中国税务出版社，2024. 8. --（税务干部业务能力升级学习丛书）. -- ISBN 978-7-5678-1539-1

Ⅰ. F812.423

中国国家版本馆 CIP 数据核字第 2024UN6063 号

丛 书 名： 税务干部业务能力升级学习丛书
书　　名： 征收管理习题集
ZHENGSHOU GUANLI XITIJI
作　　者： 本书编写组　编
责任编辑： 张　赛
责任校对： 姚浩晴
技术设计： 林立志
出版发行： 中国税务出版社
北京市丰台区广安路 9 号国投财富广场 1 号楼 11 层
邮政编码：100055
网址：https://www.taxation.cn
投稿：https://www.taxation.cn/qt/zztg
发行中心电话：(010)83362083/85/86
传真：(010)83362047/49
经　　销： 各地新华书店
印　　刷： 保定市中画美凯印刷有限公司
规　　格： 787 毫米×1092 毫米　1/16
印　　张： 19
字　　数： 382000 字
版　　次： 2024 年 8 月第 1 版　2024 年 8 月第 1 次印刷
书　　号： ISBN 978-7-5678-1539-1
定　　价： 48.00 元

编 者 说 明

为落实打造效能税务要求，持续深化依法治税、以数治税、从严治税一体贯通，不断提升税务干部税费征管、便民服务、风险防范的能力和水平，我们结合税收工作实际，组织编写了“税务干部业务能力升级学习丛书”，分为《通用知识》《综合管理岗位知识与技能》《纳税服务岗位知识与技能》《征收管理岗位知识与技能》《税务稽查岗位知识与技能》《信息技术岗位知识与技能》及配套习题集。

《征收管理习题集》与“税务干部业务能力升级学习丛书”之《征收管理岗位知识与技能》相配套，紧扣征收管理岗位专业知识与当前税收工作新形势新任务新要求，题型丰富、重点突出；在题目设计上，按照《征收管理岗位知识与技能》所列知识体系和知识点编写，并适当拓展提升；书后附列3套模拟试卷，考查全面、难易适中，可以帮助税务干部学练结合，快速掌握相关岗位业务知识，提升业务能力。

由于时间及能力所限，书中疏漏在所难免，不妥之处恳请读者批评指正。具体修改意见和建议，请与编辑联系（邮箱：bjzx@ taxation. cn，QQ：1050456451），以便修订时更正。

编 者

CONTENTS

目 录

第一部分　章节同步练习

第二部分　模拟测试

第一部分

章节同步练习

第一章　税费管理

>> 本章知识框架

节	细目	知识点	学习进度
增值税	增值税基本政策	【知识点 1】纳税人与扣缴义务人	
		【知识点 2】征税范围	
		【知识点 3】税率及征收率	
		【知识点 4】计税方法	
	特定企业（或交易行为）的增值税政策	【知识点 1】资管产品的增值税政策	
		【知识点 2】建筑服务业增值税政策	
		【知识点 3】房地产开发企业预缴增值税政策	
		【知识点 4】转让不动产增值税政策	
		【知识点 5】不动产经营租赁增值税政策	
		【知识点 6】资源回收企业向自然人报废产品出售者“反向开票”政策	
	增值税优惠政策	【知识点 1】免税	
		【知识点 2】减税	
		【知识点 3】即征即退	
		【知识点 4】增值税期末留抵税额退还	
		【知识点 5】小规模纳税人税收优惠	
		【知识点 6】采购国产设备全额退还增值税	

续表

节	细目	知识点	学习进度
增值税	增值税征收管理	【知识点1】纳税义务发生时间	
		【知识点2】纳税期限	
		【知识点3】纳税地点	
		【知识点4】增值税纳税申报表	
		【知识点5】小规模纳税人税收优惠政策的征收管理	
		【知识点6】小微企业和制造业、批发零售业等行业期末留抵退税的征收管理	
	增值税发票管理	【知识点1】增值税发票的种类	
		【知识点2】开具发票的基本要求	
	增值税出口退（免）税政策	【知识点1】增值税出口退税的办法	
		【知识点2】出口退税率	
		【知识点3】免抵退税的计算	
		【知识点4】加大出口退税助企力度	
消费税	消费税基本政策	【知识点1】纳税人与扣缴义务人	
		【知识点2】征税范围及税目税率	
		【知识点3】消费税纳税环节	
		【知识点4】消费税应纳税额计算	
	消费税优惠政策	【知识点1】对出口应税消费品免征消费税	
		【知识点2】对进口部分应税消费品免征消费税	
		【知识点3】成品油税收优惠政策	
	消费税征收管理	【知识点1】纳税义务发生时间	
		【知识点2】纳税期限	
		【知识点3】纳税地点	
		【知识点4】消费税纳税申报表	
	消费税出口退（免）税政策	【知识点1】消费税出口退税政策	
		【知识点2】消费税退税的计算	
企业所得税	企业所得税基本政策	【知识点1】纳税人与扣缴义务人	
		【知识点2】征税对象	
		【知识点3】税率	

续表

节	细目	知识点	学习进度
企业所得税	企业所得税基本政策	【知识点4】应纳税所得额	
		【知识点5】应纳税额的计算	
	特殊业务所得税政策	【知识点1】非货币性资产投资的所得税政策	
		【知识点2】企业重组的所得税处理	
		【知识点3】房地产企业的所得税处理	
		【知识点4】企业政策性搬迁的所得税政策	
	企业所得税优惠政策	【知识点1】税率优惠	
		【知识点2】税基优惠	
		【知识点3】税额优惠	
	企业所得税征收管理	【知识点1】纳税期限	
		【知识点2】纳税地点	
		【知识点3】申报缴纳	
		【知识点4】源泉扣缴	
		【知识点5】计量货币	
		【知识点6】企业所得税纳税申报表	
个人所得税	个人所得税基本政策	【知识点1】纳税人和扣缴义务人	
		【知识点2】征税范围	
		【知识点3】税率	
		【知识点4】应纳税所得额的计算	
		【知识点5】税额抵免	
		【知识点6】无住所个人所得税政策与管理	
	个人所得税优惠政策	【知识点1】免征个人所得税	
		【知识点2】减征个人所得税	
		【知识点3】关于全年一次性奖金、中央企业负责人年度绩效薪金延期兑现收入和任期奖励的政策	
		【知识点4】关于上市公司股权激励的政策	
		【知识点5】关于保险营销员、证券经纪人佣金收入的政策	
		【知识点6】关于个人领取企业年金、职业年金的政策	

续表

节	细目	知识点	学习进度
个人所得税	个人所得税优惠政策	【知识点 7】关于解除劳动关系、提前退休、内部退养的一次性补偿收入的政策	
		【知识点 8】关于单位低价向职工售房的政策	
		【知识点 9】关于外籍个人有关津补贴的政策	
		【知识点 10】在中国境内无住所的个人的优惠	
		【知识点 11】个人转让全国中小企业股份转让系统挂牌公司股票有关个人所得税政策	
		【知识点 12】代开货物运输业发票预征个人所得税	
		【知识点 13】创业投资企业和天使投资个人有关税收优惠政策	
		【知识点 14】支持居民换购住房有关个人所得税政策	
		【知识点 15】个人养老金有关个人所得税政策	
	个人所得税征收管理	【知识点 1】申报缴纳方式	
		【知识点 2】纳税期限和纳税地点	
		【知识点 3】2023 年度个人所得税综合所得汇算清缴制度	
		【知识点 4】社会配套制度	
土地增值税	土地增值税基本政策	【知识点 1】纳税人	
		【知识点 2】征税范围	
		【知识点 3】税率	
		【知识点 4】应纳税额的计算	
	土地增值税优惠政策	【知识点】土地增值税优惠政策	
	土地增值税征收管理	【知识点 1】纳税申报表	
		【知识点 2】纳税地点	
		【知识点 3】征收机关	
		【知识点 4】预征与清算	
其他税种	车辆购置税政策与管理	【知识点 1】车辆购置税基本政策	
		【知识点 2】车辆购置税优惠政策	
		【知识点 3】车辆购置税征收管理	
		【知识点 4】关于搞活汽车流通、扩大汽车消费的措施	

续表

节	细目	知识点	学习进度
其他税种	资源税政策与管理	【知识点1】资源税基本政策	
		【知识点2】资源税优惠政策	
		【知识点3】资源税征收管理	
	印花税政策与管理	【知识点1】印花税基本政策	
		【知识点2】印花税征收管理	
		【知识点3】印花税优惠政策	
		【知识点4】印花税纳税申报	
	房产税政策与管理	【知识点1】房产税基本政策	
		【知识点2】房产税优惠政策	
		【知识点3】房产税征收管理	
	车船税政策与管理	【知识点1】车船税基本政策	
		【知识点2】车船税优惠政策	
		【知识点3】车船税征收管理	
	环境保护税政策与管理	【知识点1】环境保护税基本政策	
		【知识点2】环境保护税优惠政策	
		【知识点3】环境保护税征收管理	
	契税政策与管理	【知识点1】契税基本政策	
		【知识点2】契税优惠政策	
		【知识点3】契税征收管理	
	城镇土地使用税政策与管理	【知识点1】城镇土地使用税基本政策	
		【知识点2】城镇土地使用税优惠政策	
		【知识点3】城镇土地使用税征收管理	
	耕地占用税政策与管理	【知识点1】耕地占用税基本政策	
		【知识点2】耕地占用税优惠政策	
		【知识点3】耕地占用税征收管理	
	烟叶税政策与管理	【知识点1】烟叶税基本政策	
		【知识点2】烟叶税征收管理	
	城市维护建设税政策与管理	【知识点1】城市维护建设税基本政策	
		【知识点2】城市维护建设税优惠政策	
		【知识点3】城市维护建设税征收管理	

续表

节	细目	知识点	学习进度
其他税种	财产和行为税纳税申报表	【知识点】财产和行为税纳税申报表	
非税收入	非税收入概述	【知识点 1】非税收入的特点	
		【知识点 2】非税收入的分类	
	非税收入征缴	【知识点 1】教育费附加和地方教育附加	
		【知识点 2】文化事业建设费	
		【知识点 3】废弃电器电子产品处理基金	
		【知识点 4】残疾人就业保障金	
		【知识点 5】先行划转的财政部驻地方专员办征收的非税收入项目	
		【知识点 6】2021 年起划转税务部门征收的非税收入	
		【知识点 7】税务部门罚没收入等政府非税收入	
	非税收入管理	【知识点 1】执收主体	
		【知识点 2】缴纳义务人	
		【知识点 3】非税收入的票据管理	
		【知识点 4】非税收入的征缴管理	
社会保险费	中国社会保险制度的建立、改革和发展	【知识点 1】早期中国关于社会保险制度的理念	
		【知识点 2】社会保险制度的建立	
		【知识点 3】中国社会保险制度的改革和发展	
	社会保险费征缴	【知识点 1】基本养老保险费的征缴	
		【知识点 2】基本医疗保险费的征缴	
		【知识点 3】失业保险费的征缴	
		【知识点 4】生育保险费的征缴	
		【知识点 5】工伤保险费的征缴	
	社会保险费管理	【知识点 1】社会保险登记	
		【知识点 2】社会保险费核定	
		【知识点 3】社会保险费费款申报	
		【知识点 4】社会保险费费款征收	
		【知识点 5】阶段性缓缴企业社会保险费政策	

>> 习题演练

一、单项选择题

1. 增值税法定增值额与理论增值额不一致的主要原因是各国在规定扣除范围时，是否允许扣除外购的（　　）。

A. 固定资产　　B. 生产资料

C. 固定资产折旧　　D. 生活资料

【解析】法定增值额与理论增值额不一致的一个重要原因是各国在规定扣除范围时，对外购固定资产的处理办法不同。

【答案】A

2. 自 2023 年 1 月 1 日起，对自然人在（　　）内出售持有时间少于 1 年的二手车达到（　　）及以上的，汽车销售企业、二手车交易市场、拍卖企业等不得为其开具二手车销售统一发票。

A. 一年，2 辆

B. 一个自然年度内，3 辆

C. 12 个月，2 辆

D. 12 个月，3 辆

【解析】自 2023 年 1 月 1 日起，对自然人在一个自然年度内出售持有时间少于 1 年的二手车达到 3 辆及以上的，汽车销售企业、二手车交易市场、拍卖企业等不得为其开具二手车销售统一发票，不予办理交易登记手续，有关部门按规定处理。公安机关、税务部门共享核查信息，税务部门充分运用共享信息，为有关企业开具发票提供信息支撑。

【答案】B

3. 增值税一般纳税人汽车租赁公司提供汽车租赁服务取得的租金收入，根据现行增值税政策规定适用税率是（　　）。

A. 13%　　B. 9%

C. 10%　　D. 6%

【解析】增值税一般纳税人提供有形动产租赁服务适用 13% 的税率。

【答案】A

4. 根据小微企业增值税期末留抵退税政策，符合条件的小微企业 2022 年 4 月向主管税务机关申请退还增量留抵税额时，允许退还的增量留抵税额 = 增量留抵税额 × 进项构成比例的（　　）。

A. 50%　　B. 60%

C. 70%　　D. 100%

【解析】允许退还的增量留抵税额 = 增量留抵税额 × 进项构成比例 × 100%

【答案】D

5. 下列关于增值税视同销售货物行为的说法，正确的是（　　）。

A. 购进的货物用于集体福利的，视同销售货物

B. 购进的货物用于个人消费的，视同销售货物

C. 位于同一县市实行统一核算的两个机构间的货物移送销售的，视同销售货物

D. 购进的货物用于无偿赠送给其他单位的，视同销售货物

【解析】根据《增值税暂行条例实施细则》第四条规定，单位或者个体工商户的下列行为，视同销售货物：①将货物交付其他单位或者个人代销；②销售代销货物；③设有两个以上机构并实行统一核算的纳税人，将货物从一个机构移送其他机构用于销售，但相关机构设在同一县（市）的除外；④将自产或者委托加工的货物用于非增值税应税项目；⑤将自产、委托加工的货物用于集体福利或者个人消费；⑥将自产、委托加工或者购进的货物作为投资，提供给其他单位或者个体工商户；⑦将自产、委托加工或者购进的货物分配给股东或者投资者；⑧将自产、委托加工或者购进的货物无偿赠送其他单位或者个人。

【答案】D

6. 根据现行增值税法规政策规定，下列项目中准予从销项税额中抵扣进项税额的是（　　）。

A. 免征增值税项目购进的货物

B. 集体福利购进的货物

C. 生产应税项目购进的免税农产品

D. 简易计税项目购进的货物

【解析】增值税一般纳税人购进货物时，用于简易计税方法计税项目、免征增值税项目、集体福利或者个人消费，进项税额不得从销项税额中抵扣。一般纳税人购进免税农产品准予按规定抵扣。

【答案】C

7. 个人发生应税行为按期纳税的，增值税起征点最低标准为（　　）。

A. 月销售额 20000 元（含本数）

B. 月销售额 30000 元（不含本数）

C. 月销售额 5000 元（含本数）

D. 月销售额 5000 元（不含本数）

【解析】个人发生应税行为按期纳税的，增值税起征点的幅度为 5000 ~ 20000 元

(含本数)。

【答案】C

8. 2024年7月，某计算机股份有限公司（一般纳税人）销售给某商场100台计算机，不含税单价为4300元/台，已开具税控系统专用发票，双方议定送货上门，商场支付运费1500元（开具普通发票），当月该公司可以抵扣的进项税额为3400元。该计算机股份公司应纳增值税（　　）元。

A. 6970　　B. 52672. 57

C. 69955　　D. 73317. 95

【解析】计算机公司送货上门的运费作为销售计算机的价外费用，适用税率为13%。应纳税额 = 100 × 4300 × 13% + 1500 ÷ （1 + 13%） × 13% − 3400 = 52672. 57（元）。

【答案】B

9. 某生产企业为增值税小规模纳税人，主管税务机关核定其按月纳税。假设2024年7月，该企业实现含税销售额120000元，则其当月应纳增值税（　　）元。

A. 1188. 12　　B. 4368. 93

C. 3600　　D. 3495. 15

【解析】2023年1月1日至2027年12月31日，对月销售额10万元以下（含本数）的增值税小规模纳税人，免征增值税。超过10万元标准的，适用3%征收率的小规模纳税人减按1%征收，因此该纳税人需要缴纳增值税 = 120000 ÷ （1 + 1%） × 1% = 1188. 12（元）。

【答案】A

10. 关于进口货物的增值税组成计税价格，下列说法正确的是（　　）。

A. 组成计税价格不含增值税和消费税

B. 组成计税价格不含关税含消费税

C. 组成计税价格不含增值税和关税

D. 组成计税价格含关税和消费税

【解析】纳税人进口货物，按照组成计税价格和规定的税率计算应纳税额。组成计税价格 = 关税完税价格 + 关税 + 消费税。

【答案】D

11. 下列不应包括在航空运输服务计税销售额中的是（　　）。

A. 燃油附加费　　B. 旅客违约金

C. 机场建设费　　D. 行李超重费

【解析】航空运输服务销售额不包括代收的机场建设费和代售其他航空运输企业客票而代收转付的价款。

【答案】C

12. 以下关于自 2023 年 1 月 1 日起实施的政策，说法正确的是（　　）。

A. 小规模纳税人适用 3% 征收率的，免征增值税

B. 小规模纳税人月度销售额低于 15 万元，免征增值税

C. 生活性服务业纳税人可加计抵减 15%

D. 生产性服务业纳税人可加计抵减 5%

【解析】自 2023 年 1 月 1 日起，小规模纳税人月度销售额小于 10 万元的，免征增值税，适用 3% 征收率的，减按 1% 征收；生产性服务业纳税人加计抵减率为 5%，生活性服务业纳税人加计抵减率为 10%。

【答案】D

13. 下列选项中，不属于消费税纳税义务人的是（　　）。

A. 零售金银首饰的首饰店

B. 从事白酒批发业务的商贸企业

C. 进口小汽车的外贸企业

D. 委托加工烟丝的卷烟厂

【解析】消费税的纳税人，是指在中华人民共和国境内生产、委托加工和进口应税消费品的单位和个人，以及从事卷烟批发和金银首饰零售业务的单位和个人。白酒在批发环节不征收消费税，从事白酒批发业务的商贸企业不属于消费税的纳税人。

【答案】B

14. 纳税人采用以旧换新方式销售的金银首饰，征收消费税的计税依据是（　　）。

A. 销售金银首饰的含增值税的全部价款，不得扣除换回旧首饰价款

B. 销售金银首饰的不含增值税的全部价款，不得扣除换回旧首饰价款

C. 实际收取的不含增值税的全部价款

D. 实际收取的含增值税的全部价款，扣除换回旧首饰价款

【解析】纳税人采用以旧换新（含翻新改制）方式销售金银首饰，应按实际收取的不含增值税的全部价款确定计税依据征收消费税。

【答案】C

15. 下列各项中，不符合消费税纳税义务发生时间规定的是（　　）。

A. 进口的应税消费品，为报关进口的当天

B. 自产自用的应税消费品，为移送使用的当天

C. 采取预收货款结算方式的，为发出应税消费品的当天

D. 委托加工的应税消费品，为支付加工费的当天

【解析】纳税人委托加工应税消费品的，纳税义务发生时间为纳税人提货的当天。

【答案】D

16. 下列关于从量计征消费税应税消费品计税依据的叙述，不正确的是（　　）。

A. 销售应税消费品的，为应税消费品的生产数量

B. 自产自用应税消费品的，为应税消费品的移送使用数量

C. 委托加工应税消费品的，为纳税人收回的应税消费品数量

D. 进口应税消费品的，为海关核定的应税消费品进口征税数量

【解析】适用从量计税方法的，其计税依据的确定：销售应税消费品的，为应税消费品的销售数量；自产自用应税消费品的，为应税消费品的移送使用数量；委托加工应税消费品的，为纳税人收回的应税消费品数量；进口的应税消费品，为海关核定的应税消费品进口征税数量。

【答案】A

17. 下列应税消费品中，准予按照生产领用量抵扣外购应税消费品的已纳消费税的是（　　）。

A. 外购已税白酒生产白酒

B. 外购已税小汽车生产的小汽车

C. 外购已税鞭炮焰火生产的鞭炮焰火

D. 外购已税机动游艇生产的机动游艇

【解析】外购的白酒、小汽车、游艇已缴纳的消费税不属于可以抵扣的范围。

【答案】C

18. 下列行为应缴纳消费税的是（　　）。

A. 零售卷烟　　B. 进口金银首饰

C. 生产销售果啤　　D. 生产销售电动汽车

【解析】选项A，卷烟在零售环节不缴纳消费税；选项B，金银首饰在零售环节缴纳消费税，进口环节不缴纳消费税；选项D，电动汽车不属于消费税征税范围。

【答案】C

19. 按现行消费税政策，以下各项只在零售环节计征消费税的是（　　）。

A. 金银首饰　　B. 超豪华小汽车

C. 摩托车　　D. 白酒

【解析】选项A，金银首饰只在零售环节征税；选项B，超豪华小汽车在生产（进口）和零售环节双环节征税；选项C、D，摩托车和白酒在生产（进口）环节征税。

【答案】A

20. 下列各项中，不属于企业所得税视同销售行为的是（　　）。

A. 将自产的货物用于职工福利

B. 将自产的货物用于本企业办公楼的在建工程

C. 将外购的货物用于对外投资

D. 将自产的货物从境内分支机构移送到境外的分支机构

【解析】选项B属于企业内部处置资产的行为，不视同销售确认收入，相关资产的计税基础延续计算。

【答案】B

21. 某居民企业为本企业任职或受雇的全体员工支付的补充养老保险费、补充医疗保险费，分别在不超过职工工资总额（　　）标准内的部分，在计算企业所得税应纳税所得额时准予扣除；超过的部分，不予扣除。

A. 3%　　B. 5%

C. 10%　　D. 15%

【解析】企业为在本企业任职或者受雇的全体员工支付的补充养老保险费、补充医疗保险费，分别在不超过职工工资总额5%标准内的部分，在计算企业所得税应纳税所得额时准予扣除；超过的部分，不予扣除。

【答案】B

22. 企业所得税年度纳税申报表附表《纳税调整项目明细表》中所列的“销售折扣、折让和退回”属于（　　）。

A. 收入类调整项目　　B. 资产类调整项目

C. 扣除类调整项目　　D. 特殊事项调整项目

【解析】在企业所得税年度纳税申报表附表《纳税调整项目明细表》中，“销售折扣、折让和退回”属于收入类调整项目。

【答案】A

23. 下列各项中，属于企业所得税不征税收入的是（　　）。

A. 国债利息收入

B. 因债权人缘故确实无法支付的应付款项

C. 依法收取并纳入财政管理的行政事业性收费

D. 接受捐赠收入

【解析】根据《企业所得税法》规定，依法收取并纳入财政管理的行政事业性收费属于不征税收入。

【答案】C

24. 2019年1月1日至2025年12月31日，企业用于目标脱贫地区的公益性扶贫捐赠支出，在计算企业所得税应纳税所得额时适用的政策为（　　）。

A. 据实扣除

B. 不得扣除

C. 按利润总额的12%限额扣除

D. 按发生额的50%扣除

【解析】2019年1月1日至2025年12月31日，企业通过公益性社会组织或者县级（含县级）以上人民政府及其组成部门和直属机构，用于目标脱贫地区的扶贫捐赠支出，准予在计算企业所得税应纳税所得额时据实扣除。

【答案】A

25. 甲企业2017年成立，从事国家非限制和禁止行业，2024年第一季度的平均资产总额为4500万元、平均从业人数为280人，累计应纳税所得额为120万元，则A企业2024年第一季度应纳企业所得税（　　）万元。

A. 4.5　　B. 6

C. 12　　D. 7

【解析】甲企业符合小型微利企业条件。2023年1月1日至2027年12月31日，对小型微利企业年应纳税所得额不超过100万元的部分，减按25%计入应纳税所得额，按20%的税率缴纳企业所得税。2022年1月1日至2027年12月31日，对年应纳税所得额超过100万元但不超过300万元的部分，减按25%计入应纳税所得额，按20%的税率缴纳企业所得税。即2024年，对小型微利企业年应纳税所得额不超过300万元的部分，减按25%计入应纳税所得额，按20%的税率缴纳企业所得税。甲企业2024年第一季度应纳企业所得税税额 $=120\times25\%\times20\%=6$（万元）。

【答案】B

26. 下列情形中，纳税人应当进行土地增值税清算的是（　　）。

A. 取得销售许可证满1年仍未销售完毕的

B. 转让未竣工结算房地产开发项目50%股权的

C. 直接转让土地使用权的

D. 房地产开发项目尚未竣工但已销售面积达到50%的

【解析】发生下列情形，纳税人应当进行土地增值税清算：①房地产开发项目全部竣工、完成销售的；②整体转让未竣工决算房地产开发项目的；③直接转让土地使用权的。

【答案】C

27. 房地产开发企业发生的下列情形中，不属于视同销售房地产，不用缴纳土地增值税的是（　　）。

A. 开发的部分房地产用于职工福利

B. 开发的部分房地产与其他单位交换非货币资产

C. 开发的部分房地产用于抵偿债务

D. 开发的部分房地产用于办公自用

【解析】房地产开发企业将开发产品用于以下项目，发生所有权转移时应视同销售房地产，包括：①职工福利；②奖励；③对外投资；④分配给股东或投资人；⑤抵偿债务；⑥换取其他单位和个人的非货币性资产。

【答案】D

28. 2023年8月，中国公民李某取得法律援助补贴收入20000元，李某就该笔收入应缴纳的增值税和被预扣预缴的个人所得税总计为（　　）元。

A. 0　　B. 1400

C. 3200　　D. 3800

【解析】根据《财政部 税务总局关于法律援助补贴有关税收政策的公告》（财政部 税务总局公告2022年第25号）规定，自2022年1月1日起，对法律援助人员按照《中华人民共和国法律援助法》规定获得的法律援助补贴，免征增值税和个人所得税。法律援助机构向法律援助人员支付法律援助补贴时，应当为获得补贴的法律援助人员办理个人所得税劳务报酬所得免税申报。

【答案】A

29. 约翰是美国人，2022年7月10日来华工作，2023年5月15日回国，则该纳税人（　　）。

A. 2022年度为我国非居民个人，2023年度为我国居民个人

B. 2022年度为我国居民个人，2023年度为我国非居民个人

C. 2022年度和2023年度均为我国非居民个人

D. 2022年度和2023年度均为我国居民个人

【解析】在中国境内无住所又不居住，或者无住所而一个纳税年度内在中国境内居住累计不满183天的个人，为非居民个人。在2022年度和2023年度，约翰的在华时间都没有超过183天，因此这两年都属于我国的非居民个人。

【答案】C

30. 居民个人2023年取得的下列所得应并入当年综合所得，计算缴纳个人所得税的是（　　）。

A. 证券经纪人佣金收入

B. 股权奖励

C. 与用人单位解除劳动关系取得一次性补偿收入

D. 个人因出境定居而一次性领取的年金个人账户资金

【解析】根据个人所得税法修改后优惠政策衔接的有关规定，选项B、C、D不并入当年综合所得，单独按规定计算纳税。

【答案】A

31. 王某2023年5月购买小轿车一辆，当时已纳车辆购置税20000元，2024年6月由于车辆质量问题退回厂家，应退车辆购置税（　　）元。

A. 20000　　B. 18000

C. 16000　　D. 0

【解析】应退税额 = 20000 ×（1 − 1 × 10%）= 18000（元）

【答案】B

32. 下列企业既是增值税纳税人又是资源税纳税人的是（　　）。

A. 销售有色金属矿产品的贸易公司

B. 进口有色金属矿产品的企业

C. 在境内开采有色金属矿产品销售的企业

D. 在境外开采并销售有色金属矿产品的企业

【解析】选项 A、B 是增值税纳税人不是资源税纳税人，选项 D 不属于我国资源税和增值税的纳税人。

【答案】C

33. 根据印花税相关规定，下列说法错误的是（　　）。

A. 营业账簿按实收资本和资本公积合计金额的万分之二点五征收印花税

B. 出版单位与发行单位之间订立的图书订购单不征收印花税

C. 纳税人以电子形式签订的合同应征收印花税

D. 在中国境外签订的，适用于中国境内并在境内有法律效力的合同应征收印花税

【解析】企业之间书立的确定买卖关系、明确买卖双方权利义务的订单、要货单等单据，且未另外书立买卖合同的，应当按规定缴纳印花税。各类发行单位之间，以及发行单位与订阅单位或个人之间书立的征订凭证，暂免征印花税。

【答案】B

34. 下列关于房产税纳税人的说法，正确的是（　　）。

A. 产权出典的，由出典人缴纳房产税

B. 产权属于国家所有的，由经营管理单位缴纳房产税

C. 无论产权所有人是否在房屋所在地，均由产权所有人缴纳房产税

D. 纳税人无租使用免税单位房产的，由免税单位缴纳房产税

【解析】选项 A，产权出典的，由承典人缴纳房产税；选项 C，产权所有人、承典人不在房屋所在地，由房产代管人或使用人纳税；选项 D，纳税单位和个人无租使用免税单位房产的，应由使用人代为缴纳房产税。

【答案】B

35. 某纳税人直接向河流排放总铅 6000 千克（自动监测仪读数），已知总铅污染当量值为 0.025，假定其所在省公布的水污染物环保税税率为每污染当量 4 元，则该纳税人应纳的环保税为（　　）元。

A. 600　　B. 24000

C. 680000　　D. 960000

【解析】污染当量数 = 排放量 ÷ 污染当量值 = 6000 ÷ 0.025 = 240000

应纳环保税 = 污染当量数 × 具体适用税额 = 240000 × 4 = 960000（元）

【答案】D

36. 单位和个人发生下列行为，应该缴纳契税的是（　　）。

A. 转让土地使用权

B. 承受不动产所有权

C. 赠与不动产所有权

D. 转让不动产所有权

【解析】契税是以所有权发生转移的不动产为征税对象，向产权承受人征收的一种财产税。

【答案】B

37. 下列选项中，关于城市维护建设税的说法错误的是（　　）。

A. 撤县建市后，纳税人所在地在市区的，城市维护建设税适用税率为7%

B. 撤县建市后，纳税人适用的城市维护建设税税率统一为7%

C. 纳税人跨地区提供建筑服务，按预缴增值税所在地的城市维护建设税适用税率计算缴纳城市维护建设税

D. 纳税人跨地区出租不动产的，以预缴增值税税额为计税依据，在预缴增值税所在地缴纳城市维护建设税

【解析】撤县建市后，纳税人所在地在市区的，城市维护建设税适用税率为7%。纳税人所在地在市区以外其他镇的，城市维护建设税适用税率仍为5%。

【答案】B

38. 下列属于企业基本养老保险费的征税范围的是（　　）。

A. 属于企业性质的用人单位

B. 个人

C. 属于企业性质的用人单位及其职工个人

D. 政府补贴

【解析】基本养老保险，由用人单位和职工共同缴纳。

【答案】C

39. 下列税种中，歇业状态的市场主体可以选择按次申报缴纳的是（　　）。

A. 资源税（不含水资源税）

B. 资源税（含水资源税）

C. 增值税

D. 企业所得税

【解析】根据《国家税务总局关于简化办理市场主体歇业和注销环节涉税事项的公告》（国家税务总局公告 2022 年第 12 号）规定，歇业状态的市场主体可以选择按次申报缴纳资源税（不含水资源税）。

【答案】A

40. 2023 年 1 月 1 日至 2027 年 12 月 31 日，脱贫人口自办理个体工商户登记当月起，在 3 年（36 个月）内按每户每年（　　）元为限额依次扣减其当年实际应缴纳的增值税、城市维护建设税、教育费附加、地方教育附加和个人所得税。

A. 12000　　　　B. 14400

C. 18000　　　　D. 20000

【解析】根据《财政部 税务总局 人力资源社会保障部 农业农村部关于进一步支持重点群体创业就业有关税收政策的公告》（财政部 税务总局 人力资源社会保障部 农业农村部公告 2023 年第 15 号）规定，2023 年 1 月 1 日至 2027 年 12 月 31 日，脱贫人口自办理个体工商户登记当月起，在 3 年（36 个月）内按每户每年 20000 元为限额依次扣减其当年实际应缴纳的增值税、城市维护建设税、教育费附加、地方教育附加和个人所得税。

【答案】D

41. 提供住宿服务的增值税小规模纳税人企业，2023 年第一季度合计不含税销售额 38 万元，其中开具增值税专用发票 20 万元，增值税普通发票 18 万元，都按 1% 开具。关于增值税申报表的填写，下列说法正确的是（　　）。

A. 在主表“小微企业免税销售额”栏次填写 18 万元

B. 在主表“应征增值税不含税销售额（3% 征收率）”栏次填写 20 万元

C. 在《增值税减免税申报明细表》减税项目相应栏次填写 0.76 万元

D. 以上申报表填写均不正确

【解析】根据《国家税务总局关于增值税小规模纳税人减免增值税等政策有关征管事项的公告》（国家税务总局公告 2023 年第 1 号）规定，纳税人按照《财政部 税务总局关于明确增值税小规模纳税人减免增值税等政策的公告》（财政部 税务总局公告 2023 年第 1 号）适用减按 1% 征收率征收增值税的，对应销售额应填写在《增值税及附加税费申报表（小规模纳税人适用）》“应征增值税不含税销售额（3% 征收率）”相应栏次，对应减征的增值税应纳税额按销售额的 2% 计算填写在《增值税及附加税费申报表（小规模纳税人适用）》“本期应纳税额减征额”及《增值税减免税申报明细表》减税项目相应栏次。

【答案】C

42. 纳税人应当自纳税义务发生之日起（　　）内申报缴纳耕地占用税。

A. 10 日　　B. 15 日
C. 12 个月　　D. 30 日

【解析】根据《耕地占用税法》规定，纳税人应当自纳税义务发生之日起 30 日内申报缴纳耕地占用税。

【答案】D

43. 自 2022 年 1 月 1 日起，对企业出资给非营利性科学技术研究开发机构、高等学校和政府性自然科学基金用于基础研究的支出，在计算应纳税所得额时可按实际发生额在税前扣除，并可按（　　）在税前加计扣除。

A. 50%　　B. 75%
C. 100%　　D. 200%

【解析】根据《财政部 税务总局关于企业投入基础研究税收优惠政策的公告》（财政部 税务总局公告 2022 年第 32 号）规定，自 2022 年 1 月 1 日起，对企业出资给非营利性科学技术研究开发机构、高等学校和政府性自然科学基金用于基础研究的支出，在计算应纳税所得额时可按实际发生额在税前扣除，并可按 100% 在税前加计扣除。

【答案】C

44. 下列关于房产税的说法正确的是（　　）。

A. 购置新建商品房，自取得房产证之月起缴纳房产税
B. 购置存量房，自办理房屋权属转移、变更登记手续，房地产权属登记机关签发房屋权属证书次月起计征房产税
C. 出租房产，自交付出租之月起缴纳房产税
D. 自建房屋用于生产经营的，自建成之月起缴纳房产税

【解析】购置新建商品房，自房屋交付使用次月起计征房产税，选项 A 错误。购置存量房，自办理房屋权属转移、变更登记手续，房地产权属登记机关签发房屋权属证书次月起计征房产税，选项 B 正确。出租、出借房产，自交付出租、出借房产次月起计征房产税，选项 C 错误。自建房屋用于生产经营的，自建成之日次月起计征房产税，选项 D 错误。

【答案】B

45. 自 2022 年 1 月 1 日起，对法律援助人员按照《中华人民共和国法律援助法》规定获得的法律援助补贴，（　　）增值税和个人所得税。

A. 免征　　B. 减半
C. 退还　　D. 即征即退

【解析】根据《财政部 税务总局关于法律援助补贴有关税收政策的公告》（财政部 税务总局公告 2022 年第 25 号）规定，对法律援助人员按照《中华人民共和国法律援助法》规定获得的法律援助补贴，免征增值税和个人所得税。

【答案】A

46. 某建筑公司为D市增值税小规模纳税人，按季申报增值税。2023年第一季度预计建筑项目不含税销售额80万元，其中在A市30万元，在B市40万元，在C市10万元，纳税人需要在（　　）预缴增值税。

A. A市　　B. B市

C. C市　　D. 无需预缴

【解析】根据《国家税务总局关于增值税小规模纳税人减免增值税等政策有关征管事项的公告》（国家税务总局公告2023年第1号）规定，增值税小规模纳税人发生增值税应税销售行为，合计月销售额未超过10万元（以1个季度为1个纳税期的，季度销售额未超过30万元）的，免征增值税。按照现行规定应当预缴增值税税款的小规模纳税人，凡在预缴地实现的月销售额未超过10万元的，当期无需预缴税款。在预缴地实现的月销售额超过10万元的，适用3%预征率的预缴增值税项目，减按1%预征率预缴增值税。

【答案】B

47. 纳税人购买下列车辆时，不需要缴纳车辆购置税的是（　　）。

A. 汽车

B. 排气量超过150毫升的摩托车

C. 电动摩托车

D. 汽车挂车

【解析】在中华人民共和国境内购置汽车、有轨电车、汽车挂车、排气量超过150毫升的摩托车的单位和个人，为车辆购置税的纳税人，应当依照《车辆购置税法》规定缴纳车辆购置税。电动摩托车不需要缴纳车辆购置税。

【答案】C

48. 自2023年1月1日起，赡养老人专项附加扣除标准，由每月（　　）元提高到（　　）元。其中，独生子女按照每月（　　）元的标准定额扣除；非独生子女与兄弟姐妹分摊每月（　　）元的扣除额度，每人分摊的额度不能超过每月（　　）元。

A. 2000，3000，3000，3000，1500

B. 1000，3000，3000，3000，1500

C. 1000，2000，2000，2000，1000

D. 2000，4000，4000，4000，2000

【解析】详见《国务院关于提高个人所得税有关专项附加扣除标准的通知》（国发〔2023〕13号）。

【答案】A

49. 2024年6月，某增值税一般纳税人将2023年6月购进的已抵扣进项税额的生产设备改变用途，兼用于职工福利，该设备原值 100 万元，净值率 70%，则该单位应进项税额转出（　　）万元。

A. 0　　　　B. 9. 1

C. 3. 9　　　　D. 13

【解析】根据《财政部 国家税务总局关于全面推开营业税改征增值税试点的通知》（财税〔2016〕36 号）规定，用于简易计税方法计税项目、免征增值税项目、集体福利或者个人消费的购进货物、加工修理修配劳务、服务、无形资产和不动产的进项税额不得从销项税额中抵扣。其中涉及的固定资产、无形资产、不动产，仅指专用于上述项目的固定资产、无形资产（不包括其他权益性无形资产）、不动产。因此兼用于职工福利的生产设备进项税额可以抵扣，无需转出，选项 A 正确。

【答案】A

50. 企业职工基本养老保险职工个人的缴费比例为（　　）。

A. 8%　　　　B. 6%

C. 7%　　　　D. 9%

【解析】基本养老保险费由单位和个人共同承担，单位缴纳基本养老保险费的比例一般不超过单位工资总额的 20%，个人缴纳基本养老保险费的比例为本人缴费工资的 8%。

【答案】A

51. 国家为促进社会公益事业的发展，按照法律、法规、国务院及其财政部门的规定，特许发行彩票筹集的专项资金是（　　）。

A. 以政府名义接受的捐赠收入

B. 罚没收入

C. 彩票公益金

D. 国有资源有偿使用收入

【解析】根据《彩票公益金管理办法》（财综〔2021〕18 号）规定，彩票公益金是从彩票发行销售收入中按规定比例提取的，专项用于社会福利、体育等社会公益事业的资金，是政府非税收入形式之一。

【答案】C

52. 下列选项中，转让（　　）收入不属于企业所得税法规定的“转让财产收入”。

A. 无形资产　　　　B. 商品

C. 股权　　　　D. 生物资产

【解析】根据《企业所得税法实施条例》第十六条规定，转让财产收入，是指企业转让固定资产、生物资产、无形资产、股权、债权等财产取得的收入。企业销售商品属于销售货物收入，因此选项 B 符合题意。

【答案】B

53. 自2023年2月1日起，下列纳税人中，（　　）可以选择《容缺办理涉税费事项及容缺资料清单》所列的一项或多项税费业务事项，按照可容缺资料范围进行容缺办理。

A. 重大税收违法失信案件当事人

B. 超出补正时限未提交容缺办理补正资料的纳税人

C. 涉及风险事项正在被检查的纳税人

D. 无其他特别事项的纳税信用等级A级纳税人

【解析】根据《国家税务总局关于部分税务事项实行容缺办理和进一步精简涉税费资料报送的公告》（国家税务总局公告2022年第26号）规定，重大税收违法失信案件当事人不适用容缺办理。相关当事人已履行相关法定义务，经实施检查的税务机关确认的，在公布期届满后可以适用容缺办理。超出补正时限未提交容缺办理补正资料的纳税人，不得再次适用容缺办理。

【答案】D

54. 下列纳税人销售二手机动车，按0.5%征收增值税的是（　　）。

A. 汽车生产企业销售其自产自用的车辆

B. 小规模纳税人销售其使用过的车辆

C. 增值税一般纳税人销售其使用过的车辆

D. 从事二手车经销业务的纳税人销售其收购的二手车

【解析】根据《国家税务总局关于明确二手车经销等若干增值税征管问题的公告》（国家税务总局公告2020年第9号）和《财政部 税务总局关于延续实施二手车经销有关增值税政策的公告》（财政部 税务总局公告2023年第63号）规定，从事二手车经销业务的纳税人销售其收购的二手车，减按0.5%征收率征收增值税。

【答案】D

55. 某软件公司是增值税一般纳税人，2023年10月销售自产软件，其计算增值税销项税额的税率是（　　）。

A. 5%　　　　B. 6%

C. 11%　　　　D. 13%

【解析】软件产品属于货物，增值税适用税率为13%。

【答案】D

56. 纳税人提供的下列服务，属于生活服务的是（　　）。

A. 快递收派　　　　B. 建筑安装

C. 文化体育　　　　D. 经纪代理

【解析】生活服务，是指为满足城乡居民日常生活需求提供的各类服务活动。包括文化体育服务、教育医疗服务、旅游娱乐服务、餐饮住宿服务、居民日常服务和其他生活服务。快递收派服务和经纪代理服务属于现代服务。

【答案】C

57. 某汽车配件生产厂，2023 年 10 月取得的下列发票，不得抵扣进项税额的是（　　）。

A. 某银行开具的融资性售后回租利息的发票

B. 某酒店开具的住宿费增值税专用发票

C. 某高速公路收费部门开具的高速公路通行费电子普通发票

D. 某汽车配件批发市场开具的汽车配件增值税专用发票

【解析】购进的贷款服务、餐饮服务、居民日常服务和娱乐服务，不得抵扣进项税额。融资性售后回租利息属于贷款利息。

【答案】A

58. 下列货物不属于消费税征收范围的是（　　）。

A. 成品油　　B. 普通护肤护发品

C. 游艇　　D. 实木地板

【解析】根据《消费税暂行条例》规定，现行消费税的征收范围包括：烟，酒，鞭炮、焰火，高档化妆品，成品油，贵重首饰及珠宝玉石，高尔夫球及球具，高档手表，游艇，木制一次性筷子，实木地板，摩托车，小汽车，电池，涂料。

【答案】B

59. 关于从量计征消费税的基本规定，下列说法正确的是（　　）。

A. 委托加工以受托方核定的数量为计税依据

B. 自产自用以移送使用数量为计税依据

C. 生产销售以库存数量为计税依据

D. 进口销售以实际成交数量为计税依据

【解析】委托加工以纳税人收回的应税消费品数量为计税依据；生产销售以应税消费品的销售数量为计税依据；进口的应税消费品，以海关核定的应税消费品进口征税数量为计税依据。

【答案】B

60. 根据我国现行消费税的规定，纳税人委托个人加工应税消费品属于消费税征税范围。下列关于消费税缴纳方式的说法，正确的是（　　）。

A. 由受托人代收代缴

B. 由委托方收回后在受托方机构所在地缴纳

C. 由委托方收回后向其机构所在地或者居住地主管税务机关缴纳

D. 由受托人直接缴纳

【解析】根据《消费税暂行条例实施细则》规定，委托个人加工的应税消费品，由委托方向其机构所在地或者居住地主管税务机关申报纳税。

【答案】C

61. 车辆购置税的纳税义务发生时间为纳税人购置应税车辆的当日。纳税人应当自纳税义务发生之日起（　　）日内申报缴纳车辆购置税。

A. 15　　B. 20

C. 30　　D. 60

【解析】根据《车辆购置税法》规定，车辆购置税的纳税义务发生时间为纳税人购置应税车辆的当日，纳税人应当自纳税义务发生之日起 60 日内申报缴纳车辆购置税。

【答案】D

62. 免税、减税车辆因转让、改变用途等原因不再属于免税、减税范围的，纳税人应当在办理车辆转移登记或者变更登记前缴纳车辆购置税。计税价格以免税、减税车辆初次办理纳税申报时确定的计税价格为基准，每满 1 年扣减（　　）。

A. 5%　　B. 10%

C. 15%　　D. 20%

【解析】根据《车辆购置税法》规定，免税、减税车辆因转让、改变用途等原因不再属于免税、减税范围的，纳税人应当在办理车辆转移登记或者变更登记前缴纳车辆购置税。计税价格以免税、减税车辆初次办理纳税申报时确定的计税价格为基准，每满 1 年扣减 10%。

【答案】B

63. 外贸企业从增值税小规模纳税人处购进的货物，取得的增值税专用发票上注明的征收率为 3%，则该业务适用的出口退税率为（　　）。

A. 5%　　B. 3%

C. 2%　　D. 1%

【解析】根据《财政部 国家税务总局关于出口货物劳务增值税和消费税政策的通知》（财税〔2012〕39 号）规定，外贸企业购进按简易办法征税的出口货物、从小规模纳税人购进的出口货物，其退税率分别为简易办法实际执行的征收率、小规模纳税人征收率。

【答案】B

64. 生产企业一般贸易出口的货物，增值税退（免）税的计税依据为（　　）。

A. 出口货物的实际离岸价

B. 出口货物的实际离岸价加运费

C. 出口货物的实际到岸价

D. 出口货物的实际到岸价减保险费

【解析】生产企业出口货物劳务（进料加工复出口货物除外）增值税退（免）税的计税依据，为出口货物劳务的实际离岸价。

【答案】A

65. 某生产企业有进出口经营权，2024 年 4 月的出口货物全部为进料加工复出口货物，增值税退（免）税的计税依据为 675 万元，计划分配率为 60%。本企业出口的货物退税率与征税率都是 13%。该企业本月出口业务免抵退税额为（　　）万元。

A. 52.65　　B. 87.75

C. 35.1　　D. 0

【解析】免抵退税额 = 出口货物计税依据 × 出口货物退税率 − 免抵退税额抵减额 = 675 × 13% − 675 × 60% × 13% = 35.1（万元）

【答案】C

66. 杰森为加拿大公民，2023 年 12 月到我国旅游购买了真丝服装等货物，取得的增值税普通发票上注明的不含税金额为 3539.82 元，税额为 460.18 元。当月出境时申请退税，应退增值税税额为（　　）元。

A. 440　　B. 389.38

C. 283.19　　D. 320

【解析】根据《财政部 税务总局 海关总署关于深化增值税改革有关政策的公告》（财政部 税务总局 海关总署公告 2019 年第 39 号）规定，适用 13% 税率的境外旅客购物离境退税物品，退税率为 11%。因此，杰森应退税额 = （3539.82 + 460.18）× 11% = 440（元）。

【答案】A

67. 符合条件的资源回收企业在从自然人处收购废旧物资时，可采取“反向开票”方式，这项政策的执行起始时间是（　　）。

A. 2024 年 5 月 1 日　　B. 2024 年 4 月 29 日

C. 2024 年 4 月 1 日　　D. 2024 年 4 月 30 日

【解析】自 2024 年 4 月 29 日起，资源回收企业在从自然人处收购废旧物资时，可采取反向“开票方式”，即由回收企业向出售废旧物品的自然人开具增值税专用发票或普通发票。

【答案】B

68. 资源回收企业向自然人报废产品出售者“反向开票”，自然人出售者必须满足一定的条件才能享受，包括连续 12 个月内（自然月计算）通过“反向开票”途径销售报废产品的累计销售额（不含增值税）不超过（　　）万元。

A. 100　　B. 300

C. 500　　　　　　D. 1500

【解析】根据《国家税务总局关于资源回收企业向自然人报废产品出售者“反向开票”有关事项的公告》（国家税务总局公告2024年第5号）规定，自然人报废产品出售者，是指销售自己使用过的报废产品或销售收购的报废产品、连续不超过12个月（指自然月）“反向开票”累计销售额不超过500万元（不含增值税）的自然人。

【答案】C

69. 企业在2024年1月1日至2027年12月31日期间发生的节能节水、环境保护和安全生产专用设备数字化、智能化改造投入，不超过该专用设备购置时原计税基础50%的部分，可按照（　　）比例抵免企业当年应纳税额。

A. 10%　　　　　　B. 20%

C. 30%　　　　　　D. 40%

【解析】根据《财政部 税务总局关于节能节水、环境保护、安全生产专用设备数字化智能化改造企业所得税政策的公告》（财政部 税务总局公告2024年第9号）规定，企业在2024年1月1日至2027年12月31日期间发生的节能节水、环境保护和安全生产专用设备数字化、智能化改造投入，不超过该专用设备购置时原计税基础50%的部分，可按照10%比例抵免企业当年应纳税额。企业当年应纳税额不足抵免的，可以向以后年度结转，但结转年限最长不得超过五年。

【答案】A

70. 个人投资者持有2024—2027年发行的铁路债券取得的利息收入，减按一定比例计入应纳税所得额计算征收个人所得税，这个比例是（　　）。

A. 10%　　　　　　B. 20%

C. 50%　　　　　　D. 100%

【解析】根据《财政部 税务总局关于铁路债券利息收入所得税政策的公告》（财政部 税务总局公告2023年第64号）规定，对企业投资者持有2024—2027年发行的铁路债券取得的利息收入，减半征收企业所得税；对个人投资者持有2024—2027年发行的铁路债券取得的利息收入，减按50%计入应纳税所得额计算征收个人所得税，税款由兑付机构在向个人投资者兑付利息时代扣代缴。

【答案】C

71. 数电票会被自动赋予唯一的编码，其编码规则的长度是（　　）。

A. 12位　　　　　　B. 8位

C. 20位　　　　　　D. 18位

【解析】数电票平台开具的发票会自动赋予一张唯一的编码，数电票采取20位编码规则，和以前12位发票代码和8位发票号码加以区别。

【答案】C

72. 数电票授信制自动为纳税人赋予发票开具金额总额度并动态调整，这套机制依托动态的授信体系，其基础是（　　）。

A. “数字 + 风险”　　B. “信用 + 风险”

C. “授信 + 风险”　　D. “规模 + 风险”

【解析】数电票授信制依托动态“信用 + 风险”的体系，结合纳税人生产经营、开票和申报行为，自动为纳税人赋予发票开具金额总额度并动态调整。

【答案】B

73. 对于增值税一般纳税人，下列业务不得抵扣进项税额的是（　　）。

A. 化工厂接受运输企业提供的交通运输服务

B. 皮具厂接受其他纳税人提供的鉴证咨询服务

C. 律师事务所购买自用的应征消费税的小汽车

D. 广告公司购进餐饮服务

【解析】增值税一般纳税人购进的贷款服务、餐饮服务、居民日常服务和娱乐服务，不得抵扣进项税额。

【答案】D

74. 商业企业增值税一般纳税人零售的物品，可以开具增值税专用发票的是（　　）。

A. 烟酒

B. 食品

C. 高档化妆品

D. 劳保专用鞋帽

【解析】商业企业增值税一般纳税人零售的烟、酒、食品、服装、鞋帽（不包括劳保专用部分）、化妆品等消费品不得开具专用发票。

【答案】D

75. 增值税一般纳税人购进下列货物，其进项税额准予从当期销项税额中抵扣的是（　　）。

A. 简易计税项目购进的生产用材料

B. 会议室使用的空调

C. 职工食堂购进的冰柜

D. 免税产品使用的外购材料

【解析】用于简易计税方法计税项目、免征增值税项目、集体福利或者个人消费的购进货物、劳务、服务、无形资产和不动产的进项税额不得从销项税额中抵扣。

【答案】B

76. 根据现行增值税政策，下列表述正确的是（　　）。

A. 增值税对单位和个人规定了起征点

B. 对于达到或超过起征点的，仅就超过部分的金额计算缴纳增值税

C. 增值税起征点规定的销售额为不含税销售额

D. 增值税起征点规定的销售额为含税销售额

【解析】增值税对个人规定了起征点。纳税人销售额未达到国务院财政、税务主管部门规定的增值税起征点的，免征增值税；达到起征点的，依照规定全额计算缴纳增值税。销售额是指不含税销售额。

【答案】C

77. 某房地产开发企业 2024 年 5 月采取预收款方式销售自行开发的房地产 K 项目取得含税预收款 2361 万元，K 项目采用简易计税方法计算缴纳增值税。该企业应预缴增值税（　　）万元。

A. 112. 43　　B. 67. 46

C. 68. 77　　D. 64. 98

【解析】应预缴增值税 =2361 ÷（1 +5%）×3% =67. 46（万元）

【答案】B

78. 某公司为增值税一般纳税人，2024 年 4 月购进办公大楼一座，该大楼用于公司办公，计入固定资产，并于次月开始计提折旧。该纳税人取得增值税专用发票注明的金额为 1000 万元，增值税税额 90 万元。该公司当月购进该办公大楼可申报抵扣的进项税额是（　　）万元。

A. 30　　B. 45

C. 54　　D. 90

【解析】根据《财政部 税务总局 海关总署关于深化增值税改革有关政策的公告》（财政部 税务总局 海关总署公告 2019 年第 39 号）第五条规定，自 2019 年 4 月 1 日起，纳税人取得不动产或者不动产在建工程的进项税额不再分 2 年抵扣。增值税一般纳税人自 2019 年 4 月 1 日起取得并在会计制度上按固定资产核算的不动产，购入后凭合法有效的抵扣凭证一次抵扣进项税额。

【答案】D

79. 下列各项中，属于不征收增值税项目的是（　　）。

A. 贷款利息

B. 存款利息

C. 保险公司的保费收入

D. 金融产品转让收入

【解析】存款利息属于不征税项目。营改增后，对从事“金融服务”税目范围的单位和个人征收增值税。金融服务主要包括以下四方面：①贷款服务；②直接收费金

融服务；③保险服务；④金融商品转让。

【答案】B

80. 某商业企业（增值税一般纳税人）于2024年4月从农业生产者手中购进免税农产品支付金额10万元，农产品当月未领用；支付运输公司（增值税小规模纳税人）开具的增值税专用发票，增值税税额0.6万元。则4月该项业务允许抵扣的进项税额为（　　）万元。

A. 1.3　　B. 1.5

C. 1.9　　D. 2.03

【解析】允许抵扣的进项税额 = 10 × 9% + 0.6 = 1.5（万元）

【答案】B

81. 下列有关增值税计税规定的表述，正确的是（　　）。

A. 对安装运行后的电梯提供的维护保养属于修缮服务

B. 拍卖行受托拍卖取得的手续费属于其他现代服务

C. 提供餐饮服务的纳税人销售的外卖食品属于销售货物

D. 游览场所经营索道、摆渡车、电瓶车、游船等属于文化体育服务

【解析】纳税人对安装运行后的电梯提供的维护保养服务，按照“其他现代服务”缴纳增值税。拍卖行受托拍卖取得的手续费或佣金收入，按照“经纪代理服务”缴纳增值税。提供餐饮服务的纳税人销售的外卖食品，按照“餐饮服务”缴纳增值税。纳税人在游览场所经营索道、摆渡车、电瓶车、游船等取得的收入，按照“文化体育服务”缴纳增值税。

【答案】D

82. 甲出口企业为增值税一般纳税人，有进出口经营权，其下列各项出口业务适用增值税免税政策的是（　　）。

A. 进料加工复出口

B. 来料加工复出口

C. 出口视同自产的货物

D. 一般贸易出口货物

【解析】根据《财政部 国家税务总局关于出口货物劳务增值税和消费税政策的通知》（财税〔2012〕39号）规定，出口企业或其他单位从事来料加工复出口适用免征增值税政策。进料加工复出口、出口视同自产的货物、一般贸易出口货物适用增值税退（免）税政策。

【答案】B

83. 根据出口退（免）税管理工作的相关规定，对于申报类非即办事项相关资料，经审核岗审核未发现不符合规定但审核系统提示有疑点的，应对疑点进行核实，核实

后疑点可以排除的，将审核结果传递至（　　）。

A. 调查评估岗　　B. 预警分析岗

C. 复审岗　　D. 核准岗

【解析】经审核岗审核未发现不符合规定但审核系统提示疑点的，应对疑点进行核实，核实后疑点可以排除的，将审核结果传递至复审岗；核实后疑点无法排除的，传递至调查评估岗。

【答案】C

84. 某酒厂将自产白酒1000公斤用于职工福利，无同类白酒销售价格。该批白酒生产成本50000元，白酒平均利润率10%，白酒消费税税率20%、0.50元/斤。该厂应纳消费税（　　）元。

A. 13750　　B. 14000

C. 14750　　D. 15000

【解析】将自产货物用于职工福利，应缴纳消费税。白酒采用从价定率和加从量定额复合计税法计征消费税。由于无同类白酒销售价格，采用组成计税价格 =（50000 + 50000 × 10% + 1000 × 2 × 0.5）÷（1 − 20%）= 70000（元），计算应纳消费税税额 = 70000 × 20% + 1000 × 2 × 0.5 = 15000（元）。

【答案】D

85. 纳税人以受赠、获奖或者其他方式取得自用应税车辆，车辆购置税计税价格的确定方法是（　　）。

A. 按照最低计税价格确定

B. 按照出厂价格确定

C. 按照购置应税车辆时相关凭证载明的价格确定

D. 按照平均交易价格确定

【解析】纳税人以受赠、获奖或者其他方式取得自用应税车辆的计税价格，按照购置应税车辆时相关凭证载明的价格确定车辆购置税计税价格，不包括增值税税款。

【答案】C

86. 下列各项中，外购应税消费品已纳的消费税不可以从应税消费品的应纳消费税税额中扣除的是（　　）。

A. 用外购已税实木地板生产的实木地板

B. 用外购已税烟丝生产的烟丝

C. 用外购已税白酒生产的白酒

D. 用外购已税汽油生产的汽油

【解析】外购应税消费品用于连续生产应税消费品的，应按当期生产领用数量计算准予扣除外购的应税消费品已纳的消费税。扣除范围包括以下方面：①外购已税烟丝生产的卷烟。②外购已税高档化妆品生产的高档化妆品。③外购已税珠宝玉石生产的贵重首饰及珠宝玉石。④外购已税鞭炮焰火生产的鞭炮焰火。⑤外购已税杆头、杆身和握把为原料生产的高尔夫球杆。⑥外购已税木制一次性筷子为原料生产的木制一次性筷子。⑦外购已税实木地板为原料生产的实木地板。⑧外购已税汽油、柴油、石脑油、燃料油、润滑油为原料连续生产的应税成品油。⑨外购已税葡萄酒生产的葡萄酒。

【答案】C

87. 某化妆品厂将一批特制的高档化妆品无偿赠送客户，该批高档化妆品无同类产品市场价格。化妆品厂该业务应缴纳消费税的组成计税价格的计算方法是（　　）。

A. 生产成本×（1+成本利润率）÷（1-消费税税率）

B. 生产成本×（1+成本利润率）÷（1-增值税税率）

C. 生产成本×（1+成本利润率）÷（1+增值税税率）

D. 生产成本×（1+成本利润率）÷（1+消费税税率）

【解析】实行从价定率办法计征消费税的，组成计税价格=生产成本×（1+成本利润率）÷（1-消费税税率）。

【答案】A

88. 下列合同中，不属于印花税征税范围的是（　　）。

A. 研究所与企业之间签订的技术转让合同

B. 企业签订的财产保险合同

C. 产品买卖合同

D. 银行同业拆借签订的借款合同

【解析】根据《印花税法》规定，借款合同，不包括同业拆借的借款合同。

【答案】D

89. 甲公司与乙公司签订了一份技术开发合同，合同约定技术开发金额总计为1000万元，另支付研究开发费用为100万元。甲公司应缴纳的印花税为（　　）万元。（不考虑印花税相关优惠政策）

A. 0.33　　B. 0.5

C. 0.3　　D. 0.55

【解析】为鼓励技术研究开发，对技术开发合同，只就合同所载的报酬金额计税，研究开发经费不作为计税依据。但对合同约定按研究开发经费一定比例作为报酬的，应按一定比例的报酬金额计税贴花。甲公司应缴纳的印花税=1000×0.3‰=0.3（万元）。

【答案】C

90. 证券交易印花税按（　　）解缴。

A. 周　　B. 月

C. 季　　D. 年

【解析】根据《印花税法》规定，证券交易印花税按周解缴。证券交易印花税扣缴义务人应当自每周终了之日起5日内申报解缴税款以及银行结算的利息。

【答案】A

91. 下列合同或书据中，应按照“技术合同”税目征收印花税的是（　　）。

A. 技术转让合同

B. 专有技术使用权转移书据

C. 专利权转移书据

D. 专利实施许可合同转移书据

【解析】选项B、C、D按照“产权转移书据”税目征收印花税。

【答案】A

92. 计算运输合同的印花税时，计税依据包括（　　）。

A. 运费收入　　B. 所运货物的金额

C. 装卸费　　D. 保险费

【解析】运输合同计税依据为取得的运费收入，不包括所运货物的金额、装卸费和保险费等。

【答案】A

93. 发电厂与电网之间、电网与电网之间书立的购售电合同，应当按（　　）税目缴纳印花税。

A. 购销合同　　B. 买卖合同

C. 租赁合同　　D. 承揽合同

【解析】根据《财政部 税务总局关于印花税若干事项政策执行口径的公告》（财政部 税务总局公告2022年第22号）规定，发电厂与电网之间、电网与电网之间书立的购售电合同，应当按买卖合同税目缴纳印花税。

【答案】B

94. 应税合同、应税产权转移书据所列的金额与实际结算金额不一致，不变更应税凭证所列金额的，以（　　）为印花税计税依据。

A. 所列金额　　B. 实际结算金额

C. 增加金额　　D. 减少金额

【解析】根据《财政部 税务总局关于印花税若干事项政策执行口径的公告》（财政部 税务总局公告2022年第22号）规定，应税合同、应税产权转移书据所列的金额与实际结算金额不一致，不变更应税凭证所列金额的，以所列金额为计税依据；变更应税凭证所列金额的，以变更后的所列金额为计税依据。

【答案】A

95. 未履行的应税合同、产权转移书据，已缴纳的印花税（　　）退还及抵缴税款。

A. 按25%　　B. 减半

C. 全额　　D. 不予

【解析】根据《财政部 税务总局关于印花税若干事项政策执行口径的公告》（财政部 税务总局公告2022年第22号）规定，未履行的应税合同、产权转移书据，已缴纳的印花税不予退还及抵缴税款。

【答案】D

96. 境内的货物多式联运，采用在起运地统一结算全程运费的，以（　　）作为运输合同的印花税计税依据。

A. 全程运费

B. 分程运费

C. 全程运费或分程运费

D. 全程运费和分程运费

【解析】根据《财政部 税务总局关于印花税若干事项政策执行口径的公告》（财政部 税务总局公告2022年第22号）规定，境内的货物多式联运，采用在起运地统一结算全程运费的，以全程运费作为运输合同的计税依据，由起运地运费结算双方缴纳印花税。

【答案】A

97. 下列情形中，需要计算缴纳土地增值税的是（　　）。

A. 房地产抵押

B. 单位等价互换房产

C. 房地产的代建房行为

D. 房地产评估增值

【解析】转让国有土地使用权、地上的建筑物及其附着物并取得收入的单位和个人，为土地增值税的纳税义务人。转让国有土地使用权、地上的建筑物及其附着物并取得收入，是指以出售或者其他方式有偿转让房地产的行为。

【答案】B

98. 纳税人应自转让房地产合同签订之日起（　　）日内，向房地产所在地的主管税务机关办理土地增值税纳税申报，并在税务机关核定的期限内缴纳税款。

A. 3　　B. 6

C. 9　　D. 7

【解析】根据《土地增值税暂行条例》规定，纳税人应自转让房地产合同签订之日起7日内，向房地产所在地的主管税务机关办理纳税申报，并在税务机关核定的期限内缴纳土地增值税。

【答案】D

99. 房地产开发企业进行土地增值税清算时，下列各项中，允许在计算增值额时扣除的是（　　）。

A. 加罚的利息

B. 已售精装修房屋的装修费用

C. 逾期开发土地缴纳的土地闲置费

D. 未取得建筑安装施工企业开具发票的扣留质量保证金

【解析】土地增值税的扣除项目中，利息最高不能超过按商业银行同类同期贷款利率计算的金额，且加息、罚息等均不可扣除；逾期开发土地缴纳的土地闲置费不得扣除；未开具发票的，扣留的质保金不得扣除。

【答案】B

100. 某企业为增值税一般纳税人，2024 年 1 月转让 4 年前自行建造的厂房，厂房对应的地价款为 600 万元，评估机构评定的重置成本价为 1450 万元，厂房六成新。该评估结果已由主管税务机关确认。该企业转让厂房时，计算土地增值税准予扣除的厂房评估价格是（　　）万元。

A. 600　　B. 1450

C. 1470　　D. 870

【解析】根据《土地增值税暂行条例实施细则》规定，旧房及建筑物的评估价格，是指在转让已使用的房屋及建筑物时，由政府批准设立的房地产评估机构评定的重置成本价乘以成新度折扣率后的价格。评估价格须经当地税务机关确认。该企业准予扣除的厂房评估价格 $=1450\times60\%=870$（万元）。

【答案】D

101. 2023 年 4 月，某房地产开发公司转让在建项目，取得转让收入 20000 万元。该公司取得土地使用权时支付土地出让金 7000 万元、契税 210 万元、印花税 3.5 万元（已计入管理费用），该公司缴纳土地增值税时可以扣除的为取得土地使用权所支付的金额为（　　）万元。

A. 7210　　B. 7000

C. 7213.5　　D. 7003.5

【解析】根据《土地增值税暂行条例实施细则》规定，取得土地使用权所支付的金额，是指纳税人为取得土地使用权所支付的地价款和按国家统一规定交纳的有关费用。该公司可以扣除的取得土地使用权所支付的金额 $=7000+210=7210$（万元）。

【答案】A

102. 根据《土地增值税暂行条例实施细则》规定，下列说法错误的是（　　）。

A. 取得土地使用权所支付的金额，是指纳税人为取得土地使用权所支付的地价款和按国家统一规定交纳的有关费用

B. 开发土地和新建房及配套设施的费用，是指与房地产开发项目有关的销售费用、管理费用、财务费用

C. 旧房及建筑物的评估价格，是指在转让已使用的房屋及建筑物时，由政府批准设立的房地产评估机构评定的重置成本价乘以成新度折扣率后的价格

D. 土地增值税以纳税人房地产成本核算的最小核算项目或核算对象为单位计算

【解析】土地增值税以纳税人房地产成本核算的最基本的核算项目或核算对象为单位计算。

【答案】D

103. 应税固体废物环境保护税的计税依据是（　　）。

A. 固体废物的产生量

B. 固体废物的贮存量

C. 固体废物的排放量

D. 固体废物的综合利用量

【解析】根据《环境保护税法》规定，应税固体废物的计税依据为排放量。

【答案】C

104. 下列关于应税污染物的纳税地点说法错误的是（　　）。

A. 应税大气污染物的纳税地点为排放口所在地

B. 水污染物的纳税地点为产生地

C. 应税固体废物的纳税地点为产生地

D. 应税噪声的纳税地点为产生地

【解析】纳税人应当向应税污染物排放地的税务机关申报缴纳环境保护税。应税污染物排放地是指：应税大气污染物、水污染物排放口所在地，应税固定废物产生地，应税噪声产生地。

【答案】B

105. 下列关于房产税征税范围和税率的表述，正确的是（　　）。

A. 房产税在城市、县城、建制镇、工矿区和农村征收

B. 五星级酒店的室外游泳池，属于应税房产，应征收房产税

C. 企业向个人出租位于县城的店铺，减按 4% 的税率征收房产税

D. 个人出租位于城区的住房，不区分用途，均按 4% 的税率征收房产税

【解析】房产税按房屋的计税余值或租金收入为计税依据，在城市、县城、建制镇和工矿区征收，不包括农村；室外游泳池、玻璃暖房、砖瓦石灰窑以及各种油气罐等，

不属于房产；企事业单位、社会团体以及其他组织向个人、专业化规模化住房租赁企业出租住房的，减按4%的税率征收房产税。

【答案】D

106. 下列房屋附属设备、配套设施，在计算房产税时不应计入房产原值的是（　　）。

A. 消防设备　　B. 智能化楼宇设备

C. 中央空调　　D. 室外露天游泳池

【解析】根据《财政部税务总局关于房产税和车船使用税几个业务问题的解释与规定》（财税地字〔1987〕3号）规定，独立于房屋之外的建筑物，如围墙、烟囱、水塔、变电塔、油池油柜、酒窖菜窖、酒精池、糖蜜池、室外游泳池、玻璃暖房、砖瓦石灰窑以及各种油气罐等，不属于房产。

【答案】D

107. 房产税是以房屋为征税对象，依据房屋计税价值或租金收入向产权人征收的一种（　　）。

A. 所得税　　B. 财产税

C. 特产税　　D. 流转税

【解析】房产税是以房屋为征税对象，以房屋的计税余值或租金收入为计税依据，向房屋产权所有人征收的一种财产税。

【答案】B

108. 城镇土地使用税以纳税人（　　）的土地面积为计税依据。

A. 实际占用　　B. 权证记载

C. 自行申报　　D. 生产经营占用

【解析】根据《城镇土地使用税暂行条例》规定，城镇土地使用税以纳税人实际占用的土地面积为计税依据，依照规定税额计算征收。

【答案】A

109. 对物流企业自有（包括自用和出租）或承租的大宗商品仓储设施用地，减按所属土地等级适用税额标准的（　　）计征城镇土地使用税。

A. 30%　　B. 40%

C. 50%　　D. 60%

【解析】根据《财政部 税务总局关于继续实施物流企业大宗商品仓储设施用地城镇土地使用税优惠政策的公告》（财政部 税务总局公告2023年第5号）规定，2023年1月1日至2027年12月31日，对物流企业自有（包括自用和出租）或承租的大宗商品仓储设施用地，减按所属土地等级适用税额标准的50%计征城镇土地使用税。

【答案】C

110. 下列关于契税的计税依据的表述，错误的是（　　）。

A. 土地使用权出让，契税计税依据为土地权属转移合同确定的成交价格，不包括其他经济利益对应的价款

B. 房屋买卖，契税计税依据为房屋权属转移合同确定的成交价格

C. 土地使用权互换，契税计税依据为所互换的土地使用权的差额

D. 没有价格的转移土地权属行为，契税计税依据为税务机关参照土地使用权出售的市场价格依法核定的价格

【解析】根据《契税法》规定，契税的计税依据如下：①土地使用权出让、出售，房屋买卖，为土地、房屋权属转移合同确定的成交价格，包括应交付的货币以及实物、其他经济利益对应的价款；②土地使用权互换、房屋互换，为所互换的土地使用权、房屋价格的差额；③土地使用权赠与、房屋赠与以及其他没有价格的转移土地、房屋权属行为，为税务机关参照土地使用权出售、房屋买卖的市场价格依法核定的价格。

【答案】A

111. 下列选项中，不可享受耕地占用税免税政策的是（　　）。

A. 军事设施　　B. 幼儿园

C. 社会福利机构　　D. 港口

【解析】根据《耕地占用税法》规定，军事设施、学校、幼儿园、社会福利机构、医疗机构占用耕地，免征耕地占用税。

【答案】D

112. 企业可以选择按国（地区）别分别计算［即“分国（地区）不分项”]，或者不按国（地区）别汇总计算［即“不分国（地区）不分项”］其来源于境外的应纳税所得额，分别计算其可抵免境外所得税税额和抵免限额。上述方式一经选择，（　　）年内不得改变。

A. 4　　B. 5

C. 6　　D. 7

【解析】企业可以选择按国（地区）别分别计算［即“分国（地区）不分项”]，或者不按国（地区）别汇总计算［即“不分国（地区）不分项”］其来源于境外的应纳税所得额，并按照《财政部 国家税务总局关于企业境外所得税收抵免有关问题的通知》（财税〔2009〕125号）第八条规定的税率，分别计算其可抵免境外所得税税额和抵免限额。上述方式一经选择，5年内不得改变。

【答案】B

113. 企业已在境外缴纳的所得税税额，未超过按我国税法规定计算的抵免限额的部分，可以从当期应纳税额中抵免；超过抵免限额的部分，可以在以后（　　）个年度内，用每年度抵免限额抵免当年应抵税额后的余额进行抵补。

A. 4　　　　B. 5

C. 6　　　　D. 7

【解析】企业已在境外缴纳的所得税税额，未超过按我国税法规定计算的抵免限额的部分，可以从当期应纳税额中抵免；超过抵免限额的部分，可以在以后5个年度内，用每年度抵免限额抵免当年应抵税额后的余额进行抵补。

【答案】B

114. 扣缴义务人扣缴企业所得税的，应当按照（　　）之日人民币汇率中间价折合成人民币，计算非居民企业应纳税所得额。

A. 扣缴义务发生　　　　B. 实际支付

C. 支付决定作出　　　　D. 非居民收款

【解析】扣缴义务人扣缴企业所得税的，应当按照扣缴义务发生之日人民币汇率中间价折合成人民币，计算非居民企业应纳税所得额。扣缴义务发生之日为相关款项实际支付或者到期应支付之日。

【答案】A

115. 扣缴义务人每次代扣的税款，应当自代扣之日起7日内缴入国库，并向（　　）报送扣缴企业所得税报告表。

A. 市级税务机关

B. 省级税务机关

C. 企业主管税务机关

D. 所在地的税务机关

【解析】根据《企业所得税法》第四十条规定，扣缴义务人每次代扣的税款，应当自代扣之日起7日内缴入国库，并向所在地的税务机关报送扣缴企业所得税报告表。

【答案】D

116. 一般适用于再销售者未对商品进行改变外形、性能、结构或者更换商标等实质性增值加工的简单加工或者单纯购销业务的转让定价方法是（　　）。

A. 成本加成法　　　　B. 再销售价格法

C. 交易净利润法　　　　D. 利润分割法

【解析】根据《特别纳税调查调整及相互协商程序管理办法》（国家税务总局公告2017年第6号）第十八条规定，再销售价格法一般适用于再销售者未对商品进行改变外形、性能、结构或者更换商标等实质性增值加工的简单加工或者单纯购销业务。

【答案】B

117. 由居民企业控制的外国企业，如果其实际税负低于12.5%且并非由于合理的经营需要而对利润不作分配或者减少分配的，利润中应归属于我国居民企业的部分，下列处理正确的是（　　）。

A. 计入当期收入征税

B. 无需处理

C. 递延纳税

D. 不确定

【解析】根据《企业所得税法》第四十五条和《企业所得税法实施条例》第一百一十八条规定，由居民企业控制的外国企业，如果其实际税负低于12.5%，并非由于合理的经营需要而对利润不作分配或者减少分配的，利润中应归属于我国居民企业的部分，应计入该居民企业当期收入征税。

【答案】A

118. 判定企业关联关系时，如果一方通过中间方对另一方间接持有股份，只要其对中间方持股比例达到（　　）以上，则其对另一方的持股比例按照中间方对另一方的持股比例计算。

A. 15%　　B. 20%

C. 25%　　D. 30%

【解析】根据《国家税务总局关于完善关联申报和同期资料管理有关事项的公告》（国家税务总局公告2016年第42号）规定，如果一方通过中间方对另一方间接持有股份，只要其对中间方持股比例达到25%以上，则其对另一方的持股比例按照中间方对另一方的持股比例计算。

【答案】C

119. 企业每年度发生的关联交易金额（　　）万元人民币以上，可以申请适用简易程序。

A. 4000　　B. 5000

C. 6000　　D. 7000

【解析】根据《国家税务总局关于单边预约定价安排适用简易程序有关事项的公告》（国家税务总局公告2021年第24号公告）第三条规定，企业在主管税务机关向其送达受理申请的《税务事项通知书》之日所属纳税年度前3个年度，每年度发生的关联交易金额4000万元人民币以上，并符合下列条件之一的，可以申请适用简易程序：①已向主管税务机关提供拟提交申请所属年度前3个纳税年度的、符合《国家税务总局关于完善关联申报和同期资料管理有关事项的公告》（国家税务总局公告2016年第42号）规定的同期资料；②自企业提交申请之日所属纳税年度前10个年度内，曾执行预约定价安排，且执行结果符合安排要求的；③自企业提交申请之日所属纳税年度前10个年度内，曾受到税务机关特别纳税调查调整且结案的。

【答案】A

120. 企业在计算股权转让所得时，不得扣除被投资企业（　　）等股东留存收益中按该项股权所可能分配的金额。

A. 未分配利润　　B. 股息

C. 红利　　D. 特许权费用

【解析】根据《国家税务总局关于非居民企业所得税源泉扣缴有关问题的公告》（国家税务总局公告2017年第37号）第三条规定，企业在计算股权转让所得时，不得扣除被投资企业未分配利润等股东留存收益中按该项股权所可能分配的金额。

【答案】A

121. 扣缴义务人扣缴企业所得税的，（　　）为相关款项实际支付或者到期应支付之日。

A. 业务发生之日

B. 扣缴义务发生之日

C. 实际支付之日

D. 支付决定作出之日

【解析】根据《国家税务总局关于非居民企业所得税源泉扣缴有关问题的公告》（国家税务总局公告2017年第37号）第四条规定，扣缴义务人扣缴企业所得税的，应当按照扣缴义务发生之日人民币汇率中间价折合成人民币，计算非居民企业应纳税所得额。扣缴义务发生之日为相关款项实际支付或者到期应支付之日。

【答案】B

122. 扣缴义务人应扣未扣、应收而不收税款的，由税务机关向纳税人追缴税款，对扣缴义务人处应扣未扣、应收未收税款50%以上（　　）倍以下的罚款。

A. 1　　B. 2

C. 3　　D. 4

【解析】根据《税收征收管理法》第六十九条规定，扣缴义务人应扣未扣、应收而不收税款的，由税务机关向纳税人追缴税款，对扣缴义务人处应扣未扣、应收未收税款50%以上3倍以下的罚款。此外，根据《企业所得税法》第三十九条规定，依照规定应当扣缴的所得税，扣缴义务人未依法扣缴或者无法履行扣缴义务的，由纳税人在所得发生地缴纳。

【答案】C

123. 年度关联交易有形资产所有权转让金额（来料加工业务按照年度进出口报关价格计算）超过（　　）亿元应当准备本地文档。

A. 1　　B. 2

C. 3　　D. 4

【解析】根据《国家税务总局关于完善关联申报和同期资料管理有关事项的公告》（国家税务总局公告2016年第42号）第十三条规定，年度关联交易金额符合下列条件之一的企业，应当准备本地文档：①有形资产所有权转让金额（来料加工业务按照年度进出口报关价格计算）超过2亿元；②金融资产转让金额超过1亿元；③无形资产所有权转让金额超过1亿元；④其他关联交易金额合计超过4000万元。

【答案】B

124. 由居民企业，或者由居民企业和中国居民控制的设立在实际税负低于（　　）的国家（地区）的企业，并非由于合理的经营需要而对利润不作分配或者减少分配应当重点关注。

A. 12.5%　　　　B. 25%

C. 9%　　　　D. 6%

【解析】根据《特别纳税调查调整及相互协商程序管理办法》（国家税务总局公告2017年第6号）第四条规定，税务机关实施特别纳税调查，应当重点关注具有以下风险特征的企业：①关联交易金额较大或者类型较多；②存在长期亏损、微利或者跳跃性盈利；③低于同行业利润水平；④利润水平与其所承担的功能风险不相匹配，或者分享的收益与分摊的成本不相配比；⑤与低税国家（地区）关联方发生关联交易；⑥未按照规定进行关联申报或者准备同期资料；⑦从其关联方接受的债权性投资与权益性投资的比例超过规定标准；⑧由居民企业，或者由居民企业和中国居民控制的设立在实际税负低于12.5%的国家（地区）的企业，并非由于合理的经营需要而对利润不作分配或者减少分配；⑨实施其他不具有合理商业目的的税收筹划或者安排。

【答案】A

125. 企业应自与关联方签订（变更）成本分摊协议之日起（　　）日内，向主管税务机关报送成本分摊协议副本，并在年度企业所得税纳税申报时，附送《中华人民共和国企业年度关联业务往来报告表》。

A. 15　　　　B. 30

C. 7　　　　D. 10

【解析】根据《国家税务总局关于规范成本分摊协议管理的公告》（国家税务总局公告2015年第45号）第一条规定，企业应自与关联方签订（变更）成本分摊协议之日起30日内，向主管税务机关报送成本分摊协议副本，并在年度企业所得税纳税申报时，附送《中华人民共和国企业年度关联业务往来报告表》。

【答案】B

126. 税务机关根据税收法律、行政法规的规定，对企业作出特别纳税调整的，应当对补征的税款，自税款所属年度的次年（　　）起至补缴税款之日止的期间，按日加收利息。

A. 3月1日　　　　B. 6月1日

C. 9月1日　　　　D. 12月1日

【解析】根据《企业所得税法实施条例》第一百二十一条规定，税务机关根据税收法律、行政法规的规定，对企业作出特别纳税调整的，应当对补征的税款，自税款所属年度的次年6月1日起至补缴税款之日止的期间，按日加收利息。

【答案】B

127. 增值税一般纳税人取得的下列凭证，不允许抵扣进项税额的是（　　）。

A. 购进农业生产者销售的免税农产品取得收购凭证

B. 从小规模纳税人的批发商购买免税农产品取得普通发票

C. 从国有粮食购销企业购进免税粮食取得增值税专用发票

D. 从一般纳税人购买农产品取得增值税专用发票

E. 向小规模纳税人购进农产品取得其代开的增值税专用发票

【解析】根据《财政部 国家税务总局关于简并增值税税率有关政策的通知》（财税〔2017〕37号）第二条规定，纳税人购进农产品，取得一般纳税人开具的增值税专用发票或海关进口增值税专用缴款书的，以增值税专用发票或海关进口增值税专用缴款书上注明的增值税额为进项税额；从按照简易计税方法依照3%征收率计算缴纳增值税的小规模纳税人取得增值税专用发票的，以增值税专用发票上注明的金额和相应的扣除率计算进项税额；取得（开具）农产品销售发票或收购发票的，以农产品销售发票或收购发票上注明的农产品买价和相应的扣除率计算进项税额；纳税人从批发、零售环节购进适用免征增值税政策的蔬菜、部分鲜活肉蛋而取得的普通发票，不得作为计算抵扣进项税额的凭证。根据《财政部 税务总局 海关总署关于深化增值税改革有关政策的公告》（财政部 税务总局 海关总署2019年第39号公告）第二条规定，纳税人购进农产品，扣除率调整为9%。纳税人购进用于生产或者委托加工13%税率货物的农产品，按照10%的扣除率计算进项税额。

【答案】B

128. 下列纳税人年应税销售额超过规定标准，必须办理一般纳税人登记的是（　　）。

A. 其他个人

B. 非企业性单位偶然发生的销售固定资产

C. 不经常发生应税行为的单位

D. 年应税销售额超过500万元且经常发生应税行为的工业企业

【解析】选项A，年应税销售额超过规定标准的其他个人不登记为一般纳税人；选项B，年应税销售额超过规定标准的非企业性单位，可选择按照小规模纳税人纳税；选项C，年应税销售额超过规定标准但不经常发生应税行为的单位和个体工商户可选择按照小规模纳税人纳税。

【答案】D

129. 2027 年 12 月 31 日之前，对月销售额（　　）万元以下的小规模纳税人免征增值税。

A. 9　　B. 10

C. 15　　D. 30

【解析】详见《财政部 税务总局关于增值税小规模纳税人减免增值税政策的公告》（财政部 税务总局公告 2023 年第 19 号）。

【答案】B

130. 委托个人加工的应税消费品，由（　　）向其机构所在地或者居住地主管税务机关申报缴纳消费税。

A. 受托方

B. 委托方

C. 第三方

D. 税务机关指定的一方

【解析】根据《消费税暂行条例实施细则》规定，委托个人加工的应税消费品由委托方收回后缴纳消费税。

【答案】B

131. 下列行为应缴纳消费税的是（　　）。

A. 零售卷烟

B. 进口金银首饰

C. 生产销售啤酒

D. 生产销售电动汽车

【解析】选项 A，卷烟在零售环节不缴纳消费税，应在生产和批发环节缴纳；选项 B，金银首饰在零售环节缴纳消费税，进口环节不缴纳消费税；选项 D，电动汽车不属于消费税征税范围。

【答案】C

132. 依据增值税的有关规定，下列销售行为免征增值税的是（　　）。

A. 农业生产者销售自产的农业产品

B. 一般纳税人销售不动产

C. 退役兵创业就业

D. 一般纳税人销售的水产品罐头

【解析】根据《增值税暂行条例》规定，农业生产者销售的自产农产品免征增值税。

【答案】A

133. 一般纳税人发生下列应税行为中，税率为 13% 的是（　　）。

A. 提供有形动产租赁服务

B. 销售不动产

C. 建筑服务

D. 电信服务

【解析】一般纳税人发生下列应税行为，税率为13%：销售应税劳务、销售或进口大部分货物、提供有形动产租赁服务。一般纳税人发生下列应税行为，税率为9%：提供交通运输服务、邮政服务、基础电信服务、建筑服务、不动产租赁服务，销售不动产，转让土地使用权。一般纳税人发生下列应税行为，税率为6%：增值电信服务、金融服务、现代服务（不包括有形动产租赁服务、不动产租赁服务）、生活服务、销售无形资产（不包括转让土地使用权）。

【答案】A

134. 根据增值税的有关规定，自2019年4月1日起，下列产品适用9%税率的是（　　）。

A. 酸奶　　B. 鱼罐头

C. 茶饮料　　D. 玉米胚芽

【解析】玉米胚芽属于初级农产品，适用9%的增值税税率。酸奶、鱼罐头、茶饮料都适用13%的增值税税率。

【答案】D

135. 2023年1月1日至2027年12月31日，增值税小规模纳税人适用3%征收率的应税销售收入享受减征优惠，减征后的征收率为（　　）。

A. 0　　B. 0.5%

C. 1%　　D. 2%

【解析】根据《财政部 税务总局关于增值税小规模纳税人减免增值税政策的公告》（财政部 税务总局公告2023年第19号）规定，增值税小规模纳税人适用3%征收率的应税销售收入，减按1%征收率征收增值税；适用3%预征率的预缴增值税项目，减按1%预征率预缴增值税。

【答案】C

136. 增值税小规模纳税人年应税销售额超过规定标准的，应登记为一般纳税人，该规定标准为（　　）万元。

A. 50　　B. 80

C. 300　　D. 500

【解析】根据《增值税一般纳税人登记管理办法》规定，增值税纳税人年应税销售额超过财政部、国家税务总局规定的小规模纳税人标准，除该办法第四条规定外，应当向主管税务机关办理一般纳税人登记。根据《财政部 税务总局关于统一增值税小规模纳税人标准的通知》(财税〔2018〕33号)规定，增值税小规模纳税人标准为年应征增值税销售额500万元及以下。

【答案】D

137. 下列不属于我国现行增值税税率的是（　　）。

A. 13%　　B. 9%

C. 6%　　D. 5%

【解析】我国现行增值税税率属于比例税率，现行增值税税率有13%、9%、6%、零税率。增值税征收率为3%和5%。

【答案】D

138. 某小规模纳税人甲按季度申报增值税，2023年第一季度提供餐饮服务取得含税收入28万元，无其他应税收入，则甲第一季度应缴增值税（　　）万元。

A. 0　　B. 0.27

C. 0.28　　D. 0.82

【解析】2023年1月1日至2027年12月31日，增值税小规模纳税人发生增值税应税销售行为，合计月销售额未超过10万元（以1个季度为1个纳税期的，季度销售额未超过30万元）的，免征增值税。

【答案】A

139. 2023年1月1日至2027年12月31日，个体工商户业主经营所得年应纳税所得额不超过（　　）万元的部分，可减半征收个人所得税。

A. 50　　B. 100

C. 200　　D. 300

【解析】根据《国家税务总局关于进一步落实支持个体工商户发展个人所得税优惠政策有关事项的公告》(国家税务总局公告2023年第12号)规定，2023年1月1日至2027年12月31日，对个体工商户年应纳税所得额不超过200万元的部分，减半征收个人所得税。

【答案】C

140. 关于小型微利企业所得税优惠政策，下列说法正确的是（　　）。

A. 2023年1月1日至2027年12月31日，对小型微利企业减按12.5%计算应纳税所得额

B. 在判断居民企业是否符合小型微利企业标准时，从业人数仅包括与企业建立劳动关系的职工人数

C. 查账征收和核定征收的居民企业均可享受小型微利企业所得税优惠

D. 视同独立纳税人管理的非法人分支机构，可以单独适用小型微利企业所得税优惠政策

【解析】对小型微利企业减按25%计算应纳税所得额，并按20%的税率缴纳企业所得税。这一政策自2023年1月1日起执行，延续至2027年12月31日。因此，选项A错误。从业人数，包括与企业建立劳动关系的职工人数和企业接受的劳务派遣用工人数。因此，选项B错误。根据《国家税务总局关于落实小型微利企业所得税优惠政策征管问题的公告》（国家税务总局公告2023年第6号）规定，小型微利企业无论按查账征收方式或核定征收方式缴纳企业所得税，均可享受小型微利企业所得税优惠政策。因此，选项C正确。根据《企业所得税法》规定，企业应以法人为主体计算并缴纳企业所得税。对于在中国境内设立的不具有法人资格的营业机构，应当汇总计算并缴纳企业所得税。这意味着，分支机构的经营情况应并入企业总机构，由总机构汇总计算应纳税款，并享受相关优惠政策。因此，即使是视同独立纳税人管理的非法人分支机构，也不能单独适用小型微利企业所得税优惠政策，选项D错误。

【答案】C

141. 居民个人取得的下列所得，不计入综合所得计算缴纳个人所得税的是（　　）。

A. 工资、薪金所得

B. 稿酬所得

C. 经营所得

D. 特许权使用费所得

【解析】个人所得税综合所得包括工资、薪金所得，劳务报酬所得，稿酬所得，特许权使用费所得四项。

【答案】C

142. 自2023年1月1日起，除集成电路企业和工业母机企业外，研发费用加计扣除比例是（　　）。

A. 50%　　　　B. 75%

C. 100%　　　　D. 120%

【解析】根据《财政部 税务总局关于进一步完善研发费用税前加计扣除政策的公告》（财政部 税务总局公告2023年第7号）第一条规定，企业开展研发活动中实际发生的研发费用，未形成无形资产计入当期损益的，在按规定据实扣除的基础上，自2023年1月1日起，再按照实际发生额的100%在税前加计扣除；形成无形资产的，自2023年1月1日起，按照无形资产成本的200%在税前摊销。根据《财政部 税务总局 国家发展改革委 工业和信息化部关于提高集成电路和工业母机企业研发费用加计扣除比例的公告》（财政部 税务总局 国家发展改革委 工业和信息化部公告2023年第44号）第一条规定，集成电路企业和工业母机企业开展研发活动中实际发生的研发费用，未形成无形资产计入当期损益的，在按规定据实扣除的基础上，在2023年1月1

日至2027年12月31日，再按照实际发生额的120%在税前扣除；形成无形资产的，在上述期间按照无形资产成本的220%在税前摊销。

【答案】C

143. 下列依照我国法律、行政法规设立的市场主体，属于企业所得税纳税人的是（　　）。

A. 个人独资企业

B. 个体工商户

C. 合伙企业

D. 一人有限公司

【解析】个人独资企业以投资者为纳税人，缴纳个人所得税，不属于企业所得税纳税人。个体工商户应就其经营所得缴纳个人所得税，不缴纳企业所得税。合伙企业以每一个合伙人为纳税人，合伙企业合伙人是自然人的，缴纳个人所得税；合伙人是法人和其他组织的，缴纳企业所得税。

【答案】D

144. 按照现行税制，资源税的计征方法是（　　）。

A. 全部从价计征

B. 从价计征为主、从量计征为辅

C. 全部从量计征

D. 从量计征为主、从价计征为辅

【解析】资源税采取从价计征为主、从量计征为辅的征税方式。

【答案】B

145. 下列车辆中，不属于车船税征税范围的是（　　）。

A. 轮式专用机械车

B. 挂车

C. 摩托车

D. 拖拉机

【解析】根据《车船税法》所附《车船税税目税额表》，选项A、B、C均属于车船税征税范围，拖拉机不需要缴纳车船税。

【答案】D

146. 下列社会保险费中，仅由用人单位缴纳的是（　　）。

A. 基本养老保险费

B. 基本医疗保险费

C. 工伤保险费

D. 失业保险费

【解析】根据《中华人民共和国社会保险法》规定，职工应当参加基本养老保险、基本医疗保险、工伤保险、失业保险和生育保险。其中，基本养老保险费、基本医疗保险费、失业保险费由用人单位和职工共同缴纳，工伤保险费、生育保险费由用人单位缴纳。

【答案】C

147. 下列各项中，不属于政府非税收入的是（　　）。

A. 国有资本收益　　B. 彩票公益金

C. 社会保险费　　D. 罚没收入

【解析】政府非税收入具体包括：行政事业性收费收入、政府性基金收入、罚没收入、国有资源（资产）有偿使用收入、国有资本收益、彩票公益金收入、特许经营收入、中央银行收入、以政府名义接受的捐赠收入、主管部门集中收入、政府收入的利息收入、其他非税收入。不包括社会保险费、住房公积金（指计入缴存人个人账户部分）。

【答案】C

148. 地方教育附加的费率是（　　）。

A. 1%　　B. 2%

C. 3%　　D. 4%

【解析】教育费附加的费率为3%，地方教育附加的费率为2%。

【答案】B

149. 个人跨统筹地区就业的，其基本养老保险关系随本人转移，下列关于缴费年限的处理正确的是（　　）。

A. 重新计算　　B. 分段计算

C. 平均计算　　D. 累计计算

【解析】根据《中华人民共和国社会保险法》第十九条规定，个人跨统筹地区就业的，其基本养老保险关系随本人转移，缴费年限累计计算。

【答案】D

150. 有来源于中国境内所得的M国居民个人存在下列情形，应确定为我国个人所得税非居民个人的是（　　）。

A. 在中国境内有住所的

B. 一个纳税年度内在中国境内居住累计满一年的

C. 在中国境内无住所而一个纳税年度内在中国境内居住累计满183天的

D. 在中国境内无住所而一个纳税年度内在中国境内居住累计不满183天的

【解析】在中国境内无住所又不居住，或者无住所而一个纳税年度内在中国境内居住累计不满183天的个人，为非居民个人。

【答案】D

151. 纳税人就其与关联方之间的业务往来进行关联申报，附送企业年度关联业务往来报告表的时间是（　　）。

A. 业务发生之日起15日内

B. 业务发生年度内

C. 报送企业所得税预缴申报表时

D. 报送年度企业所得税纳税申报表时

【解析】需关联申报的纳税人，应当在报送年度企业所得税纳税申报表的同时报送《中华人民共和国企业年度关联业务往来报告表》。

【答案】D

152. 自2023年1月1日起，子女教育专项附加扣除标准是每个子女每月（　　）元。

A. 1000　　B. 1500

C. 2000　　D. 3000

【解析】根据《国务院关于提高个人所得税有关专项附加扣除标准的通知》（国发〔2023〕13号）规定，自2023年1月1日起，子女教育专项附加扣除标准由每个子女每月1000元提高到2000元。

【答案】C

153. 关于个人所得税的适用税率，下列说法正确的是（　　）。

A. 综合所得，适用5%～45%的超额累进税率

B. 经营所得，适用3%～35%的超额累进税率

C. 财产租赁所得，适用20%的比例税率

D. 利息、股息、红利所得，适用10%的比例税率

【解析】综合所得，适用3%～45%的超额累进税率；经营所得，适用5%～35%的超额累进税率；利息、股息、红利所得，财产租赁所得，财产转让所得和偶然所得，适用比例税率，税率为20%。

【答案】C

154. 增值税一般纳税人提供的下列服务中，适用9%增值税税率的是（　　）。

A. 增值电信服务　　B. 贷款服务

C. 不动产租赁服务　　D. 教育服务

【解析】自2019年4月1日起，增值税一般纳税人销售交通运输服务、邮政服务、基础电信服务、建筑服务、不动产租赁服务，销售不动产，转让土地使用权，销售或者进口特定货物，如粮食、食用植物油等，税率为9%。选项A、B、D适用6%的税率。

【答案】C

155. 在计算企业所得税应纳税所得额时，下列支出可以税前扣除的是（　　）。

A. 税收滞纳金

B. 因逾期偿还银行贷款加收的银行罚息

C. 应由个人负担的学历教育支出

D. 非广告性质的赞助支出

【解析】纳税人逾期归还银行贷款，银行按规定加收的罚息，不属于行政性罚款，允许在税前扣除。

【答案】B

156. 2023 年度，某个人独资企业取得销售收入 1000 万元，实际发生与生产经营活动有关的业务招待费 20 万元。在计算经营所得应纳税所得额时，可扣除的业务招待费是（　　）万元。

A. 20　　　　B. 12

C. 5　　　　D. 10

【解析】与生产经营活动有关的业务招待费支出，按照发生额的 60% 扣除，但最高不得超过当年销售（营业）收入的 5‰。1000 × 5‰ = 5（万元），20 × 60% = 12（万元），因此，业务招待费可以扣除的金额是 5 万元。

【答案】C

157. 关于企业破产清算程序中的税收征管问题，下列说法正确的是（　　）。

A. 税务机关应在人民法院公告的债权申报期限内，向管理人申报税收债权

B. 税收债权均按普通破产债权进行申报

C. 企业所欠税款的滞纳金，以人民法院裁定宣告破产申请之日为截止日计算确定

D. 在人民法院裁定受理破产申请之日至企业注销之日期间，企业无需办理申报纳税事项

【解析】根据《中华人民共和国企业破产法》规定，人民法院受理破产申请后，应当确定债权人申报债权的期限。债权申报期限自人民法院发布受理破产申请公告之日起计算，最短不得少于 30 日，最长不得超过 3 个月。税务机关作为债权人之一，应在规定期限内向管理人申报税收债权。因此，选项 A 正确。根据《国家税务总局关于税收征管若干事项的公告》（国家税务总局公告 2019 年第 48 号）第四条第（三）项规定，企业所欠税款（含教育费附加、地方教育附加，下同）、滞纳金、因特别纳税调整产生的利息，税务机关按照企业破产法相关规定进行申报，其中，企业所欠的滞纳金、因特别纳税调整产生的利息按照普通破产债权申报。因此，选项 B 错误。根据《国家税务总局关于税收征管若干事项的公告》（国家税务总局公告 2019 年第 48 号）第四条

第（一）项规定，企业所欠税款、滞纳金、罚款，以及因特别纳税调整产生的利息，以人民法院裁定受理破产申请之日为截止日计算确定。因此，选项 C 错误。根据《国家税务总局关于税收征管若干事项的公告》（国家税务总局公告 2019 年第 48 号）第四条第（二）项规定，在人民法院裁定受理破产申请之日至企业注销之日期间，企业应当接受税务机关的税务管理，履行税法规定的相关义务。破产程序中如发生应税情形，应按规定申报纳税。因此，选项 D 错误。

【答案】A

158. 增值税一般纳税人购进的下列服务中，可以抵扣进项税额的是（　　）。

A. 贷款服务

B. 餐饮服务

C. 居民日常服务

D. 国内旅客运输服务

【解析】根据《财政部 税务总局 海关总署关于深化增值税改革有关政策的公告》（财政部 税务总局 海关总署公告 2019 年第 39 号）第六条规定，纳税人购进国内旅客运输服务，其进项税额允许从销项税额中抵扣。

【答案】D

159. 关于资产的税务处理，下列说法正确的是（　　）。

A. 未投入使用的外购商务车，可以税前扣除固定资产折旧

B. 自创商誉，可以税前扣除无形资产摊销费用

C. 租入固定资产的改建支出，可以税前扣除按规定摊销的费用

D. 按后进先出法计算的已销售货物的成本，可以税前扣除

【解析】根据《企业所得税法》第十一条规定，房屋、建筑物以外未投入使用的固定资产不得计算折旧扣除，因此，选项 A 错误。根据《企业所得税法》第十二条规定，在计算应纳税所得额时，企业按照规定计算的无形资产摊销费用，准予扣除。下列无形资产不得计算摊销费用扣除：①自行开发的支出已在计算应纳税所得额时扣除的无形资产；②自创商誉；③与经营活动无关的无形资产；④其他不得计算摊销费用扣除的无形资产。因此，选项 B 错误。根据《企业所得税法实施条例》第七十三条规定，企业使用或者销售的存货的成本计算方法，可以在先进先出法、加权平均法、个别计价法中选用一种。按后进先出法计算的已销售货物的成本，不可以税前扣除。因此，选项 D 错误。租入的固定资产发生的改建支出，作为长期待摊费用按照合同约定的剩余租赁期限分期摊销的，可以税前扣除。因此，选项 C 正确。

【答案】C

160. 个人取得的下列所得，可以减征个人所得税的是（　　）。

A. 烈士家属取得的抚恤金

B. 残疾人取得的工资、薪金所得

C. 转让商业用房取得的所得

D. 购买福利彩票取得的5万元奖金

【解析】残疾、孤老人员和烈属的所得，可减征个人所得税。福利费、抚恤金、救济金，免征个人所得税。个人出售商业用房取得的所得属于财产转让所得，需要缴纳个人所得税，税率为20%，以转让财产的收入额减除财产原值和合理费用后的余额为应纳税所得额。对个人购买福利彩票、体育彩票，一次中奖收入在1万元以下（含1万元）的，暂免征收个人所得税；超过1万元的，全额征收个人所得税。

【答案】B

161. S公司2023年6月的发票开具金额总额度为1000万元。2023年6月1日至5日累计已开票金额200万元，6月6日开具红字数电票金额10万元（对应2023年6月1日开具的蓝字数电票，金额10万元），6月7日开具红字数电票50万元（对应2023年5月3日开具的蓝字数电票，金额50万元），则6月8日剩余可用额度是（　　）万元。

A. 800　　B. 810

C. 850　　D. 860

【解析】开具蓝字数电票当月开具红字数电票，电子发票服务平台同步增加其当月剩余可用额度；跨月开具红字数电票的，电子发票服务平台不增加其当月剩余可用额度。剩余可用额度 = 1000 − 200 + 10 = 810（万元）。

【答案】B

162. 关于农产品发票勾选抵扣纳入电子发票服务平台的发票开具时间范围，下列说法正确的是（　　）。

A. 农产品发票开具之日的次月起

B. 农产品发票开具之日的当月起

C. 纳税人使用电子税务局税务数字账户功能的次月起

D. 纳税人使用电子税务局税务数字账户功能的当月起

【解析】农产品发票勾选抵扣纳入电子发票服务平台的发票开具时间范围，是纳税人使用电子税务局税务数字账户功能的次月起。

【答案】C

163. 2023年生活性服务业增值税一般纳税人适用的加计抵减率为（　　）。

A. 5%　　B. 10%

C. 15%　　D. 20%

【解析】根据《财政部 税务总局关于明确增值税小规模纳税人减免增值税等政策的公告》（财政部 税务总局公告2023年第1号）规定，2023年1月1日至2023

年 12 月 31 日，允许生活性服务业纳税人按照当期可抵扣进项税额加计 10% 抵减应纳税额。

【答案】B

164. 下列车辆中，不属于车辆购置税征税范围的是（　　）。

A. 汽车　　B. 有轨电车

C. 汽车挂车　　D. 火车

【解析】在中华人民共和国境内购置汽车、有轨电车、汽车挂车、排气量超过 150 毫升的摩托车的单位和个人，为车辆购置税的纳税人。所以，选项 A、B、C 均属于车辆购置税征税范围。

【答案】D

165. 某增值税小规模纳税人按季度申报增值税，2023 年第一季度提供餐饮服务取得含税收入 5 万元，销售不动产取得含税收入 85 万元，该不动产购买金额为 75 万元，无其他应税收入，则该纳税人 2023 年第一季度应缴增值税（　　）万元。

A. 0　　B. 1.5

C. 1.75　　D. 1.8

【解析】增值税小规模纳税人发生增值税应税销售行为，合计月销售额超过 10 万元（以 1 个季度为 1 个纳税期的，季度销售额未超过 30 万元，下同），但扣除本期发生的销售不动产的销售额后未超过 10 万元的，其销售货物、劳务、服务、无形资产取得的销售额免征增值税。

【答案】A

166. 关于个人换购住房的个人所得税优惠政策，下列说法正确的是（　　）。

A. 该优惠政策执行期限是 2022 年 10 月 1 日至 2027 年 12 月 31 日

B. 对出售自有住房并在现住房出售后 2 年内在市场重新购买住房的个人，对其出售现住房已缴纳的个人所得税予以退税

C. 新购住房金额大于或等于现住房转让金额的，全部退还已缴纳的个人所得税

D. 新购住房金额小于现住房转让金额的，退还出售现住房已缴纳的 50% 的个人所得税

【解析】根据《财政部 税务总局关于支持居民换购住房有关个人所得税政策的公告》（财政部 税务总局公告 2022 年第 30 号）和《财政部 税务总局 住房城乡建设部关于延续实施支持居民换购住房有关个人所得税政策的公告》（财政部 税务总局 住房城乡建设部公告 2023 年第 28 号）规定，2022 年 10 月 1 日至 2025 年 12 月 31 日，对出售自有住房并在现住房出售后 1 年内在市场重新购买住房的纳税人，对其出售现住房已缴纳的个人所得税予以退税优惠。其中，新购住房金额大于或等于现住房转让金额

的，全部退还已缴纳的个人所得税；新购住房金额小于现住房转让金额的，按新购住房金额占现住房转让金额的比例退还出售现住房已缴纳的个人所得税。

【答案】C

167. 关于资产损失税前扣除的规定，下列说法正确的是（　　）。

A. 企业向税务机关申报扣除资产损失，需填报企业所得税年度纳税申报表《资产损失税前扣除及纳税调整明细表》，同时报送资产损失相关资料

B. 对企业发现 6 年前实际发生的、按照规定应在企业所得税税前扣除而未扣除的支出，企业作出专项申报及说明后，可追补至该项目发生年度税前扣除

C. 企业逾期 3 年以上的应收款项在会计上已作损失处理的，可以作为坏账损失申报扣除，但应说明情况，并出具专项报告

D. 企业按照独立交易原则向关联企业转让资产而发生的资产损失，可以税前扣除，且无需出具专项说明等相关证明资料

【解析】企业向税务机关申报扣除资产损失，仅需填报企业所得税年度纳税申报表《资产损失税前扣除及纳税调整明细表》（A105090），不再报送资产损失相关资料，选项 A 错误。企业以前年度发生的资产损失未能在当年税前扣除的，属于实际资产损失的，准予追补至该项损失发生年度扣除，其追补确认期限一般不得超过 5 年，选项 B 错误。企业按独立交易原则向关联企业转让资产而发生的损失，或向关联企业提供借款、担保而形成的债权损失，准予扣除，但企业应作专项说明，同时出具中介机构出具的专项报告及其相关的证明材料，选项 D 错误。

【答案】C

168. 根据企业所得税规定，工资薪金等支出的税务处理，下列说法正确的是（　　）。

A. 企业在 12 月底预提且在次年的企业所得税汇算清缴期间内，已实际发放的合理的工资薪金支出，可以在预提当年的企业所得税年度纳税申报时税前扣除

B. 企业发生的职工教育经费支出，不超过工资薪金总额 2.5% 的部分，可以税前扣除；超过部分，可以在以后纳税年度结转扣除

C. 企业拨缴的工会经费，不超过工资薪金总额 2% 的部分，可以税前扣除；超过部分，可以在以后纳税年度结转扣除

D. 企业预提的职工福利费支出，不超过工资薪金总额 14% 的部分，可以税前扣除

【解析】企业发生的职工教育经费支出，不超过工资薪金总额 8% 的部分，准予在计算企业所得税应纳税所得额时扣除；超过部分，准予在以后纳税年度结转扣除。企

业拨缴的工会经费，不超过工资薪金总额2%的部分，准予扣除。工会经费不可以结转扣除。企业发生的职工福利费支出，不超过工资薪金总额14%的部分，准予扣除。

【答案】A

169. 下列税种不属于小微企业“六税两费”减免政策范围的是（　　）。

A. 房产税　　B. 印花税

C. 契税　　D. 资源税

【解析】“六税两费”减免政策范围包括资源税（不含水资源税）、城市维护建设税、房产税、城镇土地使用税、印花税（不含证券交易印花税）、耕地占用税和教育费附加、地方教育附加。

【答案】C

170. 某增值税小规模纳税人位于县城，2024年5月实际缴纳增值税10800元，则该纳税人当月应纳的城市维护建设税税额为（　　）元。

A. 540　　B. 756

C. 270　　D. 378

【解析】城市维护建设税实行的是地区差别税率，按照纳税人所在地的不同，税率分别规定为7%、5%、1%三个档次，具体是：纳税人所在地在城市市区的，税率为7%；在县城、建制镇的，税率为5%；不在城市市区、县城、建制镇的，税率为1%。根据《财政部 税务总局关于进一步支持小微企业和个体工商户发展有关税费政策的公告》（财政部 税务总局公告2023年第12号）规定，2023年1月1日至2027年12月31日，对增值税小规模纳税人、小型微利企业和个体工商户减半征收资源税（不含水资源税）、城市维护建设税、房产税、城镇土地使用税、印花税（不含证券交易印花税）、耕地占用税和教育费附加、地方教育附加。这意味着，对于符合条件的小规模纳税人，其应纳的城市维护建设税实际上是减半征收的。该纳税人当月应纳城市维护建设税税额 $= 10800 \times 5\% \times 0.5 = 270$（元）。

【答案】C

171. 划转至税务部门征收的城镇垃圾处理费属于（　　）。

A. 行政事业性收费

B. 政府性基金收入

C. 罚没收入

D. 主管部门集中收入

【解析】根据《财政部关于土地闲置费、城镇垃圾处理费划转税务部门征收的通知》（财税〔2021〕8号）规定，自2021年7月1日起，住房城乡建设等部门负责征收的按行政事业性收费管理的城镇垃圾处理费划转至税务部门征收。

【答案】A

172. 下列关于城乡居民缴纳的城乡居民养老保险费的处理，正确的是（　　）。

A. 全部记入基本养老保险统筹基金

B. 部分记入基本养老保险统筹基金，部分记入个人账户

C. 全部记入个人账户

D. 部分记入财政专户，部分记入个人账户

【解析】城乡居民养老保险个人账户的构成如下：一是个人缴费部分。参加城乡居民养老保险的个人需要按照规定的缴费标准缴纳养老保险费，这部分费用将会记入个人账户。二是政府补贴部分。政府对参加城乡居民养老保险的个人给予一定的缴费补贴，补贴的金额也会记入个人账户。

【答案】C

173. 下列关于保险营销员取得佣金收入的个人所得税处理，错误的是（　　）。

A. 保险营销员取得的佣金收入，属于劳务报酬所得

B. 以不含增值税的收入减除 20% 的费用后的余额为收入额

C. 展业成本按照收入额的 40% 计算

D. 收入额减除展业成本以及附加税费后的余额，并入当年综合所得

【解析】根据《财政部 税务总局关于个人所得税法修改后有关优惠政策衔接问题的通知》（财税〔2018〕164 号）规定，保险营销员、证券经纪人取得的佣金收入，属于劳务报酬所得，以不含增值税的收入减除 20% 的费用后的余额为收入额，收入额减去展业成本以及附加税费后，并入当年综合所得，计算缴纳个人所得税。保险营销员、证券经纪人展业成本按照收入额的 25% 计算。

【答案】C

174. 2024 年 7 月，王某出租一处住房，一次性预收半年租金 48000 元，该业务应缴纳增值税（　　）元。

A. 685. 71　　B. 720

C. 2285. 71　　D. 0

【解析】其他个人采取预收款形式出租不动产，取得的预收租金收入，可在预收款对应的租赁期内平均分摊，分摊后的月租金收入不超过 10 万元的，可享受小微企业免征增值税优惠政策。王某预收半年租金 48000 元分摊后月租金不超过 10 万元，应缴纳增值税为 0。

【答案】D

175. 关于固定资产的税务处理，下列说法正确的是（　　）。

A. 企业取得的固定资产采取加速折旧方法的，只能选择年数总和法

B. 企业取得的固定资产采取缩短折旧年限方法的，最低折旧年限不得低于《企业所得税法实施条例》规定的最低折旧年限的 50%

C. 企业取得的固定资产符合税收上的加速折旧条件，但会计核算采取直线法折旧的，不得享受固定资产加速折旧优惠

D. 企业应当自固定资产投入使用的次月起计算折旧；停止使用的固定资产，应当自停止使用月份的次月起停止计算折旧

【解析】企业拥有并使用符合规定条件的固定资产采取加速折旧方法的，可以采用双倍余额递减法或者年数总和法。企业采取缩短折旧年限方法的，对其购置的新固定资产，最低折旧年限不得低于《企业所得税法实施条例》第六十条规定的折旧年限的60%。根据《国家税务总局关于企业所得税应纳税所得额若干问题的公告》（国家税务总局公告2014年29号）规定，企业按税法规定实行加速折旧的，其按加速折旧办法计算的折旧额可全额在税前扣除。企业会计处理是否采取加速折旧方法，不影响企业享受加速折旧税收优惠政策，企业在享受加速折旧税收优惠政策时，不需要会计上也同时采取与税收上相同的折旧方法。

【答案】D

176. 李某转让中国境内某上市公司限售股，取得转让收入40000元，因其无法提供完整真实的限售股原值凭证，其开户的证券公司应扣缴个人所得税（　　）元。

A. 8000　　B. 6800

C. 6000　　D. 5800

【解析】个人转让限售股应纳税额的计算公式为：

应纳税所得额 = 限售股转让收入 -（限售股原值 + 合理税费）

应纳税额 = 应纳税所得额 ×20%

投资者无法提供完整、真实的限售股原值凭证，税务机关将按照限售股转让收入的15%核定限售股原值及合理税费。对个人转让限售股取得的所得，按照“财产转让所得”项目，适用20%的比例税率征收个人所得税。

应扣缴个人所得税 = 40000 ×（1 - 15%）×20% = 6800（元）

【答案】B

二、多项选择题

1. 下列关于增值税小规模纳税人的说法，正确的有（　　）。

A. 实行简易征收办法

B. 非企业性单位可以选择按小规模纳税人纳税

C. 不得抵扣进项税额

D. 一经认定为小规模纳税人，不得再转为一般纳税人

【解析】小规模纳税人会计核算健全，能够提供准确税务资料的，可以向主管税务机关办理一般纳税人资格登记，成为一般纳税人。

【答案】ABC

2. 下列业务应按5%的征收率计算缴纳增值税的有（　　）。

A. 一般纳税人销售不动产

B. 房地产开发企业的一般纳税人销售自行开发的房地产老项目，选择适用简易计税方法的

C. 小规模纳税人销售不动产

D. 小规模纳税人出租不动产

【解析】5%征收率的适用范围：一般纳税人销售不动产，选择适用简易计税方法，征收率为5%。房地产开发企业的一般纳税人销售自行开发的房地产老项目，选择适用简易计税方法，征收率为5%。小规模纳税人销售不动产，适用5%征收率。小规模纳税人出租不动产，征收率为5%。

【答案】BCD

3. 依据增值税有关规定，下列行为属于增值税征税范围的有（　　）。

A. 婚介公司提供婚介服务

B. 房地产开发公司销售房屋

C. 饭店提供餐饮服务

D. 根据国家指令无偿提供的铁路运输服务、航空运输服务

【解析】根据国家指令无偿提供的铁路运输服务、航空运输服务，属于《营业税改征增值税试点实施办法》（财税〔2016〕36号附件1）规定的用于公益事业的服务，不视同销售服务，属于不征收增值税项目。

【答案】ABC

4. 增值税一般纳税人的下列建筑服务可以选择适用简易方法按3%征收率计算缴纳增值税的有（　　）。

A. 为建筑工程老项目提供的建筑服务

B. 以清包工方式提供的建筑服务

C. 以包工包料方式提供的建筑服务

D. 为甲供工程提供的建筑服务

【解析】增值税一般纳税人的下列建筑服务可以选择适用简易方法按3%征收率计算缴纳增值税：①为建筑工程老项目提供的建筑服务；②以清包工方式提供的建筑服务；③为甲供工程提供的建筑服务。

【答案】ABD

5. 下列情形，属于视同提供增值税应税服务的有（　　）。

A. 某运输公司免费为市孤儿院提供运输服务

B. 某运输公司免费为市政府运送物品

C. 某律师事务所免费为某企业提供资产重组相关业务法律咨询服务

D. 某律师事务所在市民广场进行免费法律咨询服务

【解析】单位或者个体工商户向其他单位或者个人无偿提供服务，视同销售应税服务。但用于公益事业或者以社会公众为对象的除外。

【答案】BC

6. 下列各项，不予从销项税额中抵扣进项税额的有（　　）。

A. 专门用于简易计税方法计税项目购进的专利技术

B. 既用于增值税应税项目又用于简易计税方法计税项目购进的固定资产

C. 非正常损失的购进货物

D. 购进国内旅客运输服务

【解析】下列项目的进项税额不得从销项税额中抵扣：①用于简易计税方法计税项目、免征增值税项目、集体福利或者个人消费的购进货物、加工修理修配劳务或者应税服务。其中涉及的固定资产、无形资产、不动产，仅指专用于上述项目的固定资产、无形资产（不包括其他权益性无形资产）、不动产。②非正常损失的购进货物，以及相关的加工修理修配劳务和交通运输服务。

自 2019 年 4 月 1 日起，纳税人购进国内旅客运输服务，其进项税额允许从销项税额中抵扣。

【答案】AC

7. 根据增值税政策规定，下列项目中按差额确定销售额的有（　　）。

A. 一般纳税人采取一般计税方法销售自行开发的房地产项目

B. 农业生产者销售自产农产品

C. 一般纳税人转让金融商品

D. 一般纳税人提供客运场站服务

【解析】一般纳税人销售自行开发的房地产项目，适用一般计税方法计税的，按照取得的全部价款和价外费用，扣除受让土地时向政府部门支付的土地价款后的余额为销售额；金融商品转让，按照卖出价扣除买入价后的余额为销售额；一般纳税人提供客运场站服务，以其取得的全部价款和价外费用，扣除支付给承运方运费后的余额为销售额；农业生产者销售自产农产品按收取的全部价款和价外费用确定销售额。

【答案】ACD

8. 税务机关代开增值税专用发票时，下列关于备注栏的填写正确的有（　　）。

A. 注明纳税人名称和纳税人识别号

B. 为出售或出租不动产代开发票时应注明不动产的详细地址

C. 为纳税人代开建筑服务发票时应注明建筑服务发生地县（市、区）名称及项目名称

D. 填写代开税务机关的统一代码

【解析】根据规定，税务机关在“销售方纳税人识别号”栏填写代开税务机关的统一代码，而不是在备注栏填写。

【答案】ABC

9. 在现行消费税征税范围中，采用复合计征方法的有（　　）。

A. 小汽车　　B. 卷烟

C. 实木地板　　D. 白酒

【解析】白酒和卷烟实行从量定额与从价定率相结合的征税办法，小汽车和实木地板均采用比例税率征税。

【答案】BD

10. 纳税人将自产的应税消费品用于（　　），应缴纳消费税。

A. 职工福利

B. 对外投资

C. 连续生产应税消费品

D. 对外捐赠

【解析】纳税人将自产的应税消费品用于连续生产应税消费品的，不再缴纳消费税；用于职工福利、对外投资和对外捐赠均属于视同销售，应缴纳消费税。

【答案】ABD

11. 消费税的计税销售额为销售应税消费品从购买方收取的全部价款和价外费用，包括（　　）。

A. 集资款　　B. 增值税税款

C. 优质费　　D. 包装费

【解析】消费税的计税销售额包括纳税人销售应税消费品向购买方收取的全部价款和价外费用。这里的价外费用指的是在销售过程中向购买方收取的手续费、补贴、基金、集资费、返还利润、奖励费、违约金、滞纳金、延期付款利息、赔偿金、代收款项、代垫款项、包装费、包装物租金、储备费、优质费、运输装卸费以及其他各种性质的价外收费。

【答案】ACD

12. 下列产品中，自2023年6月30日起，征收消费税的有（　　）。

A. 烷基化油（异辛烷）　　B. 石油醚

C. 工业白油　　D. 混合芳烃

【解析】根据《财政部 税务总局关于部分成品油消费税政策执行口径的公告》（财政部 税务总局公告2023年第11号）规定，自2023年6月30日起，对烷基化油（异辛烷）按照汽油征收消费税，对石油醚、粗白油、轻质白油、部分工业白油（5号、

7 号、10 号、15 号、22 号、32 号、46 号）按照溶剂油征收消费税，对混合芳烃、重芳烃、混合碳八、稳定轻烃、轻油、轻质煤焦油按照石脑油征收消费税。

【答案】ABD

13. 下列各项中，应同时征收增值税和消费税的有（　　）。

A. 批发环节销售的卷烟

B. 零售环节销售的金基合金首饰

C. 生产环节销售的普通化妆品

D. 进口环节取得外国政府捐赠的小汽车

【解析】选项 C，征收增值税不征收消费税；选项 D，外国政府、国际组织无偿援助的进口物资和设备属于增值税免税项目。

【答案】AB

14. 下列选项中属于企业所得税纳税人的有（　　）。

A. 居民企业　　B. 非居民企业

C. 个人独资企业　　D. 合伙企业

【解析】根据《企业所得税法》规定，企业所得税纳税人分为居民企业和非居民企业。个人独资企业、合伙企业不适用该法。

【答案】AB

15. 下列项目应在企业所得税年度纳税申报表附表《收入明细表》中第 13 行“视同销售收入”栏填报的有（　　）。

A. 将自产的货物用于对外投资

B. 销售货物的同时出租包装物

C. 将外购的货物用于广告样品

D. 债务重组收益

【解析】“视同销售收入”填报纳税人视同销售情形确认的收入，选项 A、C 属于视同销售收入；选项 B 属于其他业务收入；选项 D 属于营业外收入。

【答案】AC

16. 下列固定资产中，不得计算折旧在企业所得税前扣除的有（　　）。

A. 未投入使用的仓库

B. 以融资租赁方式租入的固定资产

C. 单独估价作为固定资产入账的土地

D. 已足额提取折旧仍继续使用的固定资产

【解析】选项 A，房屋、建筑物以外未投入使用的固定资产是不得计算折旧在税前扣除的；选项 B，以融资租赁方式租出的固定资产不得计算折旧在税前扣除。

【答案】CD

17. 2023 年 1 月 1 日至 2027 年 12 月 31 日，符合条件的小型微利企业可以享受普惠性所得税减免政策，下列属于小型微利企业的条件的有（　　）。

A. 从事国家非限制和禁止行业

B. 年度应纳税所得额不超过 300 万元

C. 从业人数不超过 300 人、资产总额不超过 5000 万元

D. 按查账征收方式缴纳企业所得税

【解析】小型微利企业是指从事国家非限制和禁止行业，且同时符合年度应纳税所得额不超过 300 万元、从业人数不超过 300 人、资产总额不超过 5000 万元三个条件的企业。小型微利企业无论按查账征收方式或核定征收方式缴纳企业所得税，均可享受普惠性所得税减免政策。

【答案】ABC

18. 根据土地增值税法律制度的规定，下列属于土地增值税纳税义务人的有（　　）。

A. 转让中国土地使用权的外国企业

B. 转让外国土地使用权的外国企业

C. 转让中国土地使用权的人民政府

D. 转让中国土地使用权的非营利组织

【解析】转让位于我国的土地使用权才属于土地增值税的纳税人，所以选项 B 不属于土地增值税的纳税人。

【答案】ACD

19. 下列各项中，以每次收入额为个人所得税计税依据的有（　　）。

A. 偶然所得

B. 个体工商户生产、经营所得

C. 工资、薪金所得

D. 利息、股息、红利所得

【解析】生产经营所得按年计算纳税，平时预缴；工资、薪金所得对于居民个人属综合所得，按年计算，非居民个人以每月收入额计算纳税。

【答案】AD

20. 下列关于个人所得税专项附加扣除的说法，正确的有（　　）。

A. 纳税人在中国境外接受学历（学位）继续教育的支出，在学历（学位）教育期间按照每月 400 元定额扣除

B. 纳税人照护 3 岁以下婴幼儿子女的相关支出，按照每个婴幼儿每月 2000 元的标准定额扣除

C. 住房租金支出由签订租赁住房合同的承租人扣除

D. 有关部门和单位有责任和义务向税务部门提供或者协助核实与专项附加扣除有关的信息

【解析】根据《个人所得税专项附加扣除暂行办法》（国发〔2018〕41号）第八条规定，纳税人在中国境内接受学历（学位）继续教育的支出，在学历（学位）教育期间按照每月400元定额扣除。

【答案】BCD

21. 下列情形中，纳税人应当依法办理纳税申报的有（　　）。

A. 取得应税所得没有扣缴义务人

B. 非居民个人在中国境内取得工资、薪金所得且由扣缴义务人代扣代缴

C. 取得境外所得

D. 因移居境外注销中国户籍

【解析】根据《个人所得税法》第十条规定，有下列情形之一的，纳税人应当依法办理纳税申报：①取得综合所得需要办理汇算清缴；②取得应税所得没有扣缴义务人；③取得应税所得，扣缴义务人未扣缴税款；④取得境外所得；⑤因移居境外注销中国户籍；⑥非居民个人在中国境内从两处以上取得工资、薪金所得；⑦国务院规定的其他情形。因此，选项A、C、D符合题意。根据《个人所得税法》第十一条规定，非居民个人取得工资、薪金所得，劳务报酬所得，稿酬所得和特许权使用费所得，有扣缴义务人的，由扣缴义务人按月或者按次代扣代缴税款，不办理汇算清缴。因此，选项B不符合题意。

【答案】ACD

22. 下列关于个人所得税缴纳时间的说法，正确的有（　　）。

A. 纳税人取得应税所得没有扣缴义务人的，应当在取得所得的次月15日内向税务机关报送纳税申报表，并缴纳税款

B. 纳税人取得应税所得没有扣缴义务人的，应当在取得所得的次年3月1日至6月30日内向税务机关报送纳税申报表，并缴纳税款

C. 居民个人从中国境外取得所得的，应当在取得所得的次月15日内申报纳税

D. 居民个人从中国境外取得所得的，应当在取得所得的次年3月1日至6月30日内申报纳税

【解析】根据《个人所得税法》规定，纳税人取得应税所得没有扣缴义务人的，应当在取得所得的次月15日内向税务机关报送纳税申报表，并缴纳税款；居民个人从中国境外取得所得的，应当在取得所得的次年3月1日至6月30日内申报纳税。

【答案】AD

23. 下列关于车辆购置税的说法，正确的有（　　）。

A. 车辆购置税的税率为10%

B. 车辆购置税实行一次性征收

C. 纳税人应当自纳税义务发生之日起60日内申报缴纳车辆购置税

D. 农用运输车不属于车辆购置税的征税范围

【解析】农用运输车属于汽车，购置农用运输车应按规定缴纳车辆购置税。

【答案】ABC

24. 下列各项中，免征或减征车船税的有（　　）。

A. 军队、武装警察部队专用的车船

B. 节约能源、使用新能源的车船

C. 2022年8月购置的单价28万元的2.0升排量的7座乘用车

D. 半挂牵引车

【解析】军队、武装警察部队专用的车船免税；对节约能源车船，减半征收车船税；对使用新能源车船，免征车船税；半挂牵引车应征收车船税。对购置日期在2022年6月1日至2022年12月31日内且单车价格（不含增值税）不超过30万元的2.0升及以下排量乘用车，减半征收车辆购置税。乘用车，是指在设计、制造和技术特性上主要用于载运乘客及其随身行李和（或）临时物品，包括驾驶员座位在内最多不超过9个座位的汽车。

【答案】AB

25. 环境保护税的计税单位有（　　）。

A. 每污染当量　　B. 每吨

C. 每千克指数　　D. 超标分贝

【解析】应税污染物的计税依据，按照下列方法确定：①应税大气污染物按照污染物排放量折合的污染当量数确定；②应税水污染物按照污染物排放量折合的污染当量数确定；③应税固体废物按照固体废物的排放量确定；④应税噪声按照超过国家规定标准的分贝数确定。

【答案】ABD

26. 下列关于城镇土地使用税纳税义务发生时间的说法，正确的有（　　）。

A. 通过拍卖方式取得建设用地（不属于新征用耕地），应从合同约定的交付土地时间的次月起缴纳城镇土地使用税

B. 以出让方式取得土地使用权，应由受让方从合同约定的交付土地时间的次月起缴纳城镇土地使用税

C. 购置存量房，自房产权属登记机关签发房屋权属证书的次月起计征城镇土地使用税

D. 购置新建商品房，自签订房屋销售合同的次月起计征城镇土地使用税

【解析】购置新建商品房，自房屋交付使用之次月起计征城镇土地使用税。

【答案】ABC

27. 下列关于印花税纳税人的说法，正确的有（　　）。

A. 采用委托贷款方式书立的借款合同纳税人，为委托人和借款人

B. 按产权转移书据税目缴纳印花税的拍卖成交确认书纳税人，为拍卖标的的产权人和买受人，不包括拍卖人

C. 在中华人民共和国境内书立购销合同的买方和卖方

D. 在中华人民共和国境内进行证券交易的出让方和受让方

【解析】书立应税凭证的纳税人，为对应税凭证有直接权利义务关系的单位和个人。采用委托贷款方式书立的借款合同纳税人，为受托人和借款人，不包括委托人，所以选项A错误。按买卖合同或者产权转移书据税目缴纳印花税的拍卖成交确认书纳税人，为拍卖标的的产权人和买受人，不包括拍卖人，所以选项B正确。在中华人民共和国境内书立应税凭证、进行证券交易的单位和个人，为印花税的纳税人，应当依法缴纳印花税。在中华人民共和国境外书立在境内使用的应税凭证的单位和个人，应当依法缴纳印花税。证券交易印花税对证券交易的出让方征收，不对受让方征收。所以选项C正确、选项D错误。

【答案】BC

28. 下列各项中，符合资源税纳税义务发生时间规定的有（　　）。

A. 采取分期收款结算方式的为实际收到款项的当天

B. 采取预收贷款结算方式的为发出应税产品的当天

C. 自产自用应税产品的为移送使用应税产品的当天

D. 扣缴资源税款义务发生时间，为支付首笔货款或者开具应支付货款凭据的当天

【解析】纳税人采取分期收款结算方式的，其纳税义务发生时间，为销售合同规定的收款日期的当天。

【答案】BCD

29. 数电票全国第一批试点地区有（　　），于2021年12月1日起开展数电票试点。

A. 广东　　B. 上海

C. 内蒙古　　D. 四川

【解析】广东（广州市、佛山市、横琴粤澳深度合作区）、上海、内蒙古（呼和浩特市）作为全国第一批试点地区，于2021年12月1日起开展数电票试点。四川于2022年10月28日起开展数电票试点。

【答案】ABC

30. 下列税种中，2023年1月1日至2027年12月31日对增值税小规模纳税人、

小型微利企业和个体工商户减半征收的有（　　）。

A. 资源税（不含水资源税）

B. 城市维护建设税

C. 契税

D. 印花税（含证券交易印花税）

【解析】2023 年 1 月 1 日至 2027 年 12 月 31 日，对增值税小规模纳税人、小型微利企业和个体工商户减半征收资源税（不含水资源税）、城市维护建设税、房产税、城镇土地使用税、印花税（不含证券交易印花税）、耕地占用税和教育费附加、地方教育附加。自 2023 年 8 月 28 日起，证券交易印花税实施减半征收。

【答案】AB

31. 下列产品中，自 2023 年 6 月 30 日起，按照石脑油征收消费税的有（　　）。

A. 烷基化油（异辛烷）　　B. 石油醚

C. 轻质煤焦油　　D. 混合芳烃

【解析】根据《财政部 税务总局关于部分成品油消费税政策执行口径的公告》（财政部 税务总局公告 2023 年第 11 号）规定，自 2023 年 6 月 30 日起，对混合芳烃、重芳烃、混合碳八、稳定轻烃、轻油、轻质煤焦油按照石脑油征收消费税。

【答案】CD

32. 税务机关在办理增量留抵退税过程中，发现申请留抵退税的纳税人存在特定情形的，应暂停为其办理留抵退税，这些情形包括（　　）。

A. 被税务稽查立案且未结案的

B. 取得增值税异常扣税凭证未处理的

C. 涉嫌骗取出口退税、虚开增值税专用发票等增值税重大税收违法行为的

D. 存在增值税涉税风险疑点的

【解析】根据《国家税务总局关于办理增值税期末留抵税额退税有关事项的公告》（国家税务总局公告 2019 年第 20 号）第十二条规定，税务机关在办理留抵退税期间，发现符合留抵退税条件的纳税人存在以下情形，暂停为其办理留抵退税：①存在增值税涉税风险疑点的；②被税务稽查立案且未结案的；③增值税申报比对异常未处理的；④取得增值税异常扣税凭证未处理的；⑤国家税务总局规定的其他情形。根据《国家税务总局关于办理增值税期末留抵税额退税有关事项的公告》（国家税务总局公告 2019 年第 20 号）第十四条规定，税务机关对增值税涉税风险疑点进行排查时，发现纳税人涉嫌骗取出口退税、虚开增值税专用发票等增值税重大税收违法行为的，终止为其办理留抵退税，并自作出终止办理留抵退税决定之日起 5 个工作日内，向纳税人出具终止办理留抵退税的《税务事项通知书》。

【答案】ABD

33. 下列书据中，属于印花税“产权转移书据”税目的有（　　）。

A. 土地使用权出让书据

B. 专利权转让书据

C. 商品房销售合同

D. 技术服务合同

【解析】根据《印花税法》规定，产权转移书据具体包括：土地使用权出让书据，土地使用权、房屋等建筑物和构筑物所有权转让书据，股权转让书据，商标专用权、著作权、专利权、专有技术使用权转让书据。

【答案】ABC

34. 下列关于新能源汽车车辆购置税的表述，正确的有（　　）。

A. 对购置日期在2024年1月1日至2025年12月31日期间的新能源汽车免征车辆购置税，其中，每辆新能源乘用车免税额不超过3万元

B. 对购置日期在2026年1月1日至2027年12月31日期间的新能源汽车减半征收车辆购置税，其中，每辆新能源乘用车减税额不超过1.5万元

C. 2018年1月1日至2023年12月31日，对购置新能源汽车免征车辆购置税，其中每辆新能源乘用车免税额不超过5万元

D. 2023年1月1日至2023年12月31日，对购置新能源汽车减半征收车辆购置税

【解析】根据《财政部 税务总局关于继续执行的车辆购置税优惠政策的公告》（财政部 税务总局公告2019年第75号）、《财政部 税务总局 工业和信息化部关于新能源汽车免征车辆购置税有关政策的公告》（财政部公告2020年第21号）、《财政部 税务总局 工业和信息化部关于延续新能源汽车免征车辆购置税政策的公告》（财政部 税务总局 工业和信息化部公告2022年第27号）规定，2018年1月1日至2023年12月31日，对购置新能源汽车免征车辆购置税。根据《财政部 税务总局 工业和信息化部关于延续和优化新能源汽车车辆购置税减免政策的公告》（财政部 税务总局 工业和信息化部公告2023年第10号）规定，对购置日期在2024年1月1日至2025年12月31日期间的新能源汽车免征车辆购置税，其中，每辆新能源乘用车免税额不超过3万元；对购置日期在2026年1月1日至2027年12月31日期间的新能源汽车减半征收车辆购置税，其中，每辆新能源乘用车减税额不超过1.5万元。

【答案】AB

35. 下列行业中，除（　　）以外的企业开展研发活动中实际发生的研发费用，适用税前加计扣除政策。

A. 住宿和餐饮业　　　　B. 批发和零售业

C. 制造业　　　　D. 建筑业

【解析】除烟草制造业、住宿和餐饮业、批发和零售业、房地产业、租赁和商务服务业、娱乐业外，企业开展研发活动中实际发生的研发费用，未形成无形资产计入当期损益的，在按规定据实扣除的基础上，自 2023 年 1 月 1 日起，再按照实际发生额的 100% 在税前加计扣除；形成无形资产的，自 2023 年 1 月 1 日起，按照无形资产成本的 200% 在税前摊销。

【答案】AB

36. 下列关于支持居民换购住房有关个人所得税政策中，说法错误的有（　　）。

A. 王某在 2023 年 1 月 1 日出售位于昆山的自有住房，2023 年 8 月 5 日在青岛重新购买住房，可按规定申请退还其出售现住房已缴纳的个人所得税

B. 丁某可以享受居民换购住房退还个人所得税政策，新购住房金额 100 万元，现住房转让金额 120 万元，退税金额等于现住房转让时缴纳的个人所得税

C. 黄某可以享受居民换购住房退还个人所得税政策，新购住房金额 120 万元，现住房转让金额 100 万元，退税金额等于现住房转让时缴纳的个人所得税

D. 钱某可以享受居民换购住房个人所得税退税政策，新购住房在南京市玄武区，现住房在南京市秦淮区，钱某可选择向玄武区或秦淮区的主管税务机关提出申请退还个人所得税

【解析】2022 年 10 月 1 日至 2025 年 12 月 31 日，纳税人出售自有住房并在现住房出售后 1 年内，在同一城市重新购买住房的，可按规定申请退还其出售现住房已缴纳的个人所得税。因此，选项 A 错误。新购住房金额大于或等于现住房转让金额的，退税金额 = 现住房转让时缴纳的个人所得税；新购住房金额小于现住房转让金额的，退税金额 =（新购住房金额 ÷ 现住房转让金额）× 现住房转让时缴纳的个人所得税。因此，选项 B 错误、选项 C 正确。纳税人享受居民换购住房个人所得税退税政策的，应当向征收现住房转让所得个人所得税的主管税务机关提出申请。因此，选项 D 错误。

【答案】ABD

37. 下列关于银行业金融机构、金融资产管理公司不良债权以物抵债有关税收政策的表述中，正确的有（　　）。

A. 银行业金融机构、金融资产管理公司中的增值税一般纳税人处置抵债不动产，可选择以取得的全部价款和价外费用扣除取得该抵债不动产时的作价为销售额，适用 9% 税率计算缴纳增值税

B. 对银行业金融机构、金融资产管理公司接收抵债资产减半征收契税

C. 对银行业金融机构、金融资产管理公司接收、处置抵债资产过程中涉及的合同、产权转移书据和营业账簿免征印花税

D. 对银行业金融机构、金融资产管理公司持有的抵债不动产免征房产税、城镇土地使用税

【解析】根据《财政部 税务总局关于银行业金融机构、金融资产管理公司不良债权以物抵债有关税收政策的公告》（财政部 税务总局公告2022年第31号）规定，银行业金融机构、金融资产管理公司中的增值税一般纳税人处置抵债不动产，可选择以取得的全部价款和价外费用扣除取得该抵债不动产时的作价为销售额，适用9%税率计算缴纳增值税，因此选项A正确；对银行业金融机构、金融资产管理公司接收、处置抵债资产过程中涉及的合同、产权转移书据和营业账簿免征印花税，对合同或产权转移书据其他各方当事人应缴纳的印花税照章征收，因此选项C正确；对银行业金融机构、金融资产管理公司接收抵债资产免征契税，因此选项B错误；各地可根据《房产税暂行条例》《城镇土地使用税暂行条例》授权和本地实际，对银行业金融机构、金融资产管理公司持有的抵债不动产减免房产税、城镇土地使用税，因此选项D错误。

【答案】AC

38. 实行从量定额征收消费税的税目包括（　　）。

A. 啤酒　　B. 黄酒

C. 卷烟　　D. 成品油

【解析】实行从量定额征收消费税的税目包括啤酒、黄酒、成品油。卷烟实行复合计税。

【答案】ABD

39. 职工基本医疗保险的征收范围包括（　　）。

A. 城镇各类企业及其职工

B. 事业单位及其职工

C. 社会团体及其专职人员

D. 国家机关及其工作人员

【解析】职工基本医疗保险的征收范围包括：国有和国有控股企业、股份有限公司、外商投资企业及其职工，城镇集体企业、城镇私营企业和其他城镇企业及其职工，国家机关及其工作人员，事业单位及其职工，社会团体及其专职人员，民办非企业单位及其职工，城镇个体工商户及其雇工。

【答案】ABCD

40. 在下列各项中，属于非税收入的有（　　）。

A. 政府性基金收入

B. 行政事业性收费收入

C. 社会保险费收入

D. 罚没收入

【解析】非税收入是相对于税收收入而言的，具体包括行政事业性收费收入、政府性基金收入、罚没收入、国有资源（资产）有偿使用收入、国有资本收益、彩票公益金收入、特许经营收入、中央银行收入、以政府名义接受的捐赠收入、主管部门集中收入、政府收入的利息收入、其他非税收入。

【答案】ABD

41. 下列行为中，属于增值税征税范围的有（　　）。

A. 境内企业生产销售货物

B. 境内单位为其雇佣的员工提供免费服务

C. 某大学教授校外有偿讲学

D. 行政机关提供公共服务

E. 律师事务所对社会公众提供的公益讲座

【解析】增值税的征税范围涵盖境内的所有经营活动。选项B、D，单位为其雇佣的员工提供免费服务、员工为受雇单位提供取得工资的服务、行政机关提供的公共服务属于非经营活动，不征收增值税。选项C，大学教授校外讲学属于提供教育服务，属于增值税征税范围。选项E，律师事务所的无偿服务，除对社会公众外，应视同有偿服务征收增值税。

【答案】AC

42. 单位和个人提供的下列捐赠，应征收增值税的有（　　）。

A. 个人将境内房产赠送给企业

B. 企业将自产设备赠送给关联企业

C. 境外捐赠人无偿向境内受赠人捐赠的进口防疫物资

D. 商场将外购货物赠送给小学

E. 企业将一批自己加工的货物通过当地政府无偿捐赠给福利院

【解析】纳税人将自产或外购的货物对外捐赠应视同销售。选项A，个人将境内房产对外捐赠，除直系血亲之间捐赠免税外，都应视同销售。选项C，境内外单位进口防疫物资，进口环节免征增值税。

【答案】ABDE

43. 境内单位和个体工商户发生下列行为，应视同销售征收增值税的有（　　）。

A. 将自产的货物移送境外公司用于销售

B. 根据政府指令，无偿提供陆路运输服务

C. 将自产货物用于管理部门

D. 将自产货物作福利发放职工

E. 将外购货物作福利发放职工

【解析】选项A，设有两个以上机构并实行统一核算的纳税人，将货物从一个机构移送其他机构用于销售，但相关机构设在同一县（市）的除外，应视同销售。选项B，根据政府指令无偿提供的陆路运输不征收增值税。选项C，单位和个体工商户将自产货

物用于管理部门不属于增值税视同销售，作为福利发放职工应视同销售。选项E，外购货物作福利发放职工，不视同销售，进项税额不得抵扣。

【答案】AD

44. 纳税人发生下列行为，可以按5%简易征收增值税的有（　　）。

A. 一般纳税人销售2016年5月1日以后取得的不动产

B. 一般纳税人销售2016年4月30日前自行开发的房产

C. 一般纳税人提供建筑服务

D. 小规模纳税人提供劳务派遣服务选择差额计税

E. 一般纳税人提供劳务派遣服务选择差额计税

【解析】一般纳税人销售其2016年5月1日后取得的不动产，应适用一般计税方法，选项A错误。一般纳税人销售其2016年4月30日前取得的不动产，可以选择适用简易计税方法，按照5%的征收率计算应纳税额，选项B正确。一般纳税人以清包工方式提供的建筑服务、为甲供工程提供的建筑服务、为建筑工程老项目提供的建筑服务等可适用简易计税方法按3%征收率计税，选项C错误。一般纳税人、小规模纳税人提供劳务派遣服务选择差额计税，按照5%的征收率征收增值税，选项D、E正确。

【答案】BDE

45. 下列选项中，可选择按季申报增值税的纳税人有（　　）。

A. 银行　　B. 信用社

C. 信托投资公司　　D. 财务公司

E. 保险公司

【解析】银行、财务公司、信托投资公司、信用社、财政部和国家税务总局规定的其他纳税人可选择按季申报增值税。

【答案】ABCD

46. 下列纳税人自产的应税消费品中，应当缴纳消费税的有（　　）。

A. 职工福利　　B. 对外投资

C. 在建工程　　D. 连续生产应税消费品

E. 广告

【解析】纳税人自产的应税消费品用于连续生产应税消费品，不缴税；用于其他方面的，于移送使用时缴税。用于其他方面，是指纳税人将自产应税消费品用于生产非应税消费品、在建工程、管理部门、非生产机构、提供劳务、馈赠、赞助、集资、广告、样品、职工福利、奖励等方面。

【答案】ABCE

47. 实行从价定率与从量定额复合计征消费税的应税消费品有（　　）。

A. 卷烟　　B. 雪茄烟

C. 白酒　　　　D. 啤酒

E. 黄酒

【解析】我国现行消费税只有白酒和卷烟两类应税消费品采用复合计税方式。

【答案】AC

48. 在中华人民共和国境内购置应税车辆的单位和个人，为车辆购置税的纳税人。下列属于应税车辆的是（　　）。

A. 汽车　　　　B. 有轨电车

C. 叉车　　　　D. 汽车挂件

E. 排气量超过150毫升的摩托车

【解析】在中华人民共和国境内购置汽车、有轨电车、汽车挂车、排气量超过150毫升的摩托车的单位和个人，为车辆购置税的纳税人。

【答案】ABDE

49. 适用增值税退（免）税政策的出口货物劳务，按照规定实行的增值税出口退税的方法有（　　）。

A. 免抵退税　　　　B. 免退税

C. 征税　　　　D. 先征后退

E. 即征即退

【解析】适用增值税退（免）税政策的出口货物劳务，按照规定实行增值税免抵退税或免退税办法。

【答案】AB

50. 某生产企业出口自产的高尔夫球及球具，企业当月出口的货物须在次月的增值税纳税申报期内，向主管税务机关办理的申报业务包括（　　）。

A. 增值税纳税申报

B. 消费税免税申报

C. 增值税申报中免抵退税的相关申报

D. 申报出口货物增值税免抵退税

E. 申报出口货物消费税退税

【解析】企业当月出口的货物须在次月的增值税纳税申报期内，向主管税务机关办理增值税纳税申报、免抵退税相关申报和消费税免税申报。

【答案】ABC

51. 外贸企业的退（免）税原始凭证包括（　　）。

A. 购进出口货物劳务取得的增值税专用发票

B. 出口货物报关单

C. 出口收汇核销单

D. 运输出口货物劳务取得的增值税专用发票

【解析】根据《国家税务总局关于发布〈出口货物劳务增值税和消费税管理办法〉的公告》（国家税务总局公告2012年第24号）和《国家税务总局关于〈出口货物劳务增值税和消费税管理办法〉有关问题的公告》（国家税务总局公告2013年第12号）规定，外贸企业的退（免）税原始凭证包括：购进出口货物劳务取得的增值税专用发票、出口货物报关单和其他有关备案单证。

【答案】AB

52. 实行“反向开票”的资源回收企业，应当实际从事资源回收业务，且符合特定条件之一。这些条件包括（　　）。

A. 取得再生资源回收绿色环保许可

B. 从事危险废物收集的，应当符合国家危险废物经营许可证管理办法的要求，取得危险废物经营许可证

C. 从事报废机动车回收的，应当符合国家商务主管部门出台的报废机动车回收管理办法要求，取得报废机动车回收拆解企业资质认定证书

D. 除危险废物、报废机动车外，其他资源回收企业应当符合国家商务主管部门出台的再生资源回收管理办法要求，进行经营主体登记，并在商务部门完成再生资源回收经营者备案。

【解析】根据《国家税务总局关于资源回收企业向自然人报废产品出售者“反向开票”有关事项的公告》（国家税务总局公告2024年第5号）规定，实行“反向开票”的资源回收企业（包括单位和个体工商户），应当符合以下三项条件之一，且实际从事资源回收业务：①从事危险废物收集的，应当符合国家危险废物经营许可证管理办法的要求，取得危险废物经营许可证；②从事报废机动车回收的，应当符合国家商务主管部门出台的报废机动车回收管理办法要求，取得报废机动车回收拆解企业资质认定证书；③除危险废物、报废机动车外，其他资源回收企业应当符合国家商务主管部门出台的再生资源回收管理办法要求，进行经营主体登记，并在商务部门完成再生资源回收经营者备案。

【答案】BCD

53. 下列免税政策执行期限延长至2027年12月31日的有（　　）。

A. 免征图书批发、零售环节增值税

B. 科普单位的门票收入，以及县级及以上党政部门和科协开展科普活动的门票收入

C. 供热企业向居民个人供热取得的采暖费收入

D. 农村饮水安全工程运营管理单位向农村居民提供生活用水取得的自来水销售收入

【解析】根据《财政部 税务总局关于延续实施供热企业有关税收政策的公告》（财政部 税务总局公告2023年第56号）规定，该政策执行至2027年供暖期结束，供暖期是指当年下半年供暖开始至次年上半年供暖结束的期间。因此，选项C的执行时间应晚于2027年12月31日。

【答案】ABD

54. 出口企业申报免税后，应按照规定留存备查的资料包括（　　）。

A. 出口货物报关单

B. 出口发票

C. 代理出口货物证明

D. 出口企业购进出口货物的合法有效的进货凭证

E. 免税出口货物劳务明细表

【解析】根据《国家税务总局关于〈出口货物劳务增值税和消费税管理办法〉有关问题的公告》（国家税务总局公告2013年第12号）第三条规定，出口企业或其他单位在办理免税申报手续时，应将以下凭证按《免税出口货物劳务明细表》载明的申报顺序装订成册，留企业备查：①出口货物报关单（如无法提供出口退税联的，可提供其他联次发票）；②出口发票；③委托出口的货物，还应提供受托方主管税务机关出具的代理出口货物证明；④属购进货物直接出口的，还应提供相应的合法有效的进货凭证。

【答案】ABCD

55. 综合保税区一般纳税人试点企业销售的下列货物，适用出口退（免）税政策的有（　　）。

A. 向境内区外销售的货物

B. 离境出口的货物

C. 向试点区域内其他试点企业销售的货物

D. 向非试点的特殊区域销售的货物

E. 向试点区域内非试点企业销售的货物

【解析】综合保税区一般纳税人试点企业销售的下列货物，适用出口退（免）税政策：①离境出口的货物；②向海关特殊监管区域（试点区域、保税区除外）或海关保税监管场所（不具备退税功能的保税监管场所除外）销售的货物；③向试点区域内非试点企业销售的货物。

【答案】BDE

56. 下列各项中，属于违反我国增值税专用发票使用规定的情形有（　　）。

A. 借用他人增值税专用发票

B. 向税务机关以外的单位和个人买取专用发票

C. 税务机关为未办理税务登记的纳税人代开发票

D. 未按规定保管专用发票和专用设备

E. 将空白发票运往境外分支机构

【解析】《发票管理办法》明确的发票违法行为有：借用他人发票、向税务机关以外单位买取发票、未按规定保管专用发票和专用设备以及将空白发票运往境外分支机构。

【答案】ABDE

57. 纳税人发生下列应税服务，需预缴增值税的有（　　）。

A. 一般纳税人采取预收款方式销售自行开发的房地产项目

B. 纳税人跨地级市提供建筑服务

C. 纳税人跨县（市、区）提供有形动产租赁服务

D. 纳税人出租不动产，不动产所在地与机构所在地不在同一县（市、区）

E. 纳税人销售不动产，不动产所在地与机构所在地不在同一县（市、区）

【解析】纳税人采用预收款方式销售不动产，应预缴增值税；纳税人跨地级市提供建筑服务的，须在建筑服务发生地预缴增值税；纳税人出租或销售不动产，不动产所在地与机构所在地不在同一县（市、区），须在不动产坐落地预缴增值税。

【答案】ABDE

58. 增值税一般纳税人购进农产品生产下列货物中，采用进项税额核定扣除办法的有（　　）。

A. 液体乳及乳制品　　B. 酒及酒精

C. 植物油　　D. 调料

E. 水果饮品

【解析】根据《财政部 国家税务总局关于在部分行业试行农产品增值税进项税额核定扣除办法的通知》（财税〔2012〕38 号）规定，自 2012 年 7 月 1 日，以购进农产品为原料生产销售液体乳及乳制品、酒及酒精、植物油的增值税一般纳税人，其购进农产品无论是否用于生产上述产品，购进农产品增值税进项税额，实施核定扣除办法。

【答案】ABC

59. 下列情形中，纳税人不可以开具增值税专用发票的有（　　）。

A. 房地产中介公司向个人出租房屋

B. 转让金融商品

C. 甲公司（小规模纳税人）为 A 企业（一般纳税人）提供咨询服务

D. 某餐厅向个人消费者提供餐饮服务

E. 商业企业零售烟、酒

【解析】商业企业一般纳税人零售的烟、酒、食品、服装、鞋帽（不包括劳保专用

部分)、化妆品等消费品不得开具增值税专用发票。向个人提供服务和销售不动产，不得开具增值税专用发票。转让金融商品不得开具增值税专用发票。

【答案】ABDE

60. 下列行为中，属于增值税征税范围的有（　　）。

A. 单位为聘用员工提供的免费午餐服务

B. 进口天然气

C. 修缮房屋

D. 个人将境内不动产赠送给其投资的企业

E. 境外企业将境外房产赠送给境内居民

【解析】选项A，单位为雇员提供的免费午餐属于非经营活动，不征收增值税；选项D，个人赠送境内房产，除符合免税条件外，应视同销售；选项E，境外单位赠送其在境外的房产不属于增值税征税范围。

【答案】BC

61. 汽车销售公司销售小轿车时一并向购买方收取的下列款项中，应作为价外费用计入增值税销售计提销项税额的项目有（　　）。

A. 因车辆改装收取的改装费

B. 因代办保险收取的保险费

C. 因代办牌照收取的车辆牌照费

D. 因代缴税款收取的车购税税款

E. 汽车消费贷款代办手续费

【解析】销售机动车代为收取的保险费、车牌和车购税不属于价外费用。

【答案】AE

62. 根据增值税有关政策的规定，下列业务不属于不动产经营租赁服务的有（　　）。

A. 道路通行服务

B. 车辆停放服务

C. 出租土地使用权

D. 让渡专利技术使用权

E. 酒店提供会展服务向参展单位收取的场地租赁费

【解析】道路通行服务、车辆停放服务和出租土地使用权属于不动产经营租赁服务。选项D，让渡专利技术使用权属于销售无形资产；选项E，酒店提供会展服务向参展单位收取的场地租赁费，按照“会议展览服务”缴纳增值税。

【答案】DE

63. 下列关于一般纳税人销售自己使用过的固定资产，增值税处理正确的有

（　　）。

A. 减按2%计征增值税的，不得开具增值税专用发票

B. 按3%简易计征增值税的，可开具增值税专用发票

C. 按规定抵扣进项税的，按适用税率计算增值税

D. 销售自己使用的机动车，减按0.5%计征，可开具增值税专用发票

E. 简易征收计征增值税的，一律不得开具增值税专用发票

【解析】一般纳税人销售自己使用过的固定资产，按3%简易计征的，可开具增值税专用发票，减按2%计征的，不得开具专用发票；二手车经销单位销售购买的二手机动车减按0.5%计征增值税，非二手经销单位不得享受。

【答案】BC

64. 企业下列涉税行为中，既缴纳增值税又缴纳消费税的有（　　）。

A. 地板厂将生产的新型实木地板奖励给职工

B. 汽车厂自产的应税小汽车由于投资

C. 酒厂将自产的白酒赠送给客户

D. 金银首饰生产企业销售金银首饰

E. 企业销售本单位使用过的小轿车

【解析】选项D，金银首饰在零售环节计征消费税，生产企业销售时不缴纳消费税；选项E，企业销售自己使用过的小轿车不征消费税。

【答案】ABC

65. 下列各项中，属于车辆购置税应税行为的有（　　）。

A. 应税车辆的购买使用行为

B. 自产自用应税车辆的行为

C. 应税车辆的销售行为

D. 受赠使用应税车辆的行为

E. 进口应税车辆的行为

【解析】《车辆购置税法》所称购置，是指以购买、进口、自产、受赠、获奖或者其他方式取得并自用应税车辆的行为。

【答案】ABD

66. 王某购车一辆，随购车支付的下列款项中，应并入计税依据征收车辆购置税的有（　　）。

A. 车辆装饰费

B. 增值税税款

C. 经销商代收的保险费

D. 零部件价款

E. 延期付款利息

【解析】纳税人购买自用应税车辆实际支付给销售者的全部价款，依据纳税人购买应税车辆时相关凭证载明的价格确定，不包括增值税税款和代收的保险费。

【答案】ADE

67. 下列关于消费税委托加工的有关规定，正确的有（　　）。

A. 委托加工的应税消费品，除受托方为个人外，由受托方在向委托方交货时代收代缴税款

B. 委托方将收回的应税消费品，以不高于受托方的计税价格出售的，为直接出售，不再缴纳消费税

C. 委托加工的应税消费品，是指委托方提供原料和主要材料，受托方代垫部分辅助材料加工的应税消费品

D. 委托加工的应税消费品，是指受托方提供原材料和全部辅助材料加工的应税消费品

E. 委托加工的应税消费品，是指由受托方以委托方名义购进原材料生产的应税消费品

【解析】委托加工的应税消费品，是指由委托方提供原料和主要材料，受托方只收取加工费和代垫部分辅助材料加工的应税消费品。

【答案】ABC

68. 下列选项中，属于印花税“产权转移书据”税目的有（　　）。

A. 土地使用权出让书据

B. 专利权转让书据

C. 商品房销售合同

D. 技术服务合同

E. 商标专用权转让书据

【解析】根据《印花税法》规定，产权转移书据具体包括：土地使用权出让书据，土地使用权、房屋等建筑物和构筑物所有权转让书据，股权转让书据，商标专用权、著作权、专利权、专有技术使用权转让书据。

【答案】ABCE

69. 下列关于印花税纳税环节和纳税地点的表述，正确的有（　　）。

A. 证券交易印花税按周解缴，证券交易印花税扣缴义务人应当自每周终了之日起 5 日内申报解缴税款以及银行结算的利息

B. 印花税的纳税义务发生时间为纳税人书立应税凭证或者完成证券交易的当日

C. 纳税人为境外单位或者个人，在境内有代理人的，以其境内代理人为扣缴

义务人；在境内没有代理人的，由纳税人自行申报缴纳印花税

D. 实行按季、按年计征的，纳税人应当自季度、年度终了之日起15日内申报缴纳税款

【解析】根据《印花税法》规定，以上选项均正确。

【答案】ABCD

70. 纳税人为个人的，应当向（　　）的主管税务机关申报缴纳印花税。

A. 应税凭证书立地　　B. 户籍所在地

C. 纳税人居住地　　D. 凭证使用地

【解析】根据《印花税法》规定，纳税人为个人的，应当向应税凭证书立地或者纳税人居住地的主管税务机关申报缴纳印花税。

【答案】AC

71. 下列说法中，属于印花税计征方式的有（　　）。

A. 按季计征　　B. 按年计征

C. 按次计征　　D. 按月计征

【解析】根据《印花税法》规定，印花税按季、按年或者按次计征。

【答案】ABC

72. 下列选项中，属于印花税税率为万分之零点五的合同的有（　　）。

A. 借款合同　　B. 融资租赁合同

C. 租赁合同　　D. 仓储合同

【解析】根据《印花税法》规定，借款合同按借款金额的万分之零点五缴纳印花税，融资租赁合同按租金的万分之零点五缴纳印花税，租赁合同按租金的千分之一缴纳印花税，仓储合同按仓储费的千分之一缴纳印花税。

【答案】AB

73. 下列情形中，按照房地产的评估价格计算征收土地增值税的有（　　）。

A. 擅自销毁账簿或者拒不提供纳税资料的

B. 隐瞒、虚报房地产成交价格的

C. 提供项目扣除金额不实的

D. 依照法律、行政法规的规定应当设置但未设置账簿的

E. 转让房地产的成交价格低于房地产评估价格，又无正当理由的

【解析】根据《土地增值税暂行条例》规定，纳税人有下列情形之一的，按照房地产评估价格计算征收：①隐瞒、虚报房地产成交价格；②提供扣除项目金额不实；③转让房地产的成交价格低于房地产评估价格，又无正当理由。

【答案】BCE

74. 下列情形中，纳税人应进行土地增值税清算的有（　　）。

A. 甲公司开发的住宅已销售建筑面积占整个项目可售建筑面积的65%，自用的面积占可售面积的5%

B. 乙公司将未竣工决算的开发项目整体转让

C. 丙公司开发的住宅项目已竣工销售完毕

D. 丁公司于2018年3月取得住宅项目销售（预售）许可证，截至2021年3月底仍未销售完毕

【解析】根据《土地增值税清算管理规程》（国税发〔2009〕91号）第九条规定，纳税人符合下列条件之一的，应进行土地增值税的清算：①房地产开发项目全部竣工、完成销售的；②整体转让未竣工决算房地产开发项目的；③直接转让土地使用权的。

【答案】BC

75. 房地产开发企业将开发产品用于下列用途，属于土地增值税视同销售的有（　　）。

A. 安置回迁　　B. 对外出租

C. 对外投资　　D. 奖励职工

E. 利润分配

【解析】根据《土地增值税清算管理规程》（国税发〔2009〕91号）第十九条规定，房地产开发企业将开发产品用于职工福利、奖励、对外投资、分配给股东或投资人、抵偿债务、换取其他单位和个人的非货币性资产等，发生所有权转移时应视同销售房地产。

【答案】ACDE

76. 下列各项中，符合房产税纳税义务人规定的有（　　）。

A. 产权所有人、承典人不在房产所在地的，由房产代管人或使用人缴纳

B. 房屋产权出典的由出典人缴纳

C. 产权属于国家所有的不缴纳

D. 产权纠纷未解决的由房产代管人或使用人缴纳

【解析】根据《房产税暂行条例》规定，房产税由产权所有人缴纳。产权属于全民所有的，由经营管理的单位缴纳。产权出典的，由承典人缴纳。产权所有人、承典人不在房产所在地的，或者产权未确定及租典纠纷未解决的，由房产代管人或者使用人缴纳。

【答案】AD

77. 关于城镇土地使用税的纳税人，下列说法正确的有（　　）。

A. 个人拥有土地使用权的，以个人为纳税人

B. 土地使用权出租的，以承租人为纳税人

C. 土地使用权属共有的，以共有各方为纳税人

D. 土地使用权属未确定的，以实际使用人为纳税人

E. 单位拥有土地使用权的，以单位为纳税人

【解析】城镇土地使用税由拥有土地使用权的单位或个人缴纳；土地使用权未确定或权属纠纷未解决的，由实际使用人纳税；土地使用权共有的，由共有各方分别纳税。

【答案】ACDE

78. 下列行为中，应当缴纳契税的有（　　）。

A. 买房拆料或翻建新房

B. 因抵债获取房屋

C. 因出让取得国有土地使用权

D. 土地承包经营权和土地经营权的转移

E. 因获奖取得房屋产权

【解析】根据《契税法》规定，契税的征税对象为在我国境内转移的土地、房屋权属。征收契税的土地、房屋权属，具体为土地使用权、房屋所有权。土地使用权转让，不包括土地承包经营权和土地经营权的转移。

【答案】ABCE

79. 下列关于新能源汽车车辆购置税减免政策的表述中，说法正确的有（　　）。

A. 购置日期在 2024 年 1 月 1 日至 2025 年 12 月 31 日期间的新能源汽车免征车辆购置税，其中，每辆新能源乘用车免税额不超过 3 万元

B. 购置日期在 2024 年 1 月 1 日至 2026 年 12 月 31 日期间的新能源汽车免征车辆购置税，其中，每辆新能源乘用车免税额不超过 5 万元

C. 购置日期在 2026 年 1 月 1 日至 2027 年 12 月 31 日期间的新能源汽车减半征收车辆购置税，其中，每辆新能源乘用车减税额不超过 1.5 万元

D. 购置日期在 2027 年 1 月 1 日至 2028 年 12 月 31 日期间的新能源汽车减半征收车辆购置税，其中，每辆新能源乘用车减税额不超过 3 万元

【解析】根据《财政部 税务总局 工业和信息化部关于延续和优化新能源汽车车辆购置税减免政策的公告》（财政部 税务总局 工业和信息化部公告 2023 年第 10 号）规定，对购置日期在 2024 年 1 月 1 日至 2025 年 12 月 31 日期间的新能源汽车免征车辆购置税，其中，每辆新能源乘用车免税额不超过 3 万元；对购置日期在 2026 年 1 月 1 日至 2027 年 12 月 31 日期间的新能源汽车减半征收车辆购置税，其中，每辆新能源乘用车减税额不超过 1.5 万元。

【答案】AC

80. 下列选项中，属于《企业所得税法》第三十八条规定的可以指定扣缴义务人的情形的有（　　）。

A. 预计工程作业或者提供劳务期限不足一个纳税年度，且有证据表明不履行

纳税义务的

B. 没有办理税务登记或者临时税务登记，且未委托中国境内的代理人履行纳税义务的

C. 未按照规定期限办理企业所得税纳税申报或者预缴申报的

D. 境内没有办税人员的

【解析】根据《企业所得税法实施条例》第一百零六条规定，《企业所得税法》第三十八条规定的可以指定扣缴义务人的情形，包括：预计工程作业或者提供劳务期限不足一个纳税年度，且有证据表明不履行纳税义务的；没有办理税务登记或者临时税务登记，且未委托中国境内的代理人履行纳税义务的；未按照规定期限办理企业所得税纳税申报或者预缴申报的。

【答案】ABC

81. 企业年度关联交易金额符合特定条件之一的，应当准备本地文档，这些条件包括（　　）。

A. 有形资产所有权转让金额（来料加工业务按照年度进出口报关价格计算）超过 2 亿元

B. 金融资产转让金额超过 1 亿元

C. 无形资产所有权转让金额超过 1 亿元

D. 其他关联交易金额合计超过 4000 万元

【解析】根据《国家税务总局关于完善关联申报和同期资料管理有关事项的公告》（国家税务总局公告 2016 年第 42 号）规定，年度关联交易金额符合下列条件之一的企业，应当准备本地文档：①有形资产所有权转让金额（来料加工业务按照年度进出口报关价格计算）超过 2 亿元；②金融资产转让金额超过 1 亿元；③无形资产所有权转让金额超过 1 亿元；④其他关联交易金额合计超过 4000 万元。

【答案】ABCD

82. 下列企业中，在 2024 年可以适用增值税进项税额加计抵减政策的有（　　）

A. 先进制造业企业

B. 集成电路企业

C. 提供电信服务的企业

D. 工业母机企业

【解析】2023 年 1 月 1 日至 2027 年 12 月 31 日，允许先进制造业企业按照当期可抵扣进项税额加计 5% 抵减应纳增值税税额；允许集成电路设计、生产、封测、装备、材料企业（统称集成电路企业），按照当期可抵扣进项税额加计 15% 抵减应纳增值税税额；对生产销售先进工业母机主机、关键功能部件、数控系统的增值税一般纳税人（统称工业母机企业），允许按当期可抵扣进项税额加计 15% 抵减企业应纳增值税税额。

因此，选项 A、B、D 正确。如果提供电信服务的企业满足生产性服务业加计抵减政策条件，则可以按照当期可抵扣进项税额加计 5% 抵减应纳税额，但是生产性服务业、生活性服务业加计抵减政策截至 2023 年 12 月 31 日，因此，选项 C 错误。

【答案】ABD

83. 自 2019 年 4 月 1 日起，我国现行的增值税税率有（　　）。

A. 3%　　B. 6%

C. 9%　　D. 11%

E. 13%

【解析】根据《财政部 税务总局 海关总署关于深化增值税改革有关政策的公告》（财政部 税务总局 海关总署公告 2019 年第 39 号）等文件规定，自 2019 年 4 月 1 日起，我国现行的增值税税率有 6%、9%、13% 和零税率。

【答案】BCE

84. 下列各项中，免征流通环节增值税的有（　　）。

A. 蔬菜　　B. 水果

C. 鲜奶　　D. 鲜鸡蛋

E. 鲜猪肉

【解析】自 2012 年 1 月 1 日起，免征蔬菜流通环节的增值税；自 2012 年 10 月 1 日起，免征部分鲜活肉蛋产品流通环节的增值税。目前没有免征水果和鲜奶流通环节增值税的规定。

【答案】ADE

85. 下列行业中，适用全额退还增值税留抵税额政策的有（　　）。

A. 制造业

B. 批发和零售业

C. 房地产业

D. 农、林、牧、渔业

E. 住宿和餐饮业

【解析】根据《财政部 税务总局关于扩大全额退还增值税留抵税额政策行业范围的公告》（财政部 税务总局公告 2022 年第 21 号）规定，扩大《财政部 税务总局关于进一步加大增值税期末留抵退税政策实施力度的公告》（财政部 税务总局公告 2022 年第 14 号）规定的制造业等行业留抵退税政策的适用范围，增加“批发和零售业”“农、林、牧、渔业”“住宿和餐饮业”“居民服务、修理和其他服务业”“教育”“卫生和社会工作”“文化、体育和娱乐业”7 个行业，实施按月全额退还增量留抵税额以及一次性退还存量留抵税额的留抵退税政策。

【答案】ABDE

86. 下列属于增值税交通运输服务征税范围的有（　　）。

A. 陆路运输服务　　B. 航空运输服务

C. 水路运输服务　　D. 快递收派服务

E. 管道运输服务

【解析】交通运输服务包括陆路运输服务、水路运输服务、航空运输服务、管道运输服务。此外，需要特别注意，车辆停放服务、道路通行服务（包括过路费、过桥费、过闸费等）等按照不动产经营租赁服务缴纳增值税。

【答案】ABCE

87. 下列项目中，居民企业在计算企业所得税应纳税所得额时，当年未扣除部分可按规定在以后纳税年度结转扣除的有（　　）。

A. 销售佣金

B. 补充医疗保险

C. 业务招待费

D. 公益性捐赠

E. 广告费和业务宣传费

【解析】企业所得税中，当年未扣除部分可按规定在以后纳税年度结转扣除的项目包括：广告费和业务宣传费、职工教育经费支出、公益性捐赠支出、专用设备投资额税额抵免、纳税年度发生的亏损、创业投资抵扣应纳税所得额、保险企业手续费及佣金支出、已在境外缴纳的所得税税额等。

【答案】DE

88. 下列属于个人所得税专项附加扣除项目的有（　　）。

A. 3 岁以下婴幼儿照护

B. 住房租金

C. 大病医疗

D. 住房贷款利息

E. 公益性捐赠

【解析】个人所得税专项附加扣除包括子女教育、继续教育、大病医疗、住房贷款利息或者住房租金、赡养老人、3 岁以下婴幼儿照护等 7 项。

【答案】ABCD

89. 按照《印花税法》的规定，以下属于印花税应税凭证的有（　　）。

A. 权利、许可证照　　B. 固定资产账簿

C. 实收资本账簿　　D. 资本公积账簿

E. 物业服务合同

【解析】《印花税法》所称应税凭证，是指该法所附《印花税税目税率表》列明的

合同、产权转移书据和营业账簿。合同（指书面合同），包括借款合同、融资租赁合同、买卖合同、承揽合同、建设工程合同、运输合同、技术合同、租赁合同、保管合同、仓储合同、财产保险合同。产权转移书据，包括土地使用权出让书据，土地使用权、房屋等建筑物和构筑物所有权转让书据（不包括土地承包经营权和土地经营权转移），股权转让书据（不包括应缴纳证券交易印花税的），商标专用权、著作权、专利权、专有技术使用权转让书据。营业账簿按实收资本（股本）、资本公积合计金额的万分之二点五计税。

【答案】CD

90. 下列各项中，应作为教育费附加计费依据的有（　　）。

A. 纳税人未按期缴纳消费税而加收的滞纳金

B. 纳税人享受减免税后实际缴纳的增值税

C. 纳税人偷逃增值税被处的罚款

D. 纳税人偷逃消费税被查补的税款

E. 进口环节缴纳的增值税

【解析】教育费附加的计税依据是实际缴纳的增值税、消费税税款金额。

【答案】BD

91. 下列各项中，属于企业期间费用的有（　　）。

A. 筹办期间发生的开办费

B. 固定资产盘亏发生的净损失

C. 无法区分研究和开发阶段的研发支出

D. 为销售本企业商品而专设的售后服务网点发生的职工薪酬

E. 行政管理部门发生的不满足资本化条件的固定资产大修理费用

【解析】固定资产盘亏净损失计入营业外支出。

【答案】ACDE

92. 根据《中华人民共和国电子商务法》有关涉税管理的规定，下列说法正确的有（　　）。

A. 依法不需要办理市场主体登记的电子商务经营者在电子商务平台注册成功后，应当依照法律法规的规定办理税务登记

B. 对不需要办理市场主体登记的电子商务经营者，电子商务平台经营者应当提示其按照规定办理税务登记

C. 电子商务平台经营者对商品和服务信息、交易信息保存时间自交易完成之日起不少于 1 年

D. 在电子商务争议处理中，电子商务经营者应当提供原始合同和交易记录

E. 电子商务平台经营者不按规定向税务部门报送有关信息的，由税务部门责

令限期改正；逾期不改正的，处2万元以上10万元以下的罚款；情节严重的，责令停业整顿，并处10万元以上50万元以下的罚款

【解析】根据《中华人民共和国电子商务法》第十一条规定，依照该法第十条规定不需要办理市场主体登记的电子商务经营者在首次纳税义务发生后，应当依照税收征收管理法律、行政法规的规定申请办理税务登记，并如实申报纳税。根据该法第三十一条规定，电子商务平台经营者应当记录、保存平台上发布的商品和服务信息、交易信息，并确保信息的完整性、保密性、可用性。商品和服务信息、交易信息保存时间自交易完成之日起不少于3年；法律、行政法规另有规定的，依照其规定。

【答案】BDE

93. 增值税一般纳税人提供的下列服务中，可以选择适用简易计税方法的有（　　）。

A. 基础电信服务

B. 劳务派遣服务

C. 人力资源外包服务

D. 公共交通运输服务

E. 清包工方式提供建筑服务

【解析】提供劳务派遣服务，可以选择适用简易计税方法，征收率为5%；公共交通运输服务，可以选择适用简易计税方法，征收率为3%；一般纳税人以清包工方式提供的建筑服务，可以选择适用简易计税方法，征收率为3%；一般纳税人提供人力资源外包服务，可以选择适用简易计税方法，征收率为5%。

【答案】BCDE

94. 下列各项中，可以享受房产税免税优惠的有（　　）。

A. 宗教寺庙的自用房产

B. 国家机关自用的房产

C. 军队自用的房产

D. 个人所有的营业用房产

E. 企业抵押给银行的房产

【解析】根据《房产税暂行条例》第五条规定，下列房产免纳房产税：①国家机关、人民团体、军队自用的房产；②由国家财政部门拨付事业经费的单位自用的房产；③宗教寺庙、公园、名胜古迹自用的房产；④个人所有非营业用的房产；⑤经财政部批准免税的其他房产。

【答案】ABC

三、判断题

1. 纳税人受托对垃圾、污泥、污水、废气采取填埋、焚烧等方式进行专业化处理后未产生货物的，受托方属于提供“加工劳务”，其收取的处理费用适用13%的增值税税率。（　　）

【解析】根据《国家税务总局关于明确二手车经销等若干增值税征管问题的公告》（国家税务总局公告2020年第9号）第二条规定，纳税人受托对垃圾、污泥、污水、废气等废弃物进行专业化处理后未产生货物的，受托方属于提供《财政部 国家税务总局关于全面推开营业税改征增值税试点的通知》（财税〔2016〕36号）所附《销售服务、无形资产、不动产注释》“现代服务”中的“专业技术服务”，其收取的处理费用适用6%的增值税税率。

【答案】错误

2. 印花税应税合同的计税依据，为合同所列的金额，不包括列明的增值税税款，如果合同列明业务适用的增值税税率，计算印花税时可以扣除根据此税率计算出的增值税税款。（　　）

【解析】印花税应税合同的计税依据，为合同所列的金额，不包括列明的增值税税款。注意，仅指合同列明的增值税税款，合同仅列明增值税税率，不可以从计税依据中扣减。

【答案】错误

3. 农业生产者销售的自产农业产品，免征增值税。（　　）

【解析】根据《增值税暂行条例》第十五条规定，农业生产者销售的自产农产品免征增值税。

【答案】正确

4. 一般纳税人会计核算不健全，或者不能够提供准确税务资料的，应核定征收增值税。（　　）

【解析】一般纳税人而言，增值税应纳税额=销项税额-进项税额，不存在增值税应纳税额核定征收的情形，如果未能取得增值税进项发票的，则不考虑相应的进项。另外，即使取得增值税进项发票，但进项发票不符合法律、行政法规或者国务院税务主管部门有关规定的，其进项税额仍不得从销项税额中抵扣。

【答案】错误

5. 个人出租住房，按照5%的增值税征收率减按1.5%计算纳税。（　　）

【解析】按照5%的征收率减按1.5%计算应纳增值税税额的是个人出租住房。

【答案】正确

6. 纳税人销售旧货的，按照简易办法依照3%征收率征收增值税。（　　）

【解析】纳税人销售旧货的，按照简易办法依照3%征收率减按2%征收增值税。

【答案】错误

7. 单位或者个体工商户向其他单位或者个人无偿提供服务，视同销售服务。
（ ）

【解析】视同销售服务，是指单位或者个体工商户向其他单位或者个人无偿提供服务，但用于公益事业或者以社会公众为对象的除外。

【答案】错误

8. 增值税一般纳税人购进用于对外捐赠的货物，取得合法扣税凭证的，可以抵扣增值税进项税额。（ ）

【解析】纳税人将外购货物无偿赠送其他单位和个人视同销售货物，其进项税额准予抵扣。

【答案】正确

9. 委托加工应税消费品收回后以不高于受托方的计税价格出售的，不再缴纳消费税。（ ）

【解析】委托加工的应税消费品收回后直接出售的，不再缴纳消费税；直接销售，是指委托方将收回的应税消费品，以不高于受托方的计税价格出售。

【答案】正确

10. 超豪华小汽车为每辆零售价格120万元（不含增值税）及以上的乘用车和中轻型商用客车，即乘用车和中轻型商用客车子税目中的超豪华小汽车。（ ）

【解析】超豪华小汽车，为每辆零售价格130万元（不含增值税）及以上的乘用车和中轻型商用客车，即乘用车和中轻型商用客车子税目中的超豪华小汽车。

【答案】错误

11. 纳税人兼营卷烟批发和零售业务的，应当分别核算批发和零售环节的销售额、销售数量；未分别核算批发和零售环节销售额、销售数量的，按照全部销售额、销售数量计征批发环节消费税。（ ）

【解析】纳税人兼营卷烟批发和零售业务的，应当分别核算批发和零售环节的销售额、销售数量；未分别核算批发和零售环节销售额、销售数量的，按照全部销售额、销售数量计征批发环节消费税。

【答案】正确

12. 企业综合利用资源，生产符合国家产业政策规定的产品所取得的收入，可以在计算应纳税所得额时减按70%计入收入总额。（ ）

【解析】生产国家非限制和禁止并符合国家和行业相关标准的产品取得的收入，减按90%计入收入总额。

【答案】错误

13. 企业纳税年度发生的亏损，准予向以后年度结转，但结转年限一律不超过

5 年。（ ）

【解析】自 2018 年 1 月 1 日起，当年具备高新技术企业或科技型中小企业资格（以下统称资格）的企业，其具备资格年度之前 5 个年度发生的尚未弥补完的亏损，准予结转以后年度弥补，最长结转年限由 5 年延长至 10 年。

【答案】错误

14. 不征税收入用于支出所形成的费用或者财产，经税务机关批准可以税前扣除或者计算对应的折旧、摊销税前扣除。（ ）

【解析】根据《企业所得税法》及其实施条例规定，不征税收入不缴纳企业所得税；不征税收入用于支出所形成的费用或者财产，不得在税前扣除或者不得计算对应的折旧、摊销在税前扣除。

【答案】错误

15. 企业在重组过程中，应当在交易发生时确认有关资产的转让所得或者损失，相关资产应当按照交易价格重新确定计税基础。（ ）

【解析】根据《企业所得税法实施条例》规定，除国务院财政、税务主管部门另有规定外，企业在重组过程中，应当在交易发生时确认有关资产的转让所得或者损失，相关资产应当按照交易价格重新确定计税基础。

【答案】正确

16. 企业以买一赠一等方式组合销售本企业商品的，不属于捐赠，应将总的销售金额按各项商品的公允价值的比例来分摊确认各项销售收入。（ ）

【解析】根据《国家税务总局关于确认企业所得税收入若干问题的通知》（国税函〔2008〕875 号）规定，企业以买一赠一等方式组合销售本企业商品的，不属于捐赠，应将总的销售金额按各项商品的公允价值的比例来分摊确认各项的销售收入。

【答案】正确

17. 对房地产的抵押，在抵押期间不征收土地增值税。抵押期满后，因无力赎回房地产，丧失了对该项房地产的产权，且无收入的，因此也不应征收土地增值税。

（ ）

【解析】抵押期间不征税；抵押期满转移产权的，应征税。

【答案】错误

18. 因城市实施规划、国家建设的需要而搬迁，由纳税人自行转让原房地产的，免征土地增值税。（ ）

【解析】因国家建设需要而被政府征收、收回的房地产，免征土地增值税。因城市市政规划、国家建设的需要而搬迁，由纳税人自行转让原房地产而取得的收入，免征土地增值税。

【答案】正确

19. 扣缴义务人向居民个人支付综合所得时，应当按照累计预扣法计算预扣税款，并按月办理扣缴申报。 （ ）

【解析】扣缴义务人向居民个人支付工资、薪金所得时，应当按照累计预扣法计算预扣税款，并按月办理扣缴申报。劳务报酬等所得按次扣缴。

【答案】错误

20. 某纳税人为非独生子女的，其他兄弟姐妹没有工作不需缴纳个人所得税，60岁以上的父母由纳税人赡养，因此2023年该纳税人每月在个人所得税税前可以扣除2000元的赡养老人支出。 （ ）

【解析】根据《个人所得税专项附加扣除暂行办法》（国发〔2018〕41号）和《国家税务总局关于贯彻执行提高个人所得税有关专项附加扣除标准政策的公告》（国家税务总局公告2023年第14号）规定，自2023年1月1日起，赡养老人专项附加扣除标准，由每月2000元提高到3000元。其中：独生子女每月扣除3000元；非独生子女与兄弟姐妹分摊每月3000元的扣除额度，每人不超过1500元。被赡养人是指年满60岁的父母，以及子女均已去世的年满60岁的祖父母、外祖父母。

【答案】错误

21. 根据车辆购置税法，纳税人自产、受赠、获奖或者以其他方式取得并自用的应税车辆的计税价格，由主管税务机关参照最低计税价格核定。 （ ）

【解析】纳税人以受赠、获奖或者其他方式取得自用应税车辆的计税价格，按照购置应税车辆时相关凭证载明的价格确定，不包括增值税税款。

【答案】错误

22. 已经办理免税、减税手续的车辆因转让、改变用途等原因不再属于免税、减税范围的，无论转让与否，均应缴纳车辆购置税，应纳车辆购置税税额 = 初次办理纳税申报时确定的计税价格 ×（1 - 使用年限 ×10%）×10%。 （ ）

【解析】应纳车辆购置税税额 = 初次办理纳税申报时确定的计税价格 ×（1 - 使用年限 ×10%）×10% - 已纳税额

【答案】错误

23. 2018年1月1日至2027年12月31日，对金融机构与小型企业、微型企业签订的借款合同免征印花税。 （ ）

【解析】详见《财政部 税务总局关于支持小微企业融资有关税收政策的通知》（财税〔2017〕77号）、《财政部 税务总局关于延长部分税收优惠政策执行期限的公告》（财政部 税务总局公告2021年第6号）和《财政部 税务总局关于支持小微企业融资有关税收政策的公告》（财政部 税务总局公告2023年第13号）。

【答案】正确

24. 在中华人民共和国领域和中华人民共和国管辖的其他海域，向环境排放应税污

染物的企业事业单位和其他生产经营者为环境保护税的纳税人。 （ ）

【解析】需明确为直接向环境排放应税污染物。

【答案】错误

25. 对已缴纳契税的购房单位和个人，在办理房屋权属变更登记后退房的，退还已纳契税。 （ ）

【解析】对已缴纳契税的购房单位和个人，在未办理房屋权属变更登记前退房的，退还已纳契税；在办理房屋权属变更登记后退房的，不予退还已纳契税。

【答案】错误

26. 烟叶税的计税依据为纳税人收购烟叶实际支付的价款总额，包括纳税人支付给烟叶生产销售单位和个人的烟叶收购价款和价外补贴。 （ ）

【解析】详见《烟叶税法》和《财政部 国家税务总局关于明确烟叶税计税依据的通知》（财税〔2018〕75号）。价外补贴统一按烟叶收购价款的10%计算。

【答案】正确

27. 2023年1月1日至2027年12月31日，企业招用自主就业退役士兵，与其签订1年以上期限劳动合同并依法缴纳社会保险费的，自签订劳动合同并缴纳社会保险当月起，在3年内按实际招用人数予以定额依次扣减增值税、城市维护建设税、教育费附加、地方教育附加和企业所得税优惠。定额标准为每人每年6000元，最高可上浮30%，各省、自治区、直辖市人民政府可根据本地区实际情况在此幅度内确定具体定额标准。 （ ）

【解析】2023年1月1日至2027年12月31日，企业招用自主就业退役士兵，与其签订1年以上期限劳动合同并依法缴纳社会保险费的，自签订劳动合同并缴纳社会保险当月起，在3年内按实际招用人数予以定额依次扣减增值税、城市维护建设税、教育费附加、地方教育附加和企业所得税优惠。定额标准为每人每年6000元，最高可上浮50%，各省、自治区、直辖市人民政府可根据本地区实际情况在此幅度内确定具体定额标准。

【答案】错误

28. 2024年1月1日至2025年12月31日，对购置新能源汽车减半征收车辆购置税。 （ ）

【解析】根据《财政部 税务总局 工业和信息化部关于延续和优化新能源汽车车辆购置税减免政策的公告》（财政部 税务总局 工业和信息化部公告2023年第10号）规定，对购置日期在2024年1月1日至2025年12月31日期间的新能源汽车免征车辆购置税，其中，每辆新能源乘用车免税额不超过3万元；对购置日期在2026年1月1日至2027年12月31日期间的新能源汽车减半征收车辆购置税，其中，每辆新能源乘用车减税额不超过1.5万元。

【答案】错误

29. 以旧换新（含翻新改制）销售金银首饰，以实际收取的不含增值税的全部价款作为消费税计税依据。（　　）

【解析】根据《财政部 国家税务总局关于调整金银首饰消费税纳税环节有关问题的通知》（财税字〔1994〕95 号）规定，纳税人采用以旧换新（含翻新改制）方式销售的金银首饰，应按实际收取的不含增值税的全部价款确定计税依据征收消费税。

【答案】正确

30. 两个或两个以上的公司，依照法律规定、合同约定，合并为一个公司，且原投资主体存续的，对合并后公司承受原合并各方土地、房屋权属，免征契税。（　　）

【解析】详见《财政部 税务总局关于继续实施企业、事业单位改制重组有关契税政策的公告》（财政部 税务总局公告 2023 年第 49 号）。

【答案】正确

31. 依法设立的城乡污水集中处理、生活垃圾集中处理场所未超过国家和地方规定的排放标准向环境排放应税污染物的，应当缴纳环境保护税。（　　）

【解析】根据《环境保护税法》规定，依法设立的城乡污水集中处理、生活垃圾集中处理场所超过国家和地方规定的排放标准向环境排放应税污染物的，应当缴纳环境保护税。

【答案】错误

32. 生育保险的缴费人包括用人单位及其职工。（　　）

【解析】根据《企业职工生育保险试行办法》规定，生育保险费的提取比例由当地人民政府确定并可根据费用支出情况适时调整，但最高不得超过工资总额的 1%；职工个人不缴纳生育保险费。

【答案】错误

33. 政府性捐赠收入属于政府非税收入，不纳入财政一般预算，实行“收支两条线”管理。（　　）

【解析】政府性捐赠收入属于政府非税收入，应严格按照政府非税收入管理规定和财政部政府收支分类科目的要求，全额纳入财政一般预算，实行“收支两条线”管理。

【答案】错误

34. 从事二手车经销业务的纳税人销售其收购的二手车减按 0.5% 征收增值税的，应当开具二手车销售统一发票，不得开具增值税专用发票。（　　）

【解析】从事二手车经销业务的纳税人销售其收购的二手车减按 0.5% 征收增值税的，应当开具二手车销售统一发票，购买方索取增值税专用发票的，应当再开具征收率为 0.5% 的增值税专用发票。

【答案】错误

35. 拍卖行受托拍卖文物艺术品取得的收入，免征增值税。（　　）

【解析】拍卖行受托拍卖文物艺术品，委托方按规定享受免征增值税政策的，拍卖行可以自己名义就代为收取的货物价款向购买方开具增值税普通发票，对应的货物价款不计入拍卖行的增值税应税收入。

【答案】错误

36. 纳税人办理增值税普通发票票种核定事项，除税务机关按规定确定的高风险等情形外，主管税务机关应当即时办结。（　　）

【解析】纳税人办理增值税普通发票、增值税电子普通发票、收费公路通行费增值税电子普通发票、机动车销售统一发票、二手车销售统一发票票种核定事项，除税务机关按规定确定的高风险等情形外，主管税务机关应当即时办结。

【答案】正确

37. 根据现行增值税政策规定，转让专利技术的所有权属于销售服务。（　　）

【解析】销售无形资产，是指有偿转让无形资产所有权或者使用权的业务活动。无形资产，是指不具实物形态，但能带来经济利益的资产，包括技术、商标、著作权、商誉、自然资源使用权和其他权益性无形资产。技术，包括专利技术和非专利技术。因此，转让专利技术的所有权和使用权均属于销售无形资产。

【答案】错误

38. 纳税人进口货物，按照组成计税价格和规定的税率计算增值税。其中，组成计税价格 = 关税完税价格 + 消费税。（　　）

【解析】纳税人进口货物，按照组成计税价格和规定的税率计算增值税。其中，组成计税价格 = 关税完税价格 + 关税 + 消费税。

【答案】错误

39. 一般纳税人增值税业务适用简易计税方法计税的，计算应纳税额时不得抵扣进项税额。（　　）

【解析】一般纳税人增值税业务适用简易计税方法计税的，应纳税额是指按照销售额和增值税征收率计算的增值税税额，不得抵扣进项税额。

【答案】正确

40. 自 2019 年 4 月 1 日起，仅对制造业纳税人试行增值税期末留抵税额退税政策，对服务业纳税人实行进项税额加计抵减政策。（　　）

【解析】自 2019 年 4 月 1 日起，对符合条件的所有行业的纳税人试行增值税期末留抵税额退税政策。

【答案】错误

41. 高档化妆品在生产、批发、零售环节均要缴纳增值税和消费税。（　　）

【解析】增值税在生产销售（含进口）、批发、零售各环节征收。高档化妆品在生产、批发、零售环节都要缴纳增值税。除卷烟、电子烟、超豪华小汽车外，消费税实行单环节征收，主要在生产销售（含进口）环节，金银首饰在零售环节征收。高档化妆品在批发、零售环节不缴纳消费税。

【答案】错误

42. 纳税人收回已代收代缴消费税的委托加工应税消费品，将其直接出售，无论售价高低，均不再缴纳消费税。（　）

【解析】委托方将收回的应税消费品，以不高于受托方的计税价格出售的，为直接出售，不再缴纳消费税；委托方以高于受托方的计税价格出售的，则不属于直接出售，需按照规定申报缴纳消费税。

【答案】错误

43. 纳税人自产自用应税车辆，车辆购置税的计税价格，按照纳税人生产的同类应税车辆的销售价格确定，包括增值税税款。（　）

【解析】纳税人自产自用应税车辆的计税价格，按照纳税人生产的同类应税车辆的销售价格确定，不包括增值税税款。

【答案】错误

44. 出口企业出口或视同出口适用增值税免税政策的货物，免征消费税，但不退还其以前环节已征的消费税，且不允许在内销应税消费品应纳消费税款中抵扣。（　）

【解析】根据《财政部 国家税务总局关于出口货物劳务增值税和消费税政策的通知》(财税〔2012〕39号）规定，出口企业出口或视同出口适用增值税免税政策的货物，免征消费税，但不退还其以前环节已征的消费税，且不允许在内销应税消费品应纳消费税款中抵扣。

【答案】正确

45. 纳税人出口货物劳务、发生跨境应税行为，未在规定期限内申报出口退（免）税或者开具《代理出口货物证明》的，应在超过期限的次月申报期内申报缴纳增值税。（　）

【解析】纳税人出口货物劳务、发生跨境应税行为，未在规定期限内申报出口退（免）税或者开具《代理出口货物证明》的，在收齐退（免）税凭证及相关电子信息后，即可申报办理出口退（免）。

【答案】错误

46. 国内航空供应公司生产销售给国外航空公司国际航班的航空食品视同出口货物适用增值税退（免）税政策，销售给国内航空公司国际航班的航空食品，属于内销，应计算缴纳增值税。（　）

【解析】国内航空供应公司生产销售给国内和国外航空公司国际航班的航空食品视同出口货物，适用增值税退（免）税政策。

【答案】错误

47. 各省税务局应按照“严控风险、企业自愿”的原则，开展出口退（免）税无纸化申报试点工作。（　　）

【解析】详见《国家税务总局关于进一步推进出口退（免）税无纸化申报试点工作的通知》（税总函〔2017〕176号）。

【答案】正确

48. 外贸企业从新增供货企业购进一般风险商品，自首次申报之日起连续6个月内，累计申报退税额超过50万元的，进出口税收的管理部门应发函调查。（　　）

【解析】略。

【答案】正确

49. 资源回收企业应当通过电子发票服务平台或增值税发票管理系统，在线或离线向出售者反向开具标注“报废产品收购”字样的发票。（　　）

【解析】资源回收企业应当通过电子发票服务平台或增值税发票管理系统，在线向出售者反向开具标注“报废产品收购”字样的发票。

【答案】错误

50. 资源回收企业销售报废产品适用增值税简易计税方法的，可以反向开具普通发票，不得反向开具增值税专用发票；适用增值税一般计税方法的，可以反向开具增值税专用发票和普通发票。（　　）

【解析】详见《国家税务总局关于资源回收企业向自然人报废产品出售者“反向开票”有关事项的公告》（国家税务总局公告2024年第5号）。

【答案】正确

51. 为了支持跨境电子商务新业态加快发展，对2023年1月30日至2025年12月31日期间在跨境电子商务海关监管代码（1210、9610、9710、9810）项下申报出口，因滞销、退货原因，自出口之日起12个月内原状退运进境的商品（不含食品），免征进口关税和进口环节增值税、消费税；出口时已征收的出口关税准予退还，出口时已征收的增值税、消费税参照内销货物发生退货有关税收规定。（　　）

【解析】对2023年1月30日至2025年12月31日期间在跨境电子商务海关监管代码（1210、9610、9710、9810）项下申报出口，因滞销、退货原因，自出口之日起6个月内原状退运进境的商品（不含食品），免征进口关税和进口环节增值税、消费税；出口时已征收的出口关税准予退还，出口时已征收的增值税、消费税参照内销货物发生退货有关税收规定执行。

【答案】错误

52. 数电票是与纸质发票具有同等法律效力的全新发票。（　　）

【解析】略。

【答案】正确

53. 数电票去介质后，纳税人可以在线预先领取税控专用设备，直接通过电子税务局内嵌的电子发票服务平台，基于实名身份开票。（ ）

【解析】数电票去介质，纳税人不再需要预先领取税控专用设备，可以直接通过电子税务局内嵌的电子发票服务平台，基于实名身份开票。

【答案】错误

54. 将建筑施工设备出租给他人使用并配备操作人员的，按照“租赁服务”缴纳增值税。（ ）

【解析】根据《财政部 国家税务总局关于明确金融 房地产开发 教育辅助服务等增值税政策的通知》（财税〔2016〕140 号）规定，将建筑施工设备出租给他人使用并配备操作人员的，按照“建筑服务”缴纳增值税。

【答案】错误

55. 自有房产作股投入本人独资经营企业减半征收契税。（ ）

【解析】根据《财政部 税务总局关于继续实施企业、事业单位改制重组有关契税政策的公告》（财政部 税务总局公告 2023 年第 49 号）规定，自有房产作股投入本人独资经营企业免纳契税。

【答案】错误

56. 自 2019 年 4 月 1 日起，增值税一般纳税人购进旅客运输服务，其进项税额准予从销项税额中全额抵扣。（ ）

【解析】根据《财政部 税务总局 海关总署关于深化增值税改革有关政策的公告》（财政部 税务总局 海关总署公告 2019 年第 39 号）规定，自 2019 年 4 月 1 日起，增值税一般纳税人购进国内旅客运输服务，其进项税额准予从销项税额中全额抵扣。

【答案】错误

57. 增值税一般纳税人将租入的固定资产同时用于一般计税方法计税项目和免征增值税项目、简易计税项目的，其进项税额可以抵扣。（ ）

【解析】根据《财政部 税务总局关于租入固定资产进项税额抵扣等增值税政策的通知》（财税〔2017〕90 号）规定，自 2018 年 1 月 1 日起，纳税人租入固定资产、不动产，既用于一般计税方法计税项目，又用于简易计税方法计税项目、免征增值税项目、集体福利或者个人消费的，其进项税额准予从销项税额中全额抵扣。

【答案】正确

58. 纳税人销售货物的同时代办保险而向购买方收取的保险费属于价外费用，不计入销售额征收增值税。（ ）

【解析】根据增值税的有关规定，纳税人销售货物的同时代办保险而向购买方收取的保险费，不作为价外费用征收增值税。

【答案】错误

59. 单位聘用的员工为本单位提供取得工资的服务，属于非经营活动，不征收增值税。（　　）

【解析】非经营活动包括：①行政单位收取的同时满足条件的政府性基金或者行政事业性收费；②单位或者个体工商户聘用的员工为本单位或者雇主提供取得工资的服务；③单位或者个体工商户为聘用的员工提供服务；④财政部和国家税务总局规定的其他情形。

【答案】正确

60. 纳税人提供建筑服务、租赁服务采取预收款方式的，其增值税纳税义务发生时间为收到预收款的当天。（　　）

【解析】《营业税改征增值税试点实施办法》（财税〔2016〕36 号附件 1）第四十五条第（二）项规定："纳税人提供建筑服务、租赁服务采取预收款方式的，其纳税义务发生时间为收到预收款的当天。"《财政部 国家税务总局关于建筑服务等营改增试点政策的通知》（财税〔2017〕58 号）将《营业税改征增值税试点实施办法》第四十五条第（二）项修改为"纳税人提供租赁服务采取预收款方式的，其纳税义务发生时间为收到预收款的当天"，自 2017 年 7 月 1 日起执行。基于此规定，自 2017 年 7 月 1 日起，建筑企业收到业主或发包方的预收账款的增值税纳税义务发生时间不是收到预收账款的当天。

【答案】错误

61. 对综试区电子商务出口企业出口未取得有效进货凭证的货物，同时符合规定条件的，试行增值税退（免）税政策。（　　）

【解析】根据《财政部 税务总局 商务部 海关总署关于跨境电子商务综合试验区零售出口货物税收政策的通知》（财税〔2018〕103 号）规定，对综试区电子商务出口企业出口未取得有效进货凭证的货物，同时符合规定条件的，试行增值税、消费税免税政策。

【答案】错误

62. 车辆购置税实行一次性征收。购置已征车辆购置税的车辆，不再征收车辆购置税。（　　）

【解析】详见《车辆购置税法》。

【答案】正确

63. 纳税人通过自设非独立核算门市部销售的自产应税消费品，应当按照门市部对外销售额或者销售数量征收消费税。（　　）

【解析】详见《消费税若干具体问题的规定》（国税发〔1993〕156 号）。

【答案】正确

64. 进口的应税消费品，由进口报关者于报关进口时纳税。 （ ）

【解析】根据《消费税暂行条例》和海关的相关规定，进口的应税消费品，由进口报关者于报关进口时纳税。

【答案】正确

65. 纳税人兼营不同税率的应税消费品，即生产销售两种税率以上的应税消费品时，应当分别核算不同税率应税消费品的销售额或销售数量，未分别核算的，按最低税率征收消费税。 （ ）

【解析】纳税人兼营不同税率的应税消费品，即生产销售两种税率以上的应税消费品时，应当分别核算不同税率应税消费品的销售额或销售数量，未分别核算的，按最高税率征税。

【答案】错误

66. 进口自用小汽车的车辆购置税计税价格中包括消费税。 （ ）

【解析】根据《车辆购置税法》第六条规定，纳税人进口自用应税车辆的计税价格，为关税完税价格加上关税和消费税。

【答案】正确

67. 国有土地使用权出让收入划转给税务部门征收后，以前年度和今后形成的应缴未缴收入以及按规定分期缴纳的收入，由税务部门负责征缴入库。 （ ）

【解析】根据《财政部 自然资源部 税务总局 人民银行关于将国有土地使用权出让收入、矿产资源专项收入、海域使用金、无居民海岛使用金四项政府非税收入划转税务部门征收有关问题的通知》（财综〔2021〕19 号）规定，四项政府非税收入划转给税务部门征收后，以前年度和今后形成的应缴未缴收入以及按规定分期缴纳的收入，由税务部门负责征缴入库，有关部门应当配合做好相关信息传递和材料交接工作。

【答案】正确

68. 运输合同计税依据为取得的运费收入，包括所运货物的金额、装卸费和保险费等。 （ ）

【解析】运输合同计税依据为取得的运费收入，不包括所运货物的金额、装卸费和保险费等。

【答案】错误

69. 产权出典的，由承典人缴纳房产税。 （ ）

【解析】详见《房产税暂行条例》。

【答案】正确

70. 纳税人新征收的耕地，自批准征收之日起开始缴纳城镇土地使用税。 （ ）

【解析】根据《城镇土地使用税暂行条例》规定，纳税人新征收的耕地，自批准征收之日起满 1 年时开始缴纳城镇土地使用税。

【答案】错误

71. 契税的计税依据不包括增值税。 （ ）

【解析】详见《财政部 税务总局关于贯彻实施契税法若干事项执行口径的公告》（财政部 税务总局公告2021年第23号）第二条第（九）项。

【答案】正确

72. 车船税纳税义务发生时间是取得车船所有权或者管理权的当月。 （ ）

【解析】详见《车船税法》。

【答案】正确

73. 计算土地增值税扣除项目时，利息最高不能超过按商业银行同类同期贷款利率计算的金额，且加息、罚息可以扣除。 （ ）

【解析】根据《土地增值税暂行条例实施细则》第七条第（三）项和《财政部 国家税务总局关于土地增值税一些具体问题规定的通知》（财税字〔1995〕48号）第八条第（二）项规定，利息最高不能超过按商业银行同类同期贷款利率计算的金额，且加息、罚息等均不可扣除。

【答案】错误

74. 纳税人应自转让房地产合同签订之日起7日内，向房地产所在地的主管税务机关办理土地增值税纳税申报。 （ ）

【解析】详见《土地增值税暂行条例》。

【答案】正确

75. 印花税税目包括3大类，即合同类、产权转移书据类和营业账簿类。 （ ）

【解析】根据《印花税法》规定，印花税税目包括4大类，即合同类、产权转移书据类、营业账簿类和证券交易类。

【答案】错误

76. 纳税人排放应税大气污染物或者水污染物的浓度值低于国家和地方规定的污染物排放标准50%的，减按50%征收环境保护税。 （ ）

【解析】详见《环境保护税法》。

【答案】正确

77. 应税大气污染物、应税水污染物的计税依据按照污染物排放量折合的污染当量数确定。 （ ）

【解析】详见《环境保护税法》。

【答案】正确

78. 小规模纳税人符合享受“六税两费”减免优惠条件但未及时申报享受减征优惠的，不能申请退税或者抵减以后纳税期的应纳税款。 （ ）

【解析】小规模纳税人符合条件但未及时申报享受“六税两费”减免优惠的，可依法申请抵减以后纳税期的应纳税费款或者申请退还。

【答案】错误

79. 纳税人应在收到税务机关准予留抵退税的《税务事项通知书》当期，以税务机关核准的允许退还的增量留抵税额冲减期末留抵税额，并在办理增值税纳税申报时，相应填写《增值税及附加税费申报表附列资料（二）》（本期进项税额明细）第22栏“上期留抵税额退税”。（ ）

【解析】详见《国家税务总局关于办理增值税期末留抵税额退税有关事项的公告》（国家税务总局公告2019年第20号）第十五条。

【答案】正确

80. 一般纳税人取得异常抵扣凭证都必须在取得当期对应属期的《增值税及附加税费申报表附列资料（二）》（本期进项税额明细）第23a栏“异常凭证转出进项税额”填列转出。（ ）

【解析】根据《国家税务总局关于增值税 消费税与附加税费申报表整合有关事项的公告》（国家税务总局公告2021年第20号）及其解读规定，如果纳税人的纳税信用等级为A级，则可以按照《国家税务总局关于异常增值税扣税凭证管理等有关事项的公告》（国家税务总局公告2019年第38号）第三条第（四）项的规定，自接到税务机关通知之日起10个工作日内，向主管税务机关提出核实申请，在税务机关出具核实结果之前暂不作进项税额转出处理，也不需要将对应专用发票已抵扣税额计入《增值税及附加税费申报表附列资料（二）》第23a栏。

【答案】错误

81. 纳税人将不同税率的应税消费品组成成套消费品销售的，应分别计算消费税。（ ）

【解析】纳税人兼营不同税率的应当缴纳消费税的消费品，应当分别核算不同税率应税消费品的销售额、销售数量；未分别核算销售额、销售数量，或者将不同税率的应税消费品组成成套消费品销售的，从高适用税率。

【答案】错误

82. 纳税人可以以其刚拍得的土地使用权作为纳税担保物。（ ）

【解析】根据《纳税担保试行办法》第十七条规定，下列财产不得抵押：①土地所有权；②土地使用权，但该办法第十六条规定的除外；③学校、幼儿园、医院等以公益为目的的事业单位、社会团体、民办非企业单位的教育设施、医疗卫生设施和其他社会公益设施；④所有权、使用权不明或者有争议的财产；⑤依法被查封、扣押、监管的财产；⑥依法定程序确认为违法、违章的建筑物；⑦法律、行政法规规定禁止流通的财产或者不可转让的财产；⑧经设区的市、自治州以上税务机关确认的其他不予抵押的财产。根据该办法第十六条规定，以依法取得的国有土地上的房屋抵押的，该房屋占用范围内的国有土地使用权同时抵押。以乡（镇）、村企业的厂房等建筑物抵押的，其占用范围内的土地使用权同时抵押。

【答案】错误

83. 在中华人民共和国境内销售货物或者加工、修理修配劳务，销售服务、无形资产、不动产以及进口货物的单位和个人，为增值税的纳税人。（　　）

【解析】详见《增值税暂行条例》第一条。

【答案】正确

84. 2024年对月销售额15万元以下（含本数）的增值税小规模纳税人，免征增值税。（　　）

【解析】根据《财政部 税务总局关于明确增值税小规模纳税人减免增值税等政策的公告》（财政部 税务总局公告2023年第1号）和《财政部 税务总局关于增值税小规模纳税人减免增值税政策的公告》（财政部 税务总局公告2023年第19号）规定，2023年1月1日至2027年12月31日，对月销售额10万元以下（含本数）的增值税小规模纳税人，免征增值税。

【答案】错误

85. 个人在上海证券交易所转让上市公司公开发行的股票，取得的股票转让所得，暂免征收个人所得税。（　　）

【解析】根据《财政部 国家税务总局 证监会关于个人转让上市公司限售股所得征收个人所得税有关问题的通知》（财税〔2009〕167号）第八条规定，对个人在上海证券交易所、深圳证券交易所转让从上市公司公开发行和转让市场取得的上市公司股票所得，继续免征个人所得税。

【答案】正确

86. 企业从事内陆养殖取得的项目所得，可以免征企业所得税。（　　）

【解析】根据《企业所得税法实施条例》第八十六条规定，企业从事下列项目的所得，减半征收企业所得税：①花卉、茶以及其他饮料作物和香料作物的种植；②海水养殖、内陆养殖。

【答案】错误

87. 个人转让合伙企业中的财产份额，应按照“财产转让所得”项目计算缴纳个人所得税。（　　）

【解析】根据《个人所得税法实施条例》第六条规定，《个人所得税法》规定的各项个人所得包括财产转让所得。财产转让所得，是指个人转让有价证券、股权、合伙企业中的财产份额、不动产、机器设备、车船以及其他财产取得的所得。

【答案】正确

88. 房地产开发企业自用本企业建造的商品房，自房屋使用或交付之次月起缴纳城

镇土地使用税和房产税。 （ ）

【解析】根据《国家税务总局关于房产税 城镇土地使用税有关政策规定的通知》（国税发〔2003〕89号）第二条第四款规定，房地产开发企业自用、出租、出借本企业建造的商品房，自房屋使用或交付之次月起计征房产税和城镇土地使用税。但是《财政部 国家税务总局关于房产税、城镇土地使用税有关政策的通知》（财税〔2006〕186号）第二条规定："以出让或转让方式有偿取得土地使用权的，应由受让方从合同约定交付土地时间的次月起缴纳城镇土地使用税；合同未约定交付土地时间的，由受让方从合同签订的次月起缴纳城镇土地使用税。国家税务总局《关于房产税城镇土地使用税有关政策规定的通知》（国税发〔2003〕89号）第二条第四款中有关房地产开发企业城镇土地使用税纳税义务发生时间的规定同时废止。"

【答案】错误

89. 转让旧房计算土地增值税扣除项目金额中，旧房评估价格可以是该旧房的历史购买成本。 （ ）

【解析】根据《土地增值税暂行条例实施细则》第七条，旧房及建筑物的评估价格，是指在转让已使用的房屋及建筑物时，由政府批准设立的房地产评估机构评定的重置成本价乘以成新度折扣率后的价格。评估价格须经当地税务机关确认。

【答案】错误

90. 文化事业建设费的扣缴义务人应当向其机构所在地或者居住地主管税务机关申报缴纳其扣缴的文化事业建设费。 （ ）

【解析】详见《财政部 国家税务总局关于营业税改征增值税试点有关文化事业建设费政策及征收管理问题的通知》（财税〔2016〕25号）第五条。

【答案】正确

91. 小规模纳税人转让其取得的不动产适用5%征收率计征增值税。 （ ）

【解析】根据《营业税改征增值税试点有关事项的规定》（财税〔2016〕36号附件2）规定，小规模纳税人出租或转让其取得的不动产（不含个人出租住房），应按照5%的征收率计算应纳税额。

【答案】正确

92. 纳税人建造普通标准住宅出售，增值额超过扣除项目金额20%的，应对其超过部分的增值额按规定征收土地增值税。 （ ）

【解析】纳税人建造普通标准住宅出售，增值额未超过扣除项目金额之和20%（含20%）的，免征土地增值税；增值额超过扣除项目金额之和20%的，应就其全部增值额按规定计征土地增值税（包括未超过扣除项目金额20%的部分）。

【答案】错误

93. 提供广告服务的文化事业建设费缴费人的计费销售额，为缴纳义务人提供广告

服务取得的全部不含增值税价款和价外费用，减除支付给其他广告公司或广告发布者的不含增值税广告发布费后的余额。（　　）

【解析】根据《财政部 国家税务总局关于营业税改征增值税试点有关文化事业建设费政策及征收管理问题的通知》（财税〔2016〕25号）第三条，提供广告服务的文化事业建设费缴费人的计费销售额，为缴纳义务人提供广告服务取得的全部含税价款和价外费用，减除支付给其他广告公司或广告发布者的含税广告发布费后的余额。

【答案】错误

94. 增值税一般纳税人取得的增值税专用发票被列入异常凭证范围，尚未申报抵扣增值税进项税额的，暂不允许抵扣。已经申报抵扣增值税进项税额的，除另有规定外，一律作进项税额转出处理。（　　）

【解析】详见《国家税务总局关于异常增值税扣税凭证管理等有关事项的公告》（国家税务总局公告2019年第38号）第三条第（一）项。

【答案】正确

95. 居民个人在中国境外接受学历继续教育的支出，可作为专项附加扣除项目申报扣除。（　　）

【解析】根据《个人所得税专项附加扣除暂行办法》（国发〔2018〕41号）规定，纳税人在中国境内接受学历（学位）继续教育的支出，以及接受技能人员职业资格继续教育、专业技术人员职业资格继续教育支出可以扣除。

【答案】错误

96. 买卖合同书立时，未注明交易价格的，应先按每份合同5元计算印花税，待实际结算时，按结算价格和规定的税率计算印花税，多退少补。（　　）

【解析】当买卖合同在书立时未注明交易价格，即未列明金额的情况下，根据《印花税法》第六条规定，印花税的计税依据应当按照实际结算的金额来确定。

【答案】错误

97. 文化事业建设费的缴纳义务发生时间和缴纳地点，与缴费人的增值税纳税义务发生时间和纳税地点相同。（　　）

【解析】详见《财政部 国家税务总局关于营业税改征增值税试点有关文化事业建设费政策及征收管理问题的通知》（财税〔2016〕25号）。

【答案】正确

98. 纳税人生产销售电子烟无需缴纳消费税。（　　）

【解析】自2022年11月1日起，我国对电子烟征收消费税，在烟税目下增设电子烟子目。国家税务总局发布《关于电子烟消费税征收管理有关事项的公告》（国家税务总局公告2022年第22号），明确了电子烟消费税征收管理有关事项。

【答案】错误

99. 纳税人出口货物，税率为零；但是，国务院另有规定的除外。（　　）

【解析】详见《增值税暂行条例》第二条第（四）项。

【答案】正确

100. 纳税人兼营销售货物、劳务、服务、无形资产或者不动产，适用不同税率或者征收率的，应当分别核算适用不同税率或者征收率的销售额；未分别核算的，从低适用税率。（　　）

【解析】未分别核算的，从高适用税率。

【答案】错误

101. 个人取得的差旅费津贴，应按工资薪金所得项目计算缴纳个人所得税。（　　）

【解析】根据《征收个人所得税若干问题的规定》(国税发〔1994〕89号）第二条规定，下列不属于工资、薪金性质的补贴、津贴或者不属于纳税人本人工资、薪金所得项目的收入，不征税：①独生子女补贴；②执行公务员工资制度未纳入基本工资总额的补贴、津贴差额和家属成员的副食品补贴；③托儿补助费；④差旅费津贴、误餐补助。

【答案】错误

102. 企业研发费用各项目的实际发生额归集不准确、汇总额计算不准确的，税务机关有权对其企业所得税税前扣除额或加计扣除额进行合理调整。（　　）

【解析】详见《财政部 国家税务总局 科技部关于完善研究开发费用税前加计扣除政策的通知》(财税〔2015〕119号）第五条。

【答案】正确

103. 创投企业选择按单一投资基金核算且经主管税务机关核算方式备案的，其个人合伙人从该基金应分得的股权转让所得和股息红利所得，按照20%税率计算缴纳个人所得税。（　　）

【解析】详见《财政部 税务总局 国家发展改革委 中国证监会关于延续实施创业投资企业个人合伙人所得税政策的公告》(财政部 税务总局 国家发展改革委 中国证监会公告2023年第24号）第二条和《国家税务总局关于修订个人所得税申报表的公告》(国家税务总局公告2019年第7号）附件6《合伙制创业投资企业单一投资基金核算方式备案表》填表说明第二条。

【答案】正确

104. 施工扬尘等与城市环境密切相关的污染物应按照应税固体废物缴纳环境保护税。（　　）

【解析】施工扬尘属于一般性粉尘。根据《财政部 税务总局 生态环境部关于明确环境保护税应税污染物适用等有关问题的通知》(财税〔2018〕117号）规定，排放的扬尘、工业粉尘等颗粒物，除可以确定为烟尘、石棉尘、玻璃棉尘、炭黑尘的外，按照一般性粉尘征收环境保护税。

【答案】错误

105. 廉租住房和经济适用住房建设、棚户区改造、旧住宅区整治，免收防空地下室易地建设费、教育费附加、地方教育附加。（　）

【解析】根据《财政部关于贯彻落实国务院关于解决城市低收入家庭住房困难若干意见的通知》（财综〔2007〕53号）规定，廉租住房和经济适用住房建设、棚户区改造、旧住宅区整治，一律免收各项行政事业性收费和政府性基金。免收的全国性行政事业性收费包括防空地下室易地建设费、城市房屋拆迁管理费、工程定额测定费、白蚁防治费、建设工程质量监督费等项目。免收的全国性政府性基金包括城市基础设施配套费、散装水泥专项资金、新型墙体材料专项基金、城市教育附加费、地方教育附加、城镇公用事业附加等项目。

【答案】正确

四、简答题

1. 2023年进一步支持重点群体创业就业，请简述具体政策内容。

【答案】可以从以下方面进行阐述。

（1）2023年1月1日至2027年12月31日，脱贫人口（含防止返贫监测对象，下同）、持《就业创业证》（注明“自主创业税收政策”或“毕业年度内自主创业税收政策”）或《就业失业登记证》（注明“自主创业税收政策”）的人员，从事个体经营的，自办理个体工商户登记当月起，在3年（36个月，下同）内按每户每年20000元为限额依次扣减其当年实际应缴纳的增值税、城市维护建设税、教育费附加、地方教育附加和个人所得税。限额标准最高可上浮20%，各省、自治区、直辖市人民政府可根据本地区实际情况在此幅度内确定具体限额标准。

该人员具体包括：①纳入全国防止返贫监测和衔接推进乡村振兴信息系统的脱贫人口；②在人力资源社会保障部门公共就业服务机构登记失业半年以上的人员；③零就业家庭、享受城市居民最低生活保障家庭劳动年龄内的登记失业人员；④毕业年度内高校毕业生。高校毕业生是指实施高等学历教育的普通高等学校、成人高等学校应届毕业的学生；毕业年度是指毕业所在自然年，即1月1日至12月31日。

（2）2023年1月1日至2027年12月31日，企业招用脱贫人口，以及在人力资源社会保障部门公共就业服务机构登记失业半年以上且持《就业创业证》或《就业失业登记证》（注明“企业吸纳税收政策”）的人员，与其签订1年以上期限劳动合同并依法缴纳社会保险费的，自签订劳动合同并缴纳社会保险当月起，在3年内按实际招用人数予以定额依次扣减增值税、城市维护建设税、教育费附加、地方教育附加和企业所得税优惠。定额标准为每人每年6000元，最高可上浮30%，各省、自治区、直辖市人民政府可根据本地区实际情况在此幅度内确定具体定额标准。城市维护建设税、教育费附加、地方教育附加的计税依据是享受本项税收优惠政策前的增值税应纳税额。

按该标准计算的税收扣减额应在企业当年实际应缴纳的增值税、城市维护建设税、教育费附加、地方教育附加和企业所得税税额中扣减，当年扣减不完的，不得结转下年使用。

所称企业是指属于增值税纳税人或企业所得税纳税人的企业等单位。

2.《中华人民共和国印花税法》与《中华人民共和国印花税暂行条例》及相关政策相比，有哪些变化？

【答案】可以从以下方面进行阐述。

《中华人民共和国印花税法》(以下简称《印花税法》)在《中华人民共和国印花税暂行条例》(以下简称《印花税暂行条例》)及相关政策基本平移的基础上，精简了征税范围，合并了部分税目，下调了部分税率，简化了纳税期限，将免征印花税的情形由3类扩展为8类。同时，《印花税法》也明确规定了印花税的计税依据、应纳税额的计算方法，并规定合同列明的增值税税款不作为印花税计税依据。

(1) 精简征税范围：取消"其他账簿""权利许可证照"税目。

(2) 合并部分税目："建设工程勘察设计合同"并入"建设工程合同"。

(3) 下调部分税率："承揽合同"税率由0.5‰下调至0.3‰；"建设工程勘察设计合同"并入"建设工程合同"后，税率由0.5‰下调至0.3‰；"运输合同"税率由0.5%下调至0.3‰；产权转移书据中"商标专用权、著作权、专利权、专有技术使用权转让"税率由0.5‰下调至0.3‰；"营业账簿"税率由0.5‰下调至0.25‰。

(4) 简化纳税期限：印花税原纳税期限包括按次、月、年。《印花税法》实施后，印花税纳税期限调整为按次、季、年。

(5) 免征印花税：①应税凭证的副本或者抄本；②依照法律规定应当予以免税的外国驻华使馆、领事馆和国际组织驻华代表机构为获得馆舍书立的应税凭证；③中国人民解放军、中国人民武装警察部队书立的应税凭证；④农民、家庭农场、农民专业合作社、农村集体经济组织、村民委员会购买农业生产资料或者销售农产品书立的买卖合同和农业保险合同；⑤无息或者贴息借款合同、国际金融组织向中国提供优惠贷款书立的借款合同；⑥财产所有权人将财产赠与政府、学校、社会福利机构、慈善组织书立的产权转移书据，相较于原来增加了"慈善组织"；⑦非营利医疗卫生机构采购药品或者卫生材料书立的买卖合同；⑧个人和电子商务经营者订立的电子订单。

五、综合案例题

1. A企业（增值税一般纳税人）2024年1—6月拥有的房产、土地情况，以及发生的业务如下：

（1）拥有厂房原值2500万元，3月底给厂房安装了智能化楼宇设施，整体安装价值200元；拥有露天游泳池原值300万元；独立围墙原值150万元；6月底新购入写字楼一幢，产权转移书据上注明不含增值税成交价格为8000万元。该企业占地面积6000平方米，其中300平方米土地无偿给消防队使用；6月底以出让方式取得一块土地的使用权，因政府扶持享受减免300万元的土地出让金后实际支付土地出让金2700万元。

（2）与银行订立借款合同一份，借款金额500万元，应付利息50万元；与金融机构签订融资租赁合同一份，合同上载明租金总额为800万元。

（3）签订财产保险合同一份，财产价值1000万元，保险费40000元；签订机动车保险合同一份，机动车价值50万元，保险费10800元。

其他资料：当地房产税原值减除比例为20%，城镇土地使用税年税额为每平方米10元，契税税率为3%。

根据上述资料，请计算（答案小数点后保留2位）：

（1）该企业1—6月应缴纳的房产税。

（2）该企业1—6月应缴纳的城镇土地使用税。

（3）该企业应缴纳的契税。

（4）该企业应缴纳的印花税。

【答案】（1）该企业1—6月应缴纳的房产税 = 2500 ×（1 − 20%）× 1.2% × 3 ÷ 12 +（2500 + 200）×（1 − 20%）× 1.2% × 3 ÷ 12 = 12.48（万元）

（2）该企业1—6月应缴纳的城镇土地使用税 =（6000 − 300）× 10 ÷ 2 ÷ 10000 = 2.85（万元）

（3）对承受国有土地使用权应支付的土地出让金应征收契税，不得因减免出让金而减免契税。

该企业应缴纳的契税 =（8000 + 2700 + 300）× 3% = 330（万元）

（4）购入办公楼应缴纳的印花税 = 8000 × 0.5‰ × 10000 = 40000（元）

借款合同应缴纳的印花税 =（5000000 + 8000000）× 0.05‰ = 650（元）

财产保险合同应缴纳的印花税 =（40000 + 10800）× 1‰ = 50.80（元）

共计应缴纳的印花税 = 40000 + 650 + 50.80 = 40700.80（元）

2. 某制衣公司是由中国内地某企业与中国香港地区A公司共同兴办的企业，双方各占50%的股权。该制衣公司2006年开业，生产销售高级品牌服装，生产所需原材料均是由香港地区A公司提供，产品全部返销香港地区，大部分返销香港地区A公司。

该制衣公司 2023 年外销产品 300649.05 元，账面上盈利 60122 元。该制衣公司 2023 年度销售给香港地区 A 公司的时装每打定价为 1800 元，共销售 611 打，总金额为 1099800 元，而该制衣公司销售给另一家同在香港地区的非关联公司的同样产品的价格却为每打 5520 元，共销售 585 打，总金额为 3229200 元，是该公司销售给其关联公司价格的 3 倍多。（该制衣公司适用的企业所得税税率为 25%）

请根据上述资料，回答下列问题：

（1）该制衣公司与香港地区 A 公司是否为关联企业？为什么？

（2）该制衣公司与香港地区 A 公司 2023 年度的上述业务往来是否为不合理转移定价？

（3）如被税务局判定为不合理转移定价，可用何种方法进行调整？并请计算其调整所得以及应补缴的企业所得税。

【答案】（1）该制衣公司与香港地区 A 公司是关联企业。因为香港地区 A 公司为该制衣公司的股东，持股比例超过 25%。

（2）是。因为双方的关联交易价格低于市价超过 3 倍，该制衣公司与其关联公司之间的业务往来实施了不合理转移定价，违背了独立交易原则。

（3）因为存在非受控的非关联方交易价格，因此可用“可比非受控价格法”进行调整。即按每打 5520 元，调整其与关联公司的销售价格，调整收入 =（5520 − 1800）× 611 = 2272920（元），相应调增该制衣公司 2023 年度企业利润 2272920 元。2023 年度该制衣公司应补缴企业所得税 = 2272920 × 25% = 568230（元）。

3. 某广告公司是增值税一般纳税人，2023 年 6 月期末留抵税额为 0.37 万元，按规定加计抵减结转下期抵减进项税额为 3.5 万元。2023 年 7 月发生如下经济业务：

（1）为客户提供广告服务取得含税收入 620 万元。

（2）支付给电视台、报纸杂志社广告发布费，取得的增值税专用发票注明金额合计为 300 万元。电视台、报纸杂志社都是增值税一般纳税人。

（3）支付广告位租赁费，取得的增值税专用发票注明金额合计为 100 万元，税额 9 万元。

（4）销售一处房产取得含税收入 350 万元，该房产为 2010 年以 180 万元的价格购买。

（5）销售一批淘汰的办公用电脑取得含税收入 0.65 万元，该批电脑为 2011 年 10 月购买。

（6）2020 年 6 月购入的一处办公用房，本月重新装修，用作职工集体宿舍。该不动产购买当月取得的增值税专用发票注明金额 200 万元，税额 10 万元。公司依法抵扣了进项税额，对该不动产采用直线法按照 20 年的折旧年限计提折旧，残值率为 10%。

本月装修发生装修费用支出 20 万元，取得一般纳税人开具的增值税专用发票。

（7）除上述业务外，公司本月购进其他的货物、服务取得的合法抵扣凭证注明可以抵扣的进项税额合计 6.28 万元。

假设本月取得的合法抵扣凭证都依法在本月抵扣进项税额。可以简易计税的业务均办理简易计税备案。

根据上述资料分步计算该广告公司本月应纳增值税税额（答案以万元表示，小数点后保留 2 位）。

【答案】（1）销项税额 =620 ÷（1 +6%）×6% =35.09（万元）

（2）广告发布费和租赁费进项税额 =300 ×6% +9 =27（万元）

（3）销售不动产应纳增值税税额 =（350 –180）÷（1 +5%）×5% =8.10（万元）

（4）销售电脑应纳增值税税额 =0.65 ÷（1 +3%）×2% =0.01（万元）

（5）已经计提折旧 =200 ×（1 –10%）÷20 ÷12 ×（6 +12 +12 +7）=27.75（万元）

不动产改变用途进项税额转出 =10 ×（200 –27.75）÷200 =8.61（万元）

（6）本期进项税额合计 =27 +6.28 –8.61 =24.67（万元）

加计抵减进项税额 =24.67 ×10% =2.47（万元）

本期可以抵减的加计抵减进项税额 =2.47 +3.5 =5.97（万元）

（7）一般计税项目应纳税额 =35.09 –24.67 –0.37 –5.97 =4.08（万元）

（8）应纳税额 =4.08 +8.10 +0.01 =12.19（万元）

4. 某酒厂为增值税一般纳税人，从事白酒、黄酒的生产销售，2024 年 7 月发生业务如下：

（1）向某商场销售自产 S 牌型号白酒 10 吨，开具普通发票，取得含税收入 35 万元，另收取包装物押金 1 万元，到期没收押金 0.5 万元。

（2）生产食用酒精一批，将其中的 60% 用于销售，开具的增值税专用发票注明金额 15 万元。将剩余 40% 的食用酒精作为酒基，加入食品添加剂调制成 38 度的配制酒，当月全部销售，开具的增值税专用发票注明金额 24 万元、税额 3.12 万元。

（3）将自产的 11 吨 K 型号白酒用于抵债，取得对方开具的增值税专用发票上注明价款 26 万元、增值税 3.38 万元。已知该批白酒的实际生产成本为 1.3 万元/吨，最低不含税销售价格为 2.4 万元/吨，平均不含税销售价格为 2.7 万元/吨，最高不含税销售价格为 3 万元/吨。

（4）将自产 M 型号白酒 15 吨，以套装形式对外销售（每套酒品中含小瓶保健酒一瓶，共 2 吨），总计取得不含销售额 9.5 万元（保健酒价值 1.8 万元）。

（5）将自产的调味料酒对外销售，取得含税收入 3.39 万元。

（6）该厂广告领用0.6吨新开发的药酒，作广告样品使用，该种药酒无同类产品出厂价，生产成本每吨3.7万元。

其他资料：白酒的定额税率为0.5元/500克，比例税率为20%；药酒成本利润率为5%，消费税税率为10%；其他酒消费税税率为10%。

要求：根据资料分步计算该酒厂本月应缴纳的消费税税额（答案以万元表示，小数点后保留2位）。

【答案】（1）应纳消费税 $=(35+1)\div(1+13\%)\times20\%+10\times2000\times0.5\div10000=7.37$（万元）

（2）应纳消费税 $=24\times10\%=2.40$（万元）

（3）应纳消费税 $=11\times3\times20\%+11\times2000\times0.5\div10000=7.70$（万元）

（4）应纳消费税 $=9.5\times20\%+(15+2)\times2000\times0.5\div10000=3.60$（万元）

（5）不缴纳消费税。

（6）应纳消费税 $=0.6\times3.7\times(1+5\%)\div(1-10\%)\times10\%=0.26$（万元）

5. 某商贸公司为增值税一般纳税人，兼营商品加工、批发、零售和进出口业务。公司2024年4月相关经营业务如下：

（1）进口化妆品一批，支付国外的买价300万元、由本公司负担的包装材料费用20万元、国外的经纪费4万元；支付运抵我国海关地前的运输费用20万元、装卸费用和保险费用6万元；支付海关地再运往商贸公司的运输费用8.72万元，取得增值税专用发票。

（2）受托加工化妆品一批，委托方提供的原材料不含税金额85.8万元，加工结束向委托方开具普通发票收取加工费和添加辅助材料的含税金额共计45.2万元，该化妆品商贸公司当地无同类产品市场价格。

（3）购买初级农产品一批，支付不含税价款20万元，运输费增值税发票注明含税价款1.1万元，当月将购回的农产品用于公司员工食堂。

（4）购进其他商品，取得增值税专用发票，支付价款200万元、增值税26万元，支付运输单位含税运输费用21.8万元（取得增值税专用发票），待货物验收入库时发现短缺商品金额10万元（占支付金额的5%），经查实应由运输单位赔偿。

（5）将进口化妆品的80%重新加工制作成套装化妆品，当月销售给其他商场并开具增值税专用发票，取得不含税销售额650万元；直接销售给消费者个人，开具普通发票，取得含税销售额67.8万元。

（6）销售除化妆品以外的其他商品，开具增值税专用发票，应收不含税销售额300万元，由于月末前可将全部货款收回，给所有购货方的销售折扣比例为5%，实际收到金额285万元。

（7）取得化妆品的逾期包装物押金收入 13.56 万元。

（8）将上月外购的食用植物油直接无偿捐赠给目标脱贫地区的敬老院，该批食用植物油购进不含税价为 1.6 万元，购进当月取得增值税专用发票并已抵扣进项税额。捐赠时该批食用植物油不含税市场价为 1.68 万元。

（注：关税税率 20%，化妆品消费税税率 15%；当月购销各环节所涉及的票据符合税法规定）

请根据上述资料，回答下列问题（答案以万元表示，小数点后保留 2 位）：

（1）分别计算该公司进口环节应缴纳的关税、消费税、增值税。

（2）计算该公司加工环节应代收代缴的消费税。

（3）计算该公司国内销售环节应缴纳的消费税总和。

（4）计算该公司国内销售环节实现的销项税额总和。

（5）计算该公司国内销售环节准予抵扣的进项税额总和。

（6）计算该公司国内销售环节应缴纳的增值税。

【答案】（1）关税到岸价格 = 300 + 20 + 4 + 20 + 6 = 350（万元）

进口环节应缴纳关税 = 350 × 20% = 70（万元）

组成计税价格 =（350 + 70）÷（1 − 15%）= 494.12（万元）

进口环节应缴纳消费税 = 494.12 × 15% = 74.12（万元）

进口环节应缴纳增值税 = 494.12 × 13% = 64.24（万元）

（2）受托加工环节应代收代缴消费税 = [85.8 + 45.2 ÷（1 + 13%）] ÷（1 − 15%）× 15% = 22.20（万元）

（3）国内销售环节应缴纳消费税 = [650 + 67.8 ÷（1 + 13%）+ 13.56 ÷（1 + 13%）] × 15% − 74.12 × 80% = 49（万元）

（4）国内销售环节实现的销项税额 = [45.2 ÷（1 + 13%）+ 650 + 67.8 ÷（1 + 13%）+ 300 + 13.56 ÷（1 + 13%）] × 13% = 138.06（万元）

（5）国内销售环节准予抵扣的进项税额 = 64.24 + 8.72 ÷（1 + 9%）× 9% + [26 + 21.8 ÷（1 + 9%）× 9%] ×（1 − 5%）= 91.37（万元）

根据规定，将外购的食用植物油直接无偿捐赠给目标脱贫地区的敬老院，免征增值税。

销售免税货物对应的进项税额不得抵扣，已经抵扣的外购食用植物油进项税额必须转出。

进项税额转出额 = 1.6 × 10% = 0.16（万元）

（6）国内销售环节应缴纳的增值税 = 138.06 − 91.37 + 0.16 = 46.85（万元）

6. 某市税务局稽查局在对某居民企业检查时发现，该企业 2023 年度利润总额 896.6 万元，主营业务收入 12200 万元。其他涉及 2023 年度的相关资料如下：

（1）实际发放工资总额 500 万元，其中包括符合条件的残疾人工资 30 万元，并按实发工资总额的 2% 拨缴了工会经费（取得工会相关票据），按 14%、8% 列支了职工福利费和职工教育经费；

（2）销售费用 2000 万元（其中广告费和业务宣传费分别为 1500 万元和 200 万元），管理费用 1000 万元（其中列支与生产经营活动无关的支出 200 万元、与生产经营活动相关的业务招待费 200 万元），财务费用 300 万元（包括支付分支机构融资利息 50 万元）；

（3）购买节能设备，取得的增值税专用发票上注明价款 100 万元、增值税 13 万元，并申报抵扣了进项税；

（4）用符合不征税收入条件的财政补贴购买了一项固定资产，该固定资产当年计提折旧 120 万元；

（5）营业外支出 200 万元，其中：银行罚息 6 万元、税收滞纳金 4 万元、通过公益性社会团体向老年机构捐款 190 万元。

要求：计算该企业 2023 年度应缴纳的企业所得税（答案以万元表示，小数点后保留 2 位）。

【答案】（1）会计利润总额 = 896.60（万元）

（2）应纳税所得额：

纳税调整减少额：残疾人工资 30 万元。

纳税调整增加额：

业务招待费：200 × 60% = 120（万元），12200 × 5‰ = 61（万元），业务招待费扣除限额为 61 万元，调增应纳税所得额 = 200 − 61 = 139（万元）。

公益性捐赠：捐赠扣除限额 = 896.6 × 12% = 107.59（万元），调增应纳税所得额 = 190 − 107.59 = 82.41（万元）。

纳税调整增加额合计 = 200 + 139 + 50 + 120 + 82.41 + 4 = 595.41（万元）

应纳税所得额 = 896.6 − 30 + 595.41 = 1462.01（万元）

（3）应缴纳企业所得税 = 1462.01 × 25% − 10 = 355.50（万元）

7. 2024 年 5 月某事业单位转让一幢自建旧办公楼，原造价 500 万元，经房地产评估机构评定，该楼重置成本价为 1500 万元，成新度折扣率为七成新。转让前为取得土地使用权支付的地价款和有关费用 300 万元，转让时取得收入 2300 万元（不含增值税），假设该项目适用简易计税办法。

要求：计算该纳税人应缴纳的土地增值税（城市维护建设税税率 7%、教育费附加征收率 3%、印花税税率 0.5‰，答案以万元表示，小数点后保留 2 位）。

【答案】第一步，确认转让收入为 2300 万元。

第二步，确定扣除项目及金额，能提供旧房及建筑物评估价格的情况下，扣除项目包含以下几项：

（1）取得土地使用权支付的地价款及有关费用为 300 万元。

（2）房地产评估价格 = 1500 × 70% = 1050（万元）

（3）与转让房地产有关的税金 = 2300 × 5% ×（7% + 3%）+ 2300 × 0.5‰ = 12.65（万元）

扣除的项目金额合计 = 300 + 1050 + 12.65 = 1362.65（万元）

第三步，计算土地增值额。

增值额 = 2300 − 1362.65 = 937.35（万元）

第四步，计算增值率。

增值率 = 937.35 ÷ 1362.65 × 100% = 68.79%

第五步，确定适用税率和速算扣除系数，增值率超过 50% 未超过 100% 的，适用税率为 40%，速算扣除系数为 5%。

第六步，计算应缴纳的土地增值税税额。

应缴纳土地增值税 = 937.35 × 40% − 1362.65 × 5% = 306.81（万元）

8. 王先生为中国居民个人，于 2023 年 1 月 1 日全职受雇于中国境内 A 咨询公司，每月税前基本工资、薪金收入额为 30000 元，A 公司每月为其扣缴三险一金 3500 元。除此之外，王先生为独生子女，父母均健在，父亲 1961 年 2 月出生，母亲 1963 年 10 月出生；王先生夫妻共育有两个子女，儿子 2013 年 8 月出生，上小学五年级，女儿 2021 年 1 月出生，每天送托儿所，支付入托费用 6000 元/年，双方约定，涉及子女的专项附加扣除均由王先生按扣除标准的 100% 扣除。2023 年王先生没有其他扣除项目，相关扣除资料已全部向 A 咨询公司提交。个人所得税预扣率见表 1－1。

根据上述资料，请计算：

（1）2023 年 1 月 A 咨询公司为王先生应扣缴的个人所得税税额。

（2）2023 年 2 月 A 咨询公司为王先生应扣缴的个人所得税税额。

表 1－1　个人所得税预扣率表一（居民个人工资、薪金所得预扣预缴适用）

级数	累计预扣预缴应纳税所得额	预扣率（%）	速算扣除数
1	不超过 36000 元的部分	3	0
2	超过 36000 元至 144000 元的部分	10	2520

续表

级数	累计预扣预缴应纳税所得额	预扣率（%）	速算扣除数
3	超过 144000 元至 300000 元的部分	20	16920
4	超过 300000 元至 420000 元的部分	25	31920
5	超过 420000 元至 660000 元的部分	30	52920
6	超过 660000 元至 960000 元的部分	35	85920
7	超过 960000 元的部分	45	181920

【答案】赡养老人的计算时间为被赡养人年满 60 周岁的当月至赡养义务终止的年末。所以从 2021 年 2 月开始可以进行赡养老人的专项附加扣除，2023 年标准为每月 3000 元，独生子女每月扣除 3000 元。

自 2023 年 1 月 1 日起，子女教育专项附加扣除标准由每个子女每月 1000 元提高到 2000 元，因此王先生可以享受两个子女教育专项附加扣除，2023 年标准为每月每个子女 2000 元。

（1）王先生 2023 年 1 月累计预扣预缴应纳税所得额 = 累计工资薪金收入 − 累计减除费用 − 累计专项扣除 − 累计专项附加扣除 = 30000 − 5000 − 3500 − 3000 − 2000 × 2 = 14500（元）

王先生 2023 年 1 月应预扣预缴税额 =（累计预扣预缴应纳税所得额 × 预扣率 − 速算扣除数）− 累计已预扣预缴税额 =（14500 × 3% − 0）− 0 = 435（元）

（2）王先生 2023 年 2 月累计预扣预缴应纳税所得额 = 累计工资薪金收入 − 累计减除费用 − 累计专项扣除 − 累计专项附加扣除 = 30000 × 2 − 5000 × 2 − 3500 × 2 −（3000 × 2 + 2000 × 2 × 2）= 60000 − 10000 − 7000 − 14000 = 29000（元）

王先生 2023 年 2 月应预扣预缴个人所得税税额 =（累计预扣预缴应纳税所得额 × 预扣率 − 速算扣除数）− 累计已预扣预缴税额 = 29000 × 3% − 435 = 435（元）

9. 张某投资成立一家超市，为个人独资企业，2022 年发生以下业务：

全年超市收入总额 400 万元，营业成本 255. 8 万元，税金及附加 10 万元，期间费用 123 万元（其中包括 5 名员工的工资 30 万元以及张某的工资 6 万元），营业外支出 10 万元，利润总额 1. 2 万元。

2023 年，稽查局对该个人独资企业进行税务检查，发现以下事项：

（1）将张某家庭生活费 4 万元计入企业的期间费用。

（2）该企业和张某家庭共用价值 15 万元的轿车一辆，无法划分清楚使用范围，该车已经使用 2 年，该企业会计账簿未计提该轿车的折旧，税务机关根据当地情况核定准予在税前扣除折旧数，每年为 2 万元。

（3）计提存货跌价准备3万元在申报时已经税前扣除。

（4）实际发生招待费3万元在申报时已经税前扣除。

（5）向非金融机构借款的利息支出8万元全部计入了费用，在申报时已经税前扣除（金融机构同类、同期贷款利息应为6万元）。

（6）营业外支出中包括被环保部门处以的罚款6万元，银行加罚的利息4万元。

（7）张某个人取得存款利息收入1万元，国债利息收入1万元。

（8）张某在12月将个人一间住房用于出租，收取租金6000元（不含增值税），支付相关税费240元，修理房屋支出1000元。

（假设：该纳税人除了上述收入外没有其他收入，每月自己缴纳“三险一金”2500元，全年享受首套住房贷款利息专项附加扣除。）

要求：

（1）计算张某投资的个人独资企业应纳税所得额。

（2）计算张某投资的个人独资企业应纳个人所得税。

（3）计算张某其他项目应纳个人所得税。

【答案】（1）张某投资的个人独资企业，在计算应纳税所得额时，纳税调整事项有：

工资纳税调整额＝6（万元），家庭生活费纳税调整额＝4（万元），轿车纳税调整额＝－2（万元），存货跌价准备纳税调整额＝3（万元）。

招待费：$400 \times 5‰ = 2$（万元），$3 \times 60\% = 1.8$（万元），招待费的扣除限额为1.8万元，招待费纳税调整额＝$3 - 1.8 = 1.2$（万元）。

利息支出纳税调整额＝$8 - 6 = 2$（万元）

营业外支出纳税调整额＝6（万元）

个人独资企业应纳税所得额＝$1.2 + 6 + 4 - 2 + 3 + 1.2 + 2 + 6 - 6 - 0.25 \times 12 - 0.1 \times 12 = 11.2$（万元）

（2）张某投资的个人独资企业应纳个人所得税＝$112000 \times 20\% - 10500 = 11900$（元）

（3）存款利息和国债利息免税，个人出租住房缴纳个人所得税＝$(6000 - 240 - 800) \times (1 - 20\%) \times 10\% = 396.8$（元）。

10. 2024年5月，某钨矿开采企业（增值税一般纳税人）销售自采钨矿原矿，取得不含税销售额20000元。另收取从矿区到车站运输费用3480元；将自采钨矿原矿加工为精矿销售，取得不含税销售额30000元。钨矿原矿与精矿的换算比为1.5。钨矿资源税税率6.5%。该企业符合小型微利企业标准，该地区按最高幅度给予税额减征优惠。请计算该企业当月应纳资源税税额。

【答案】当月应纳资源税税额＝$(20000 \times 1.5 \times 6.5\% + 30000 \times 6.5\%) \times 50\% =$

1950（元）

纳税人将其开采的原矿加工为精矿销售的，按精矿销售额为计税依据计算缴纳资源税。纳税人开采并销售原矿的，将原矿销售额（不含增值税）换算为精矿销售额计算缴纳资源税。原矿销售额不包括从矿区到车站、码头或用户指定运达地点的运输费用。

2023 年 1 月 1 日至 2027 年 12 月 31 日，对增值税小规模纳税人、小型微利企业和个体工商户减半征收资源税（不含水资源税）、城市维护建设税、房产税、城镇土地使用税、印花税（不含证券交易印花税）、耕地占用税和教育费附加、地方教育附加。已依法享受资源税、城市维护建设税、房产税、城镇土地使用税、印花税、耕地占用税、教育费附加、地方教育附加等其他优惠政策的，可叠加享受本条优惠政策。

11. 2024 年 7 月，甲公司与乙公司签订一份设备采购合同，价款为 2000 万元，两个月后因采购合同作废，又改签为融资租赁合同，租金总额为 2100 万元。请计算甲公司上述行为应缴纳的印花税税额。

【解析】根据《财政部 税务总局关于印花税若干事项政策执行口径的公告》（财政部 税务总局公告 2022 年第 22 号）规定，未履行的应税合同、产权转移书据，已缴纳的印花税不予退还及抵缴税款。

甲公司与乙公司签订的设备采购合同，应按照“购销合同”缴纳印花税，即：$2000 \times 0.3‰ \times 10000 = 6000$（元）。改签的融资租赁合同，应按照“借款合同”缴纳印花税，即：$2100 \times 0.05‰ \times 10000 = 1050$（元）。

【答案】应缴纳的印花税税额 $= 2000 \times 0.3‰ \times 10000 + 2100 \times 0.05‰ \times 10000 = 7050$（元）

12. 某市甲公司 2023 年发生以下应税行为：

（1）5 月与乙公司签订房屋租赁合同注明原值 1000 万元的房产出租给乙公司开办酒店，合同约定 5 月 31 日交付使用，租期 1 年，年租金 120 万元；

（2）6 月底自建的办公楼交付使用，其入账价值 1500 万元（不包括中央空调 80 万元）。

假定以上价格均不含增值税，当地政府规定按房产原值一次扣除 20% 后的余值计算房产税。

根据上述资料，请计算：

（1）甲公司 2023 年出租的房产应缴纳的房产税。

（2）甲公司 2023 年自建的办公楼应缴纳的房产税。

【答案】（1）甲公司 2023 年出租的房产应缴纳的房产税 $= 1000 \times (1 - 20\%) \times$

1.2% ÷12 ×5 +120 ×12% ÷12 ×7 =12.4（万元）

（2）甲公司2022年自建的办公楼应缴纳的房产税=（1500+80）×（1-20%）×1.2% ÷12 ×6 =7.584（万元）

13. 某企业2024年8月向大气直接排放二氧化硫、氟化物各10千克，一氧化碳、氯化氢各100千克，假设大气污染物每污染当量税额按《环境保护税税目税额表》最低标准1.2元计算，这家企业只有一个排放口，请计算该企业8月大气污染物应缴纳的环境保护税（答案小数点后保留2位）。

【答案】第一步，计算各污染物的污染当量数。

二氧化硫：10 ÷0.95 =10.53

氟化物：10 ÷0.87 =11.49

一氧化碳：100 ÷16.7 =5.99

氯化氢：100 ÷10.75 =9.3

第二步，按污染物的污染当量数排序（每一排放口或者没有排放口的应税大气污染物，对前三项污染物征收环境保护税）。

氟化物（11.49）>二氧化硫（10.53）>氯化氢（9.3）>一氧化碳（5.99）

选取前三项污染物。

第三步，计算应纳税额。

氟化物：11.49 ×1.2 =13.79（元）

二氧化硫：10.53 ×1.2 =12.64（元）

氯化氢：9.3 ×1.2 =11.16（元）

该企业8月大气污染物应缴纳环境保护税=13.79 +12.64 +11.16 =37.59（元）

14. 某培训机构为增值税一般纳税人，主要从事公务员考试培训，未选择简易计税。2023年12月，发生下列业务：

（1）收取学员报名费310000元；

（2）支付2023年第三季度房屋租赁费，取得增值税专用发票，发票注明增值税4500元；

（3）支付水电费、物业管理费，取得增值税专用发票，注明税额1200元；

（4）本月聘请某大学教授讲课两次，支付培训费2万元，并为其报销差旅费4000元，其中飞机票3500元；

（5）购进线上培训软件，取得增值税专用发票，发票注明金额30000元，税款1800元。

该培训机构2023年9月已经办理加计抵减声明。

请回答以下问题：

（1）该培训机构提供公务员考试培训，属于提供（　　）。（单选）

A. 现代服务　　B. 商务辅助服务

C. 居民日常服务　　D. 生活服务

【解析】培训属于非学历教育，属于《销售服务、无形资产、不动产注释》中的生活服务中的“教育服务”。

【答案】D

（2）该培训机构外聘教授，报销费用中飞机票增值税处理正确的是（　　）。（单选）

A. 进项税额可抵扣　　B. 进项税额不得抵扣

C. 可加计抵减　　D. 不得加计抵减

【解析】聘请的某大学教授与该培训公司不存在雇佣关系，其报销的差旅费中飞机票不得抵扣进项税额。

【答案】B

（3）该培训机构 2023 年 12 月可抵扣的进项税额是（　　）元。（单选）

A. 3000　　B. 5700

C. 7500　　D. 7788. 99

【解析】该培训机构当期允许抵扣的进项税额 = 4500 + 1200 + 1800 = 7500（元）

【答案】C

（4）下列关于生活服务业增值税加计抵减的表述，正确的有（　　）。（多选）

A. 一般纳税人只要提供生活服务即可享受加计抵减

B. 纳税人提供生活服务取得的销售额占全部销售额的比重超过 50% 的，可享受加计抵减

C. 2023 年 1 月 1 日至 2023 年 12 月 31 日，生活性服务业纳税人享受加计抵减的比例为 10%

D. 纳税人确定适用加计抵减 10% 政策后，36 个月内不再调整

【解析】2023 年 1 月 1 日至 2023 年 12 月 31 日，允许生活性服务业纳税人按照当期可抵扣进项税额加计 10% 抵减应纳税额。生活性服务业纳税人，是指提供生活服务取得的销售额占全部销售额的比重超过 50% 的纳税人。纳税人确定适用加计抵减 10% 政策后，当年内不再调整。

【答案】BC

（5）该培训机构 2023 年 12 月应纳增值税（　　）元。（单选）

A. 9297. 17　　B. 8922. 17

C. 11277. 17　　D. 10047. 17

【解析】销项税额 =（300000 + 10000）÷（1 + 6%）× 6% = 17547.17（元）

2023年1月1日至2023年12月31日，允许生活性服务业纳税人按照当期可抵扣进项税额加计10%抵减应纳税额。该培训机构当期允许抵扣的进项税额 = 4500 + 1200 + 1800 = 7500（元），可抵减税额 = 7500 × 10% = 750（元），应纳税额 = 17547.17 − 7500 − 750 = 9297.17（元）。

【答案】A

15. 甲企业是增值税一般纳税人，委托乙综合服务企业出口自己生产的货物。自产货物的增值税税率为13%，出口退税率为13%。2024年4月甲企业发生以下经济业务：

（1）国内销售自产货物，取得含税销售额200万元。出口自产货物，和国外客户签订的合同约定货物离岸价为300万元人民币，并按此价格开具符合规定的增值税专用发票给乙综合服务企业。

（2）取得的合法抵扣凭证注明的税额合计为45万元，全部在本月勾选抵扣。

（3）销售一辆2019年5月购买的小轿车，取得含税销售额15万元。该小轿车一直由管理部门使用。

根据上述资料，回答下列问题：

（1）甲企业本月销售自产货物增值税销项税额为（　　）元。（单选）

A. 230088.50　　B. 592477.88

C. 620088.50　　D. 575221.24

【解析】销项税额 = 2000000 ÷（1 + 13%）× 13% + 3000000 × 13% = 620088.50（元）

【答案】C

（2）下列关于甲企业销售小轿车业务的增值税处理，正确的是（　　）。（单选）

A. 销项税额为17256.64元

B. 应纳增值税税额为4368.93元

C. 应纳增值税税额为2912.62元

D. 应纳增值税税额为1485.15元

【解析】2019年5月购买的小轿车一直由管理部门使用，可以抵扣进项税额。本月销售应采用一般计税方法。销项税额 = 150000 ÷（1 + 13%）× 13% = 17256.64（元）。

【答案】A

（3）甲企业本月应纳增值税税额为（　　）元。（单选）

A. 128133.86　　B. 142477.88

C. 187345.14　　D. −202654.86

【解析】应纳税额 = 620088.50 + 17256.64 − 450000 = 187345.14（元）

【答案】C

（4）下列有关乙综合服务企业代理出口货物的表述，正确的是（　　）。（单选）

A. 甲企业适用退（免）税政策

B. 乙综合服务企业适用退（免）税政策

C. 由乙综合服务企业向本企业所在地主管税务机关申请退税

D. 由乙综合服务企业向甲企业所在地主管税务机关申请退税

【解析】综合服务企业代理出口的，由综合服务企业向本企业所在地主管税务机关申请退税。

【答案】C

（5）本月甲企业的出口业务可以收到的退税款为（　　）元。（单选）

A. 0　　B. 390000

C. 128133. 86　　D. 345132. 74

【解析】应退税额＝3000000×13%＝390000（元）

【答案】B

16. 某生产企业为增值税一般纳税人，其生产的货物适用13%的增值税税率，2024年3月该企业的有关生产经营业务如下：

（1）销售甲产品给某大商场，开具了增值税专用发票，取得不含税销售额800000元；同时收取销售甲产品的代垫运输费58500元。

（2）采用分期收款销售乙产品1200000元，当月全部发货；按合同约定，本期收取含税销售额290000元，并按实际收款开具了增值税发票。

（3）将自产的一批应税新产品用于本企业集体福利项目，成本价为200000元。该新产品无同类产品市场销售价格，国家税务总局确定该产品的成本利润率为10%。

（4）购进货物取得增值税专用发票，上面注明的货款金额600000元、税额78000元；另外支付购货的运输费用60000元，取得运输公司开具的增值税专用发票，注明税额54000元。

（5）当月租入商用楼房一层，取得对方开具的增值税专用发票上注明的税额为58000元。该楼房的1/3用于工会的集体福利项目，其余为企业管理部门使用。该企业取得的抵扣凭证，当月进行勾选确认，申报抵扣进项。

根据上述材料，回答下列问题：

（1）销售甲产品的销项税额是（　　）。（单选）

A. 128000　　B. 136068. 97

C. 104000　　D. 110730. 09

【解析】代垫运输费用不属于价外费用。

甲产品销项税额 = 800000 × 13% = 104000（元）

【答案】C

（2）销售乙产品的销项税额是（　　）元。（单选）

A. 33362.83　　B. 156000

C. 138053.10　　D. 192000

【解析】采用分期收款方式销售货物，按合同约定时间和金额计算销项税额。

乙产品销项税额 = 290000 ÷（1 + 13%）× 13% = 33362.83（元）

【答案】A

（3）自产自用新产品的销项税额是（　　）元。（单选）

A. 0　　B. 28600

C. 293800　　D. 23008.85

【解析】自产产品用于职工福利应视同销售，无同类产品售价按组成计税价格计税。

自产自用新产品销项税额 = 200000 ×（1 + 10%）× 13% = 28600（元）

【答案】B

（4）当月允许抵扣进项税额的合计数是（　　）元。（单选）

A. 78000　　B. 136000

C. 141400　　D. 58000

【解析】既用于应税项目又用于职工福利的固定资产，进项税额允许抵扣。

进项税额 = 78000 + 5400 + 58000 = 141400（元）

【答案】C

（5）该企业 3 月合计应缴纳的增值税税额是（　　）元。（单选）

A. 5205.91　　B. 255194.09

C. 2594.09　　D. 24562.83

【解析】应缴纳的增值税税额 = 104000 + 33362.83 + 28600 − 141400 = 24562.83（元）

【答案】D

17. 纳税人甲按季申报缴纳印花税，2023 年第三季度书立以下凭证：

（1）书立买卖合同 5 份，合同所列价款（不包括列明的增值税税款）共计 100 万元；

（2）书立建筑工程合同 1 份，合同所列价款（不包括列明的增值税税款）共计 1000 万元；

（3）书立产权转移书据 1 份，合同所列价款（不包括列明的增值税税款）共计 500 万元。

该纳税人应在书立应税合同、产权转移书据时，填写《印花税税源明细表》，在2023年10月纳税申报期，进行财产行为税综合申报。

纳税人乙按季申报缴纳印花税，2023年第三季度书立财产保险合同100万份，合同所列保险费（不包括列明的增值税税款）共计10亿元。该纳税人应在书立应税合同时，填写《印花税税源明细表》。

请计算，在2023年10月纳税申报期进行财产行为税综合申报时，纳税人甲和纳税人乙分别应纳多少印花税。纳税人甲和纳税人乙应怎样填写《印花税税源明细表》?

【答案】买卖合同的税率为0.3‰，建筑工程合同的税率为0.3‰，产权转移书据的税率为0.5‰，财产保险合同的税率为1‰。

（1）纳税人甲2023年10月纳税申报期应缴纳印花税 =（100 × 0.3‰ + 1000 × 0.3‰ + 500 × 0.5‰）× 10000 = 5800（元）

《印花税税源明细表》的填写见表1－2。

（2）纳税人乙2023年10月纳税申报期应缴纳印花税 = 100000 × 1‰ × 10000 = 1000000（元）

《印花税税源明细表》的填写见表1－3。

表 1－2 **印花税税源明细表**

纳税人识别号（统一社会信用代码）：□□□□□□□□□□□□□□□□□□□□

纳税人（缴费人）名称：纳税人甲 金额单位：人民币元（列至角分）

序号	应税凭证税务编号	应税凭证编号	*应税凭证名称	*申报期限类型	应税凭证数量	*税目	子目	*税款所属期起	*税款所属期止	*应税凭证书立日期	*计税金额	实际结算日期	实际结算金额	*税率	减免性质代码和项目名称	对方书立人信息		
																对方书立人名称	对方书立人纳税人识别号（统一社会信用代码）	对方书立人涉及金额
1	纳税人甲 1		办公桌买卖合同	按期申报	1	买卖合同		2023 年 7 月 1 日	2023 年 9 月 30 日	2023 年 7 月 2 日				0.3‰				
2	纳税人甲 2		打印机买卖合同	按期申报	1	买卖合同		2023 年 7 月 1 日	2023 年 9 月 30 日	2023 年 7 月 2 日				0.3‰				
3	纳税人甲 3		乘用车买卖合同	按期申报	1	买卖合同		2023 年 7 月 1 日	2023 年 9 月 30 日	2023 年 8 月 15 日				0.3‰				
4	纳税人甲 4		电脑买卖合同	按期申报	1	买卖合同		2023 年 7 月 1 日	2023 年 9 月 30 日	2023 年 8 月 20 日				0.3‰				
5	纳税人甲 5		PVC 塑料颗粒买卖合同	按期申报	1	买卖合同		2023 年 7 月 1 日	2023 年 9 月 30 日	2023 年 9 月 1 日				0.3‰				
6	纳税人甲 6		××道路施工合同	按期申报	1	建设工程合同	施工合同	2023 年 7 月 1 日	2023 年 9 月 30 日	2023 年 9 月 10 日				0.3‰				
7	纳税人甲 7		股权转让协议	按次申报	1	产权转移书据	股权转让书据（不包括应缴纳证券交易印花税的）	2023 年 9 月 30 日	2023 年 9 月 30 日	2023 年 9 月 30 日				0.5‰				

表 1－3 **印花税税源明细表**

纳税人识别号（统一社会信用代码）：□□□□□□□□□□□□□□□□□□□□

纳税人（缴费人）名称：纳税人乙 金额单位：人民币元（列至角分）

序号	应税凭证税务编号	应税凭证编号	*应税凭证名称	*申报期限类型	应税凭证数量	*税目	子目	*税款所属期起	*税款所属期止	*应税凭证书立日期	*计税金额	实际结算日期	实际结算金额	*税率	减免性质代码和项目名称	对方书立人信息		
																对方书立人名称	对方书立人纳税人识别号（统一社会信用代码）	对方书立人涉及金额
1	纳税人乙 1		财产保险合同	按期申报	1000000	财产保险合同		2023 年 7 月 1 日	2023 年 9 月 30 日	2023 年 9 月 30 日	1000000000			1‰				
2																		
3																		

扫一扫，查看印花税税源明细表填表说明

错题、要点整理页

第二章　深化税收征管改革

深化税收征管改革相关习题请参见本丛书《通用知识习题集》第三章“税费及相关法律基础知识”。

错题、要点整理页

第三章　税收征管操作规范基础事项与法律事项

>>本章知识框架

节	细目	知识点	学习进度
税（费）管理基础事项	纳税人类型	【知识点1】主管税务机关及科所分配	
		【知识点2】登记、注销	
		【知识点3】税（费）种认定	
		【知识点4】出口退（免）税企业分类管理	
		【知识点5】增值税、消费税汇总纳税报告	
		【知识点6】税务认定资格取消	
		【知识点7】涉税信息查询管理	
		【知识点8】临时身份建立	
		【知识点9】社会保险参保缴费信息关联管理	
		【知识点10】扣缴义务人指定	
		【知识点11】委托代征管理	
		【知识点12】企业集团及其成员单位信息采集	
		【知识点13】税收调查企业认定	
		【知识点14】重点税源纳税人认定	
		【知识点15】退（免）税需实行特定管理企业确认	
		【知识点16】境外注册中资控股居民企业认定	
		【知识点17】自然人并档管理	
		【知识点18】股权转让电子台账信息采集	

续表

节	细目	知识点	学习进度
税（费）管理基础事项	税务行政许可	【知识点1】税务行政许可清单	
		【知识点2】税务行政许可清单动态调整	
		【知识点3】税务行政许可制定和实施规范	
	优惠核实确认	【知识点1】税收减免核准	
		【知识点2】税收优惠目录维护	
		【知识点3】税收优惠日常核实	
		【知识点4】企业所得税优惠事项后续核查	
	税收核定	【知识点1】定期定额户核定及调整	
		【知识点2】居民企业所得税核定	
		【知识点3】个人所得税核定	
		【知识点4】印花税核定	
		【知识点5】非居民企业所得税核定	
		【知识点6】土地增值税清算核定	
		【知识点7】环境保护税（调整）核定	
		【知识点8】增值税进项税额扣除标准核定	
		【知识点9】计税价格核定管理	
		【知识点10】核定应纳税额	
		【知识点11】应认定未认定增值税一般纳税人销售额调整	
		【知识点12】非居民企业所得税汇算清缴审核	
	退（抵）税（费）	【知识点1】一般退（抵）税管理	
		【知识点2】税收收入退还书开具	
		【知识点3】出口货物劳务及服务免退税管理	
		【知识点4】出口货物劳务及服务免抵退税管理	
		【知识点5】出口货物劳务及服务其他涉税事项	
		【知识点6】社会保险费退费申请管理	
	逾期及欠税	【知识点1】催报催缴管理	
		【知识点2】欠税管理	
		【知识点3】逾期增值税抵扣凭证抵扣管理	

续表

节	细目	知识点	学习进度
税（费）管理基础事项	逾期及欠税	【知识点4】未按期申报抵扣增值税扣税凭证抵扣管理	
		【知识点5】不予加收滞纳金确认	
	税务代保管资金	【知识点1】税务代保管资金收取	
		【知识点2】税务代保管资金支付	
		【知识点3】税务代保管资金收入报告	
	预约定价安排	【知识点1】预约定价安排谈签与执行	
		【知识点2】单边预约定价安排简易程序	
	调查协查	【知识点1】调查核实	
		【知识点2】收函管理	
		【知识点3】复函管理	
		【知识点4】涉税事项内部移送	
	通知及送达	【知识点1】税务事项通知	
		【知识点2】文书送达	
	外部信息采集交互	【知识点1】信息收集	
		【知识点2】简易注销信息反馈	
		【知识点3】注销车辆购置税档案信息	
		【知识点4】环保复核处理	
		【知识点5】情报交换	
	凭证及证件	【知识点1】票证管理	
		【知识点2】发票印制调拨	
		【知识点3】税务检查证管理	
		【知识点4】机动车发票	
		【知识点5】数电票	
	征缴管理	【知识点1】缴（退）库凭证销号	
		【知识点2】对账管理	
		【知识点3】票款损失管理	
		【知识点4】税务代保管资金利息缴库	
		【知识点5】海关代征税款录入	

续表

节	细目	知识点	学习进度
税收征管信息化	智慧税务	见本丛书《通用知识》分册第四章“智慧税务”	
	统一身份管理平台和税务网络可信身份体系	【知识点】统一身份管理平台和可信身份体系介绍	
	自然人税收管理系统（ITS）	【知识点1】自然人税收管理系统（ITS）概述	
		【知识点2】自然人税收管理系统（ITS）功能组件	
		【知识点3】自然人税收管理系统（ITS）常规功能的使用	
		【知识点4】自然人税收管理系统（ITS）扣缴功能的使用	
		【知识点5】自然人税收管理系统（ITS）实施情况	
	电子税务局建设	【知识点1】电子税务局建设概况	
		【知识点2】电子税务局的优点	
		【知识点3】电子税务局的使用	
法律追责与救济事项	违法处置	【知识点1】违法处置的内容	
		【知识点2】税收（规费）违法行为处理	
		【知识点3】责令限期改正	
		【知识点4】简易程序处罚	
		【知识点5】普通程序处罚	
		【知识点6】普通程序处罚决定	
		【知识点7】税务行政处罚听证	
		【知识点8】税务行政处罚“首违不罚”事项清单	
		【知识点9】税务行政处罚案件集体审议	
		【知识点10】查补税款和罚款变更或补充处理	
		【知识点11】延（分）期缴纳罚款申请审批	
		【知识点12】提请吊销营业执照	
		【知识点13】停供（收缴）、解除停供（收缴）发票	

续表

节	细目	知识点	学习进度
法律追责与救济事项	违法处置	【知识点 14】税收违法行为检举管理	
		【知识点 15】税务处理决定处理	
		【知识点 16】重大税收违法失信主体信息公布	
	税款追征	【知识点 1】税款追征	
		【知识点 2】责令限期缴纳税（费）款	
		【知识点 3】纳税担保	
		【知识点 4】税收保全	
		【知识点 5】强制执行	
		【知识点 6】行使代位权、撤销权	
		【知识点 7】阻止出境	
		【知识点 8】审计（财政）监督检查决定意见处理	
	行政救济	【知识点 1】行政救济的方式	
		【知识点 2】税务行政复议	
		【知识点 3】税务行政诉讼	
		【知识点 4】税务行政赔偿	
		【知识点 5】申请税务人员回避处理	
		【知识点 6】重新作出行政行为处理	
	相互协商程序	【知识点 1】中国居民（国民）申请启动的相互协商程序	
		【知识点 2】特别纳税调整相互协商程序申请	

>> 习题演练

一、单项选择题

1. 因经营地址发生变化需变更主管税务机关的，应由（　　）进行分配主管税务机关及科所分配。

A. 主管税务机关（科、所、分局）下一级税务机关

B. 主管税务机关（科、所、分局）

C. 主管税务机关（科、所、分局）上一级税务机关

D. 主管税务机关（科、所、分局）上上一级税务机关

【解析】参见《税收征管操作规范》主管税务机关及科所分配相关规定。

【答案】C

2. 一般纳税人申请增值税专用发票最高开票限额不超过（　　）万元的，主管税务机关不需事前进行实地查验。

A. 1　　B. 10

C. 100　　D. 1000

【解析】参见《税收征管操作规范》增值税专用发票（增值税税控系统）最高开票限额审批相关规定。

【答案】B

3. 非境内注册居民企业发生重大变化情形的，应当自变化之日起（　　）日内报告主管税务机关，主管税务机关应当按照规定层报税务总局确定是否取消其居民身份。

A. 10　　B. 15

C. 30　　D. 60

【解析】参见《税收征管操作规范》税务认定资格取消相关规定。

【答案】B

4. 未达到起征点的定期定额户连续（　　）个月达到起征点，应当向税务机关申报，提请重新核定定额。税务机关应当按照《个体工商户税收定期定额征收管理办法》有关规定重新核定定额，并下达《核定定额通知书》。

A. 2　　B. 3

C. 4　　D. 5

【解析】参见《税收征管操作规范》定期定额户申请核定及调整定额相关规定。

【答案】B

5. 核定征收企业所得税的居民企业，生产经营范围、主营业务发生重大变化，或者应纳税所得额或应纳税额增减变化达到（　　）的，应及时向税务机关申报调整已确定的应纳税额或应税所得率，税务机关在管理中发现纳税人应当调整而未申报调整的可以依照职权进行调整。

A. 10%　　B. 20%

C. 30%　　D. 40%

【解析】参见《税收征管操作规范》居民企业所得税核定相关规定。

【答案】B

6. 税务机关应在每年（　　）月底前对上年度实行核定征收企业所得税的纳税人进行重新鉴定，重新核定应纳企业所得税额或应税所得率。

A. 3　　B. 4

C. 5　　　　　　　　　　D. 6

【解析】参见《税收征管操作规范》居民企业所得税核定相关规定。

【答案】D

7. 税务人员将各环节制作好的需送达的各类税务文书，采用法定的送达方式送达文书受送达人。如果同一送达事项的受送达人众多，或者采用其他送达方式无法送达，税务机关可以公告送达税务文书，自公告之日起满（　　）日，即视为送达。

A. 15　　　　　　　　　　B. 20

C. 30　　　　　　　　　　D. 60

【解析】参见《税收征管操作规范》文书送达相关规定。

【答案】C

8. 税务机关应当及时对已经开具、作废的税收票证、账簿以及其他税收票证资料进行归档保存。纸质税收票证、账簿以及其他税收票证资料，应当整理装订成册，保存期限（　　）年；数据电文税收票证、账簿以及其他税收票证资料，应当通过光盘等介质进行存储，确保数据电文税收票证信息的安全、完整。

A. 5　　　　　　　　　　B. 10

C. 15　　　　　　　　　　D. 20

【解析】参见《税收征管操作规范》票证归档相关规定。

【答案】A

9. 税务机关根据《税收征收管理法实施细则》中有利于税收控管和方便纳税的要求，委托有关单位和人员签订《委托代征协议书》代征零星、分散和异地缴纳的税收；《委托代征协议书》有效期最长不得超过（　　）年，有效期满需要继续委托代征的，应当重新签订《委托代征协议书》。

A. 1　　　　　　　　　　B. 2

C. 3　　　　　　　　　　D. 5

【解析】参见《税收征管操作规范》委托代征管理相关规定。

【答案】C

10. 将企业集团及其成员单位认定纳入日常管理范围，由企业集团及其成员单位所属地税务部门按照税务登记的有关规定对企业集团及其成员单位进行标识认定。下列不属于企业集团及其成员单位认定标识的是（　　）。

A. 集团母公司（核心企业）

B. 集团母公司（集团总部）仅有相应集团的管理职能，却没有实际经营业务的集团总部机构

C. 集团母公司（主要企业）

D. 集团成员公司

【解析】参见《税收征管操作规范》企业集团及其成员单位信息采集相关规定。

【答案】C

11. 被许可人需要延续依法取得的行政许可的有效期的，应当在该行政许可有效期届满（　　）个工作日前向作出行政许可决定的行政机关提出申请。

A. 10　　B. 30

C. 60　　D. 90

【解析】参见《税收征管操作规范》延续税务行政许可相关规定。

【答案】B

12. 非居民企业因企业会计账簿不健全，资料残缺难以查账，或者其他原因不能准确计算并据实申报其应纳税所得额的，税务机关有权采用一定方法核定其应纳税所得额。主管税务机关应及时向非居民企业送达《非居民企业所得税征收方式鉴定表》，非居民企业应在收到《非居民企业所得税征收方式鉴定表》后10个工作日内，完成《非居民企业所得税征收方式鉴定表》的填写并送达主管税务机关，主管税务机关在受理《非居民企业所得税征收方式鉴定表》后（　　）个工作日内，完成该项征收方式的确认工作。

A. 10　　B. 15

C. 20　　D. 30

【解析】参见《税收征管操作规范》非居民企业所得税核定相关规定。

【答案】C

13. 自2015年6月1日起，纳税人将委托加工收回的白酒销售给销售单位，消费税计税价格低于销售单位对外销售价格（不含增值税）（　　）以下，属于《中华人民共和国消费税暂行条例》第十条规定的情形，应该按照《国家税务总局关于加强白酒消费税征收管理的通知》（国税函〔2009〕380号）规定的核价办法，核定消费税最低计税价格。

A. 50%　　B. 60%

C. 70%　　D. 80%

【解析】参见《税收征管操作规范》白酒消费税最低计税价格核定管理相关规定。

【答案】C

14. 纳税人购置应税车辆，应当向（　　）的主管税务机关申报缴纳车辆购置税。

A. 车辆登记地

B. 纳税人所在地

C. 车辆登记地或者纳税人所在地

D. 销售车辆所在地

【解析】根据《车辆购置税法》规定，纳税人购置应税车辆，应当向车辆登记地的主管税务机关申报缴纳车辆购置税；购置不需要办理车辆登记的应税车辆的，应当向纳税人所在地的主管税务机关申报缴纳车辆购置税。

【答案】A

15. 在年度终了之日起（　　）个月内，主管税务机关应结合季度所得税申报表及日常征管情况，对企业报送的非居民企业年度所得税纳税申报表及其附表和其他有关资料进行审核，对应补缴所得税、应办理退税的企业发送《非居民企业所得税汇算清缴涉税事宜通知书》，通知纳税人办理税款多退少补事宜。

A. 3　　B. 4

C. 5　　D. 6

【解析】参见《税收征管操作规范》非居民企业所得税汇算清缴审核相关规定。

【答案】C

16. 生产企业应于每年（　　）前向主管税务机关申请办理上年度海关已核销的进料加工手（账）册项下的进料加工业务核销手续。未申请核销的，对该企业的出口退（免）税业务，主管税务机关暂不办理，待其申请核销后，方可办理。

A. 3 月 20 日　　B. 4 月 20 日

C. 4 月 30 日　　D. 5 月 31 日

【解析】参见《税收征管操作规范》生产企业进料加工业务免抵退税核销相关规定。

【答案】B

17. 因税务机关的责任，致使纳税人、扣缴义务人未缴或者少缴税款的，税务机关在（　　）年内可以要求纳税人、扣缴义务人补缴税款，但是不得加收滞纳金。

A. 1　　B. 3

C. 5　　D. 10

【解析】参见《税收征管操作规范》不予加收滞纳金确认相关规定。

【答案】B

18. 预约定价安排执行期满后自动失效，企业申请续签的，应当在预约定价安排执行期满之日前（　　）日内向税务机关提出续签申请，报送《预约定价安排续签申请书》。

A. 30　　B. 60

C. 90　　D. 120

【解析】参见《税收征管操作规范》预约定价安排谈签与执行相关规定。

【答案】C

19. 复函地税务机关因规定的特定原因不能按时复函的，应当自收到调查函之日起（　　）个工作日内，向发函地税务机关回复《延期复函说明》，说明不能按期复函的原因。

A. 10　　B. 15

C. 20　　D. 30

【解析】参见《税收征管操作规范》复函管理相关规定。

【答案】C

20. 税务机关应当将纳税人的纳税申报数据资料与生态环境主管部门交送的相关数据资料进行比对。税务机关发现纳税人的纳税申报数据资料异常或者纳税人未按照规定期限办理纳税申报的，可以提请生态环境主管部门进行复核，生态环境主管部门应当自收到税务机关的数据资料之日起（　）日内向税务机关出具复核意见。

A. 10　　B. 15

C. 20　　D. 30

【解析】参见《税收征管操作规范》环保复核处理相关规定。

【答案】B

21. 自 2022 年 3 月 1 日起，个体工商户按照简易程序办理注销登记的，无需公示，由登记机关将个体工商户的注销登记申请推送至税务等有关部门，有关部门在（　）日内没有提出异议的，可以直接办理注销登记。

A. 5　　B. 10

C. 15　　D. 20

【解析】根据《中华人民共和国市场主体登记管理条例》规定，自 2022 年 3 月 1 日起，个体工商户按照简易程序办理注销登记的，无需公示，由登记机关将个体工商户的注销登记申请推送至税务等有关部门，有关部门在 10 日内没有提出异议的，可以直接办理注销登记。

【答案】B

22. 自 2021 年 9 月 1 日起，企业在主管税务机关向其送达受理申请的《税务事项通知书》之日所属纳税年度前 3 个年度，每年度发生的关联交易金额在（　）万元人民币以上，并符合条件的，可以申请适用简易程序。

A. 2000　　B. 3000

C. 4000　　D. 5000

【解析】根据《国家税务总局关于单边预约定价安排适用简易程序有关事项的公告》（国家税务总局公告 2021 年第 24 号）规定，企业在主管税务机关向其送达受理申请的《税务事项通知书》之日所属纳税年度前 3 个年度，每年度发生的关联交易金额 4000 万元人民币以上，并符合下列条件之一的，可以申请适用简易程序：①已向主管税务机关提供拟提交申请所属年度前 3 个纳税年度的、符合《国家税务总局关于完善关联申报和同期资料管理有关事项的公告》（国家税务总局公告 2016 年第 42 号）规定的同期资料；②自企业提交申请之日所属纳税年度前10个年度内，曾执行预约定价安排，且执行结果符合安排要求的；③自企业提交申请之日所属纳税年度前10个年度内，曾受到税务机关特别纳税调查调整且结案的。

【答案】C

23. 对中小微企业实施阶段性缓缴职工医保单位缴费政策。统筹基金累计结存可支付月数大于（　　）个月的统筹地区，自2022年7月起，对中小微企业、以单位方式参保的个体工商户缓缴3个月职工医保单位缴费，缓缴期间免收滞纳金。

A. 3　　B. 5

C. 6　　D. 12

【解析】根据《国家医保局 国家发展改革委 财政部 国家税务总局关于阶段性缓缴职工基本医疗保险单位缴费的通知》（医保发〔2022〕21号）规定，统筹基金累计结存可支付月数大于6个月的统筹地区，自2022年7月起，对中小微企业、以单位方式参保的个体工商户缓缴3个月职工医保单位缴费，缓缴期间免收滞纳金。社会团体、基金会、社会服务机构、律师事务所、会计师事务所等社会组织参照执行。

【答案】C

24. 以下不属于重大税收违法失信主体的是（　　）。

A. 骗取国家出口退税款的

B. 以暴力、威胁方法拒不缴纳税款的

C. 虚开增值税专用发票或者虚开用于骗取出口退税、抵扣税款的其他发票的

D. 虚开增值税普通发票80份以上或者金额200万元以上的

【解析】参见《重大税收违法失信主体信息公布管理办法》第六条。

【答案】D

25. 下列各项税收法律法规中，属于部门规章的是（　　）。

A.《中华人民共和国城市维护建设税法》

B.《上海市开展对部分个人住房征收房产税试点的暂行办法》

C.《中华人民共和国税收征收管理法实施细则》

D.《中华人民共和国增值税暂行条例实施细则》

【解析】选项A由全国人大常委会制定和修改，属于普通法。选项B由上海市人民政府制定，属于地方政府规章。选项C由国务院发布并实施，属于行政法规。选项D由财政部、国家税务总局制定并实施，属于部门规章。

【答案】D

26. 全面数字化的电子发票通过“一户式”“一人式”发票数据归集，加强各税费数据联动，为实现（　　）式税费申报预填服务奠定数据基础。

A. 一户集成　　B. 一人集成

C. 一表集成　　　　　　　　　D. 一员集成

【解析】略。

【答案】C

27. 下列关于纳税申报管理的表述中，正确的是（　　）。

A. 实行查账征收的纳税人，可以实行简易申报、简并征期等申报纳税方式

B. 纳税人在纳税期内没有应纳税款的，不必办理纳税申报

C. 纳税人因有特殊情况，不能按期进行纳税申报的，经县级以上税务机关核准，可以延期申报

D. 主管税务机关根据纳税人实际情况及其所纳税税种确定的纳税申报期限不具有法律效力

【解析】选项 A，实行定期定额缴纳税款的纳税人，可以实行简易申报、简并征期等申报纳税方式。选项 B，纳税人在纳税期内没有应纳税款的，也应当按照规定办理纳税申报。选项 D，主管税务机关根据纳税人实际情况及其所纳税税种确定的纳税申报期限具有法律效力。

【答案】C

28. 因税务机关的责任，致使纳税人、扣缴义务人未缴或者少缴税款的、税务机关在（　　）内可以要求纳税人、扣缴义务人补缴税款，（　　）加收滞纳金。

A. 3 年，可以　　　　　　　　B. 3 年，不得

C. 5 年，不得　　　　　　　　D. 10 年，可以

【解析】根据《税收征收管理法》第五十二条规定，因税务机关的责任，致使纳税人、扣缴义务人未缴或者少缴税款的，税务机关在 3 年内可以要求纳税人、扣缴义务人补缴税款，但是不得加收滞纳金。因纳税人、扣缴义务人计算错误等失误，未缴或者少缴税款的，税务机关在 3 年内可以追征税款、滞纳金；有特殊情况的，追征期可以延长到 5 年。对偷税、抗税、骗税的，税务机关追征其未缴或者少缴的税款、滞纳金或者所骗取的税款，不受上述规定期限的限制。

【答案】B

29. 如果未达起征点的定期定额户连续一段期间达到起征点，应当向税务机关申报，提请重新核定定额。这里的“一段期间”是（　　）个月。

A. 1　　　　　　　　B. 2

C. 3　　　　　　　　D. 6

【解析】根据《国家税务总局关于个体工商户定期定额征收管理有关问题的通知》（国税发〔2006〕183 号）规定，未达到起征点的定期定额户如果连续 3 个月达到起征点，应当向税务机关申报，并提请重新核定定额。

【答案】C

30. 一般情况下，纳税人与其关联企业未按照独立企业之间的业务往来支付价款、费用的，税务机关有权对其金额进行调整。调整应当自该业务往来发生的纳税年度起一定期限内进行。该期限是（　　）年。

A. 3　　B. 4

C. 5　　D. 6

【解析】当纳税人与其关联企业之间的业务往来未按独立企业之间的业务往来收取或支付价款、费用时，税务机关有权进行合理调整。税务机关自该业务往来发生的纳税年度起 3 年内进行调整；有特殊情况的，可以自该业务往来发生的纳税年度起 10 年内进行调整。

【答案】A

31. 下列关于税收滞纳金征收制度的表述中，正确的是（　　）。

A. 采取税收强制执行措施时，只对未缴纳的税款强制执行，不包括滞纳金

B. 因税务机关责任，致使纳税人未缴或者少缴税款的，税务机关可在 3 年内追征税款，同时加收滞纳金

C. 纳税人可以先行缴纳欠税，再依法缴纳滞纳金，欠税和滞纳金可不同时缴纳

D. 加收滞纳金属于行政处罚

【解析】选项 A，税收强制执行措施不仅针对未缴纳的税款，还包括因逾期未缴税款所产生的滞纳金。选项 B，因税务机关的责任，致使纳税人、扣缴义务人未缴或者少缴税款的，税务机关在 3 年内可以要求纳税人、扣缴义务人补缴税款，但是不得加收滞纳金。选项 D，加收滞纳金不包含在行政处罚的种类中，不属于行政处罚。

【答案】C

32. 甲收藏名画一幅，价值约 50 万元，因欠税款 20 万元无力支付，故将画作价 8 万元卖与表弟乙，下列说法正确的是（　　）。

A. 若乙知情，则税务局可行使代位权

B. 若乙知情，则税务局可行使撤销权

C. 无论乙是否知情，税务局均可行使代位权

D. 无论乙是否知情，税务局均可行使撤销权

【解析】欠缴税款的纳税人因怠于行使到期债权，或者放弃到期债权，或者无偿转让财产，或者以明显不合理的低价转让财产而受让人知道该情形，对国家税收造成损害的，税务机关可以行使代位权、撤销权。代位权是针对债务人不行使自己的债权所行使的，而撤销权则是针对债务人将自己的财产进行不当处分的情况下行使的权利。根据题意，税务局可行使撤销权。

【答案】B

33. 税务机关对单价（　　）元以下的其他生活用品，不采取税收保全和强制执行措施。

A. 2000　　B. 3000

C. 5000　　D. 10000

【解析】根据《税收征收管理法实施细则》第五十九条规定，税务机关对单价5000元以下的其他生活用品，不采取税收保全措施和强制执行措施。

【答案】C

34. 下列有关企业破产清算程序的税收征管的表述中，正确的是（　　）。

A. 企业所欠税款对应的滞纳金按照普通破产债权申报

B. 企业因继续履行合同需要开具发票的，须由税务机关为其代开发票

C. 企业所欠税款、滞纳金、罚款以实际解缴税款之日为截止日计算确定

D. 在人民法院裁定受理破产申请之日至企业注销之日期间，企业应暂缓缴纳相关税款

【解析】选项A，企业所欠税款对应的滞纳金属于普通破产债权。选项B，企业因继续履行合同、生产经营或处置财产需要开具发票的，管理人可以以企业名义按规定申领开具发票或者代开发票。选项C，企业所欠税款、滞纳金、罚款以人民法院裁定受理破产申请之日为截止日计算确定。选项D，在人民法院裁定受理破产申请之日至企业注销之日期间，企业应当接受税务机关的税务管理，履行税法规定的相关义务。

【答案】A

35. 根据有关规定，主管税务机关开具的缴税凭证上的应纳税额和滞纳金为（　　）元以下的，应纳税额和滞纳金为零。

A. 1　　B. 0. 5

C. 0. 1　　D. 5

【解析】根据《国家税务总局关于1元以下应纳税额和滞纳金处理问题的公告》（国家税务总局公告2012年第25号）规定，主管税务机关开具的缴税凭证上的应纳税额和滞纳金为1元以下的，应纳税额和滞纳金为零。

【答案】A

36. 下列关于税务行政复议管辖权的表述中，符合现行税法规定的是（　　）。

A. 对国家税务总局的具体行政行为不服的，向国务院申请行政复议

B. 对计划单列市税务局的具体行政行为不服的，向国家税务总局申请行政复议

C. 对税务机关作出逾期不缴纳罚款决定和加处罚款的决定均不服的，向作出行政处罚决定的税务机关申请行政复议

D. 申请人向具体行政行为发生地的县级地方人民政府提交税务行政复议申请

的，应由地方人民政府受理税务行政复议

【解析】选项A，对国家税务总局的具体行政行为不服的，向国家税务总局申请行政复议；对行政复议决定不服，申请人可以向人民法院提起行政诉讼，也可以向国务院申请裁决。选项B，对于实行垂直领导的行政机关的具体行政行为不服的，应向上一级主管部门申请行政复议，计划单列市税务局的上一级主管部门即为国家税务总局。选项C，对税务机关作出逾期不缴纳罚款决定和加处罚款的决定均不服的，应当先缴纳罚款和加处罚款，然后再向作出行政处罚决定的税务机关的上一级税务机关申请行政复议。选项D，申请人向具体行政行为发生地的县级地方人民政府提交税务行政复议申请的，接受申请的县级地方人民政府应依照相关法律规定进行转送。

【答案】B

37. 下列选项中，可以作为税务行政复议申请人的是（　　）。

A. 有权申请行政复议的公民死亡的，其近亲属

B. 有权申请行政复议的股份制企业，其董事会

C. 有权申请行政复议的合伙企业，其任一合伙人

D. 与被审查的税务具体行政行为有利害关系的第三人

【解析】根据《中华人民共和国行政复议法》规定，依照该法申请行政复议的公民、法人或者其他组织是申请人。有权申请行政复议的公民死亡的，其近亲属可以申请行政复议。有权申请行政复议的法人或者其他组织终止的，其权利义务承受人可以申请行政复议。有权申请行政复议的公民为无民事行为能力人或者限制民事行为能力人的，其法定代理人可以代为申请行政复议。

【答案】A

38. 下列各项财产中，可以设定纳税抵押的是（　　）。

A. 土地所有权

B. 依法被查封的财产

C. 依法定程序确认为违章的建筑物

D. 依法有权处分的国有房屋

【解析】根据《纳税担保试行办法》第十五条规定，下列财产可以抵押：①抵押人所有的房屋和其他地上定着物；②抵押人所有的机器、交通运输工具和其他财产；③抵押人依法有权处分的国有的房屋和其他地上定着物；④抵押人依法有权处分的国有的机器、交通运输工具和其他财产；⑤经设区的市、自治州以上税务机关确认的其他可以抵押的合法财产。

【答案】D

39. 根据规定，下列税务行政处罚，需要采取听证程序的是（　　）。

A. 对甲公民采取的1000元的税务行政处罚

B. 对乙企业采取的5000元的税务行政处罚

C. 对丙公民采取的3000元的税务行政处罚

D. 对丁企业采取的8000元的税务行政处罚

【解析】税务行政处罚需要采取听证程序的情况包括对公民作出2000元以上（含本数）罚款或者对法人或者其他组织作出1万元以上（含本数）罚款的行政处罚。

【答案】C

40. 某公司2022年欠缴税款2000万元，2023年1月该公司法定代表人由张某变更为王某，财务负责人仍为李某，2023年4月主管税务机关拟对该公司采取阻止出境措施，阻止出境的对象是（　　）。

A. 张某　　B. 王某

C. 张某和王某　　D. 李某

【解析】欠税阻止出境的对象包括欠税的纳税人本人以及欠税的法人企业的法定代表人。

【答案】B

41. 定期定额户可以委托经税务机关认定的银行或其他金融机构办理税款划缴，因存款余额低于当期应纳税款，致使当期税款不能按期入库的，税务机关对实行简易申报的，按（　　）处理。

A. 逾期办理纳税申报

B. 逾期缴纳税款

C. 逾期办理纳税申报和逾期缴纳税款

D. 以上都不对

【解析】根据《个体工商户税收定期定额征收管理办法》第十一条规定，定期定额户可以委托经税务机关认定的银行或其他金融机构办理税款划缴。凡委托银行或其他金融机构办理税款划缴的定期定额户，应当向税务机关书面报告开户银行及账号。其账户内存款应当足以按期缴纳当期税款。其存款余额低于当期应纳税款，致使当期税款不能按期入库的，税务机关按逾期缴纳税款处理；对实行简易申报的，按逾期办理纳税申报和逾期缴纳税款处理。

【答案】C

42. 申请最高开票限额不超过10万元的，税务机关不需事前进行实地查验。各（　　）税务局可在此基础上适当扩大不需事前实地查验的范围，实地查验的范围和方法由各（　　）税务局确定。

A. 省，市　　B. 省，省

C. 市，市　　D. 市，省

【解析】根据《增值税防伪税控系统最高开票限额审批实施规定》（国家税务总局

公告 2022 年第 19 号附件 3)，申请最高开票限额不超过 10 万元的，税务机关不需事前进行实地查验。各省税务局可在此基础上适当扩大不需事前实地查验的范围，实地查验的范围和方法由各省税务局确定。

【答案】B

43. 委托代征是税务机关按照《委托代征管理办法》规定，根据有利于税收管控和方便纳税的要求，按照双方自愿、简便征收、依法委托的原则，委托有关单位或个人代征零星、分散和异地缴纳的税收。下列属于委托代征行为的是（　　）。

A. 支付单位代扣代缴稿酬个人所得税

B. 受托加工成品油的单位代收代缴成品油消费税

C. 证券交易所代征证券交易印花税

D. 甲商贸公司委托某代理记账企业统一代办甲商贸公司员工的个人所得税申报缴税

【解析】选项 A、D 属于代扣代缴，选项 B 属于代收代缴。

【答案】C

44. 智慧税务建设的“突破口”是（　　）。

A. 税收大数据应用　　B. 办税缴费便利化

C. 发票电子化改革　　D. “互联网 + 监管”

【解析】中共中央办公厅、国务院办公厅印发的《关于进一步深化税收征管改革的意见》规定，深化税收征管制度改革，着力建设以服务纳税人缴费人为中心、以发票电子化改革为突破口、以税收大数据为驱动力的具有高集成功能、高安全性能、高应用效能的智慧税务。

【答案】C

45. 根据中共中央办公厅、国务院办公厅印发的《关于进一步深化税收征管改革的意见》，关于大力推行优质高效智能税费服务的改革要求，下列说法正确是（　　）。

A. 实现征管操作办法与税费优惠政策同步发布、同步解读

B. 持续扩大“自行判别、自行申报、事前监管”范围

C. 加快推动向省级税务机关集中提供咨询为主转变

D. 基本实现信息系统自动提取数据、自动计算税额、自动申报

【解析】选项 B，“事前监管”应改为“事后监管”；选项 C，应为“加快推动向以 24 小时智能咨询为主转变”；选项 D，“自动申报”应改为“自动预填申报”。

【答案】A

46. 关于纳税申报管理，下列说法正确的是（　　）。

A. 实行查账征收的纳税人，可以实行简易申报、简并征期等纳税申报方式

B. 纳税人在纳税期内没有应纳税款的，不必办理纳税申报

C. 纳税人因有特殊情况，不能按期进行纳税申报的，可以申请延期申报

D. 主管税务机关根据纳税人实际情况及其所纳税种确定的纳税申报期限，不具有法律效力

【解析】根据《税收征收管理法》第二十七条规定，纳税人、扣缴义务人不能按期办理纳税申报或者报送代扣代缴、代收代缴税款报告表的，经税务机关核准，可以延期申报。

【答案】C

47. 某纳税人欠缴税款 102500 元、滞纳金 11210 元、罚款 10000 元，税务机关对该纳税人进行欠税公告的金额是（　　）元。

A. 113710　　　　B. 102500

C. 112500　　　　D. 123710

【解析】欠税公告的具体内容包括纳税人未在税款缴纳期限内缴纳的税款，不包括滞纳金和罚款。

【答案】B

48. 关于定期定额户简并征期的最长期限，下列说法正确的是（　　）。

A. 不得超过 3 个月

B. 不得超过 6 个月

C. 不得超过一个定额执行期

D. 没有限制

【解析】定期定额户经营地点偏远、缴纳税款数额较小，或者税务机关征收税款有困难的，税务机关可以按照法律、行政法规的规定简并征期。但简并征期最长不得超过一个定额执行期。

【答案】C

49. 下列危害税收征管犯罪中，唯一不能由单位构成的罪名是（　　）。

A. 偷税罪　　　　B. 抗税罪

C. 骗取出口退税罪　　　　D. 逃避追缴欠税罪

【解析】抗税罪的主体只能是自然人，包括纳税人和扣缴义务人。

【答案】B

50.《中华人民共和国行政处罚法》第三十七条规定，实施行政处罚，适用违法行为发生时的法律、法规、规章的规定。但是，作出行政处罚决定时，法律、法规、规章已被修改或者废止，且新的规定处罚较轻或者不认为是违法的，适用新的规定。这一规定体现的法律适用原则是（　　）。

A. 实体从旧　　　　B. 实体从轻

C. 实际从新　　　　D. 从旧兼从轻

【解析】略。

【答案】D

51. 下列事项中，属于税务行政许可项目的是（　　）。

A. 企业印制发票审批

B. 对发票使用和管理的审批

C. 增值税防伪税控系统最高开票限额审批

D. 印花税票代售许可

【解析】2022年，国家税务总局根据《国务院办公厅关于全面实行行政许可事项清单管理的通知》（国办发〔2022〕2号）附件《法律、行政法规、国务院决定设定的行政许可事项清单（2022年版）》，发布《税务行政许可事项清单（2022年版）》，编列“增值税防伪税控系统最高开票限额审批”1项税务行政许可事项。

《国家税务总局关于进一步简化税务行政许可事项办理程序的公告》（国家税务总局公告2019年第34号）发布的“对纳税人延期缴纳税款的核准”“对纳税人延期申报的核准”“对纳税人变更纳税定额的核准”“对采取实际利润额预缴以外的其他企业所得税预缴方式的核定”“企业印制发票审批”等5个事项不再作为行政许可事项管理，依照有关法律、行政法规规定实施。

【答案】C

52. 为深入贯彻党中央、国务院关于优化营商环境的决策部署，税务机关推出系列服务市场主体便利化措施，下列说法正确的是（　　）。

A. 市场主体按照规定办理歇业的，应同时向税务机关报告

B. 歇业状态的市场主体可按规定方式简并所得税申报，且可以随时申请变更

C. 营业执照和税务登记证“两证整合”改革实施后设立登记的个体工商户，向市场监管部门申请简易注销，符合相关条件的，可免于到税务机关办理清税证明

D. 经人民法院裁定强制清算的市场主体，持人民法院终结强制清算程序的裁定向税务机关申请开具清税文书的，税务机关应在3个工作日内办结

【解析】歇业是市场主体的自主行为，只需按规定向登记机关办理备案，税务机关不对市场主体歇业设置税务前置条件，市场主体歇业不需要另行向税务机关报告，选项A错误。市场主体歇业期间可以享受便利化办税政策，同时依法履行纳税义务、扣缴义务。与正常经营期间相比，市场主体歇业期间在纳税申报方面适用了更为简便的政策，可以选择按次申报缴纳资源税（不含水资源税），符合条件的市场主体可以改为按季预缴申报企业所得税、个人所得税。市场主体恢复经营的，按歇业前方式办理资源税申报，可按歇业前期限或继续按季预缴申报企业所得税、个人所得税，其中歇业当年恢复经营且已调整预缴申报期的，当年不再变更，选项B错误。经人民法院裁定

强制清算的市场主体，持人民法院终结强制清算程序的裁定向税务机关申请开具清税文书的，税务机关即时开具，选项D错误。

【答案】C

53. 关于税收违法行为检举管理，下列说法正确的是（　　）。

A. 市以上税务局稽查局设立税收违法案件举报中心

B. 举报中心无需对外挂标识牌

C. 县税务局不再负责税收违法行为检举的接收

D. 12366纳税缴费服务热线接收电话检举后，应将检举事项全部转交举报中心

【解析】市（地）及市（地）以上税务机关稽查局设立税收违法案件举报中心，其工作人员由所在机关根据工作需要配备；没有设立税收违法案件举报中心的县（区）税务机关稽查局应当指定专门部门负责税收违法行为检举管理工作，并可挂税收违法案件举报中心牌子。12366纳税缴费服务热线接收电话检举后，应当按照分类转交相关部门。

【答案】A

54. 关于优化跨省迁移税费服务流程，下列说法正确的是（　　）。

A. 对未处于税务检查状态，已缴销发票和税控设备，已结清税（费）款、滞纳金及罚款，以及不存在其他未办结涉税事项的纳税人，税务机关即时办结迁出手续

B. 迁入地主管税务机关应当在接收到纳税人信息后的3个工作日内完成主管税务科所分配、税（费）种认定并提醒纳税人在迁入地按规定期限进行纳税申报

C. 纳税人迁移前预缴税款，不得在迁入地继续抵缴

D. 尚未抵扣的增值税进项税额，在申请开具《增值税一般纳税人迁移进项税额转移单》后，可在迁入地继续按规定抵扣

【解析】对未处于税务检查状态，已缴销发票和税控设备，已结清税（费）款、滞纳金及罚款，以及不存在其他未办结涉税事项的纳税人，税务机关出具《跨省（市）迁移税收征管信息确认表》，告知纳税人在迁入地承继、延续享受的相关资质权益等信息，以及在规定时限内履行纳税申报义务。经纳税人确认后，税务机关即时办结迁出手续，有关信息推送至迁入地税务机关。因此，选项A正确。迁入地主管税务机关应当在接收到纳税人信息后的1个工作日内完成主管税务科所分配、税（费）种认定并提醒纳税人在迁入地按规定期限进行纳税申报。因此，选项B错误。纳税人迁移前预缴税款，可在迁入地继续按规定抵缴；企业所得税、个人所得税尚未弥补的亏损，可在迁入地继续按规定弥补；尚未抵扣的增值税进项税额，可在迁入地继续按规定抵扣，无需申请开具《增值税一般纳税人迁移进项税额转移单》。因此，选项C、D错误。

【答案】A

55. 下列选项中，不符合税收协同共治体系建设要求的是（　　）。

A. 加强部门协作，持续深化“银税互动”，助力解决小微企业融资难融资贵问题

B. 加强社会协同，持续深化青少年税收法治教育

C. 强化税收司法保障，完善涉税司法解释，明晰司法裁判标准

D. 强化涉税信息管理，一律不得对外提供涉税信息

【解析】中共中央办公厅、国务院办公厅印发的《关于进一步深化税收征管改革的意见》中，持续深化拓展税收共治格局包括加强部门协作、加强社会协同、强化税收司法保障、强化国际税收合作。

【答案】D

56. 根据中共中央办公厅、国务院办公厅印发的《关于进一步深化税收征管改革的意见》关于强化税务组织保障的改革要求，下列说法正确的是（　　）。

A. 适当上移全局性、复杂性税费服务和管理职责，强化市以上税务机构在日常性服务、涉税涉费事项办理和风险应对等方面的职责

B. 加大人力资源向风险管理、税费服务、大数据应用等领域倾斜力度

C. 不断优化业务流程，合理划分业务边界，科学界定岗位职责，建立健全闭环管理机制

D. 创新行政执法方式，有效运用非强制性执法方式，逐步压缩税务稽查人力资源配置

【解析】《关于进一步深化税收征管改革的意见》关于强化税务组织保障的改革要求包括：①强化市县税务机构在日常性服务、涉税涉费事项办理和风险应对等方面的职责，适当上移全局性、复杂性税费服务和管理职责（选项A错误）；②不断优化业务流程，合理划分业务边界，科学界定岗位职责，建立健全闭环管理机制（选项C正确）；③加大人力资源向风险管理、税费分析、大数据应用等领域倾斜力度，增强税务稽查执法力量（选项B错误）。创新行政执法方式，有效运用非强制性执法方式，属于关于不断完善税务执法制度和机制的改革要求，且“逐步压缩税务稽查人力资源配置”在《关于进一步深化税收征管改革的意见》中并未提到（选项D错误）。

【答案】C

57. 税务机关对纳税人以前纳税期的税收情况进行检查需要采取税收保全措施的，税收保全措施的执行期限一般不得超过（　　）个月。

A. 1　　　　B. 2

C. 3　　　　D. 6

【解析】根据《税收征收管理法实施细则》规定，税务机关采取税收保全措施的

期限一般不得超过6个月；重大案件需要延长的，应当报国家税务总局批准。

【答案】D

58. 纳税人因有特殊困难，不能按期缴纳税款的，经省、自治区、直辖市税务局批准，可以延期缴纳税款，但是最长不得超过（　　）个月。

A. 1　　B. 2

C. 3　　D. 6

【解析】根据《税收征收管理法》规定，纳税人因有特殊困难，不能按期缴纳税款的，经省、自治区、直辖市税务局批准，可以延期缴纳税款，但是最长不得超过3个月。

【答案】C

59. 税务机关有根据认为从事生产、经营的纳税人有逃避纳税义务行为的，可以在规定的纳税期之前，采取（　　）。

A. 责令限期缴纳应纳税款

B. 要求纳税人提供纳税担保

C. 对纳税人进行处罚

D. 冻结纳税人的资产

【解析】根据《税收征收管理法》规定，税务机关有根据认为从事生产、经营的纳税人有逃避纳税义务行为的，可以在规定的纳税期前，责令限期缴纳应纳税款。

【答案】A

60. 对纳税人偷税的，由税务机关追缴其不缴或者少缴的税款、滞纳金，并处不缴或者少缴的税款（　　）的罚款；构成犯罪的，依法追究刑事责任。

A. 50%以上3倍以下　　B. 50%以上5倍以下

C. 1倍以上5倍以下　　D. 1倍以上3倍以下

【解析】根据《税收征收管理法》规定，纳税人如果采取伪造、变造、隐匿、擅自销毁账簿、记账凭证，或者在账簿上多列支出或者不列、少列收入，或者经税务机关通知申报而拒不申报或者进行虚假的纳税申报等手段，不缴或者少缴应纳税款的，被视为偷税行为。对于这种行为，税务机关将追缴其不缴或者少缴的税款和滞纳金，并处以不缴或者少缴税款50%以上5倍以下的罚款。

【答案】B

61. 扣缴义务人应扣未扣、应收而不收税款的，由税务机关向纳税人追缴税款，对扣缴义务人处应扣未扣、应收未收税款（　　）的罚款。

A. 50%以上3倍以下　　B. 50%以上5倍以下

C. 1倍以上5倍以下　　D. 1倍以上3倍以下

【解析】根据《税收征收管理法》规定，扣缴义务人应扣未扣、应收而不收税款的，由税务机关向纳税人追缴税款，对扣缴义务人处应扣未扣、应收未收税款50%以上3倍以下的罚款。

【答案】A

62. 纳税人的下列情形中，属于《税收征收管理法》第三十一条所称特殊困难的是（　　）。

A. 当期货币资金在扣除应付职工工资、社会保险费、企业年金后，不足以缴纳税款的

B. 因负债累积过多导致当期无法缴纳全部税款的

C. 因不可抗力导致纳税人发生较大损失，正常生产经营活动受到较大影响的

D. 因经营计划变更导致当期无法缴纳全部税款的

【解析】根据《税收征收管理法实施细则》第四十一条的规定，纳税人有以下情形之一的，属于《税收征收管理法》第三十一条所称特殊困难：①因不可抗力导致纳税人发生较大损失，正常生产经营活动受到较大影响的。②当期货币资金在扣除应付职工工资、社会保险费后，不足以缴纳税款的。

【答案】C

63. 税务机关应当自收到申请延期缴纳税款报告之日起（　　）日内作出批准或者不予批准的决定。

A. 10　　B. 20

C. 30　　D. 40

【解析】根据《税收征收管理法实施细则》规定，不予批准的，从缴纳税款期限届满之日起加收滞纳金。税务机关应当自收到申请延期缴纳税款报告之日起20日内作出批准或者不予批准的决定；不予批准的，从缴纳税款期限届满之日起加收滞纳金。

【答案】B

64. 税务机关可以按照国家有关规定委托有关单位和人员代征零星分散和异地缴纳的税收，受托单位和人员按照代征证书的要求，以（　　）的名义依法征收税款。

A. 纳税人

B. 受托代征单位和人员

C. 税务机关

D. 社会综治部门

【解析】根据《税收征收管理法实施细则》规定，税务机关根据有利于税收控管和方便纳税的原则，可以按照国家有关规定委托有关单位和人员代征零星分散和异地缴纳的税收，并发给委托代征证书，受托单位和人员按要求以税务机关的名义依法征收税款，按时申报入库。

【答案】C

二、多项选择题

1. 下列选项适用首违不罚清单的有（　　）。

A. 纳税人使用非税控电子器具开具发票，未按照《税收征收管理法》及其实施细则、《发票管理办法》等有关规定将非税控电子器具使用的软件程序说明资料报主管税务机关备案且没有违法所得

B. 纳税人未按照《税收征收管理法》及其实施细则等有关规定将其全部银行账号向税务机关报送

C. 纳税人未按照《税收征收管理法》及其实施细则、发票管理办法等有关规定加盖发票专用章且违法所得小于 1 万元

D. 扣缴义务人未按照《税收票证管理办法》的规定开具税收票证

【解析】纳税人未按照《税收征收管理法》及其实施细则、《发票管理办法》等有关规定加盖发票专用章且没有违法所得的，适用首违不罚。因此，选项 B 错误。

【答案】ABD

2. 加强对风险纳税人的发票发放管理，对具有特定情形的纳税人，主管税务机关可以严格控制其增值税专用发票最高开票限额。这些情形包括（　　）。

A. “一址多照”、无固定经营场所的

B. 信用等级评价为 D 级或严重税收失信的

C. 其法人或财务负责人曾任非正常户或走逃失联企业的法人或财务负责人的

D. 其他税收风险等级较高的

【解析】参见《税收征管操作规范》增值税专用发票（增值税税控系统）最高开票限额审批相关规定。

【答案】ABCD

3. 纳税人依照法律、行政法规的规定可以不设置账簿的，应当设置但未设置账簿的，擅自销毁账簿或者拒不提供纳税资料的，申报的计税依据明显偏低又无正当理由的，发生纳税义务未按期办理申报，经税务机关责令限期申报逾期仍不申报的，虽设置账簿但账目混乱或者成本资料、收入凭证、费用凭证残缺不全的，税务机关有权采用一些方法核定其应纳税额。这些方法包括（　　）。

A. 参照当地同类行业或者类似行业中经营规模和收入水平相近的纳税人的税负水平核定

B. 按照应税收入额或成本费用支出额定率核定

C. 按照耗用的原材料、燃料、动力等推算或测算核定

D. 按照其他合理方法核定

【解析】参见《税收征管操作规范》居民企业所得税核定相关规定。

【答案】ABCD

4. 个人独资企业和合伙企业、个体工商户的生产、经营所得有特定情形的，主管税务机关应采取核定征收方式征收个人所得税。这些情形包括（　　）。

A. 企业依照国家有关规定应当设置但未设置账簿的

B. 企业虽设置账簿，但账目混乱或者成本资料、收入凭证、费用凭证残缺不全，难以查账的

C. 纳税人发生纳税义务，未按照规定的期限办理纳税申报，经税务机关责令限期申报，逾期仍不申报的

D. 未按规定开具发票的

【解析】参见《税收征管操作规范》个人所得税核定相关规定。

【答案】ABC

5. 为加强印花税征收管理，纳税人有特定情形的，税务机关可以核定纳税人印花税计税依据。这些情形包括（　　）。

A. 未按规定建立印花税应税凭证登记簿的

B. 未如实登记和完整保存应税凭证的

C. 拒不提供应税凭证或不如实提供应税凭证致使计税依据明显偏低的

D. 采用按期汇总缴纳办法的，未按税务机关规定的期限报送汇总缴纳印花税情况报告，经税务机关责令限期报告，逾期仍不报告的或者税务机关在检查中发现纳税人有未按规定汇总缴纳印花税情况的

【解析】参见《税收征管操作规范》印花税核定相关规定。

【答案】ABCD

6. 税务代保管资金，是指税务机关根据法律、行政法规、规章或有关规定，为履行征管职责，向纳税人、扣缴义务人、纳税担保人或者其他当事人收取的款项。下列属于税务代保管资金的内容的有（　　）。

A. 个人出售住房所应缴纳的个人所得税纳税保证金

B. 纳税担保金

C. 采取税收保全措施扣押的现金

D. 税收强制执行拍卖、变卖的款项

【解析】参见《税收征管操作规范》税务代保管资金收取相关规定。

【答案】ABCD

7. 税务机关向纳税人、扣缴义务人通知有关税务事项时使用《税务事项通知书》。除法定的专用通知书外，税务机关在通知纳税人（　　）时均可使用此文书。

A. 缴纳税款

B. 缴纳滞纳金

C. 要求当事人提供有关资料

D. 办理有关涉税事项

【解析】参见《税收征管操作规范》税务事项通知相关规定。

【答案】ABCD

8. 各级税务机关收集宏观经济信息、第三方涉税信息（含互联网涉税信息）、企业财务信息、生产经营信息、关联企业信息，整合不同应用系统信息，建立基础信息库，并定期予以更新，用于日常税源管理、信用动态监控和风险动态监控等税收管理事项。信息收集主要渠道包括（　　）。

A. 互联网

B. 政务信息资源共享平台

C. 人工收集

D. 大数据

【解析】参见《税收征管操作规范》信息收集相关规定。

【答案】ABC

9. 税务部门通过信息共享获取市场监督管理部门推送的企业拟申请简易注销登记信息后，应按照规定的程序和要求，查询税务信息系统核实企业的相关涉税情况，对于经查询显示为特定情形的纳税人，税务部门不提出异议；对于仍有未办结涉税事项的企业，税务部门在公告期届满次日向市场监督管理部门提出异议。这些特定情形包括（　　）。

A. 未办理过涉税事宜的纳税人

B. 办理过涉税事宜但没领过发票、没有欠税和没有其他未办结事项的纳税人

C. 在公告期届满之日前已办结缴销发票、结清应纳税款等清税手续的纳税人

D. 在公告期届满之日后已办结缴销发票、结清应纳税款等清税手续的纳税人

【解析】参见《税收征管操作规范》简易注销信息反馈相关规定。

【答案】ABC

10. 税务机关依据社会保险经办机构传递的单位、个人参保缴费信息、工程项目参保缴费登记信息，与税务机关征缴系统的数据信息进行参保缴费信息关联，建立对照关系，确认缴费单位、缴费个人的社会保险参保缴费信息的管理活动，是社会保险费征管的首要环节。社会保险参保缴费信息关联管理包括（　　）等。

A. 用人单位参保缴费信息关联

B. 灵活就业人员参保缴费信息关联

C. 职工个人参保缴费信息关联

D. 城乡居民参保缴费信息关联

【解析】参见《税收征管操作规范》社会保险参保缴费信息关联管理相关规定。

【答案】ABCD

11. 税务机关作出的税务行政许可决定有特定情形的，作出行政许可决定的税务机关或者上级机关可以撤销该税务行政许可。这些情形包括（　　）。

A. 税务机关工作人员滥用职权、玩忽职守作出准予行政许可决定的

B. 税务机关超越法定职权作出准予行政许可决定的

C. 税务机关及其工作人员违反法定程序作出准予行政许可决定的

D. 对不具备申请资格或者不符合法定条件的申请人作出准予行政许可决定的

【解析】参见《税收征管操作规范》撤销税务行政许可相关规定。

【答案】ABCD

12. 税务机关对被许可人从事许可活动进行核查时，发现其存在特定情形时，采取办理注销该税务行政许可手续的业务。这些情形包括（　　）。

A. 行政许可有效期届满未延续的

B. 赋予公民特定资格的行政许可，该公民死亡或者丧失行为能力的

C. 法人或者其他组织依法终止的

D. 行政许可依法被撤销、撤回，或者行政许可证件依法被吊销的

【解析】参见《税收征管操作规范》税务行政许可注销相关规定。

【答案】ABCD

13. 实行纳税辅导期管理的增值税一般纳税人以及实行海关进口增值税专用缴款书“先比对后抵扣”管理办法的增值税一般纳税人，取得的增值税扣税凭证稽核比对结果相符但未按规定期限申报抵扣，属于发生真实交易且由于一些客观原因造成的，经主管税务机关审核，允许纳税人继续申报抵扣其进项税额。这些客观原因包括（　　）。

A. 因自然灾害、社会突发事件等不可抗力原因造成增值税扣税凭证未按期申报抵扣

B. 有关司法、行政机关在办理业务或者检查中，扣押、封存纳税人账簿资料，导致纳税人未能按期办理申报手续

C. 税务机关信息系统、网络故障，导致纳税人未能及时取得认证结果通知书或稽核结果通知书，未能及时办理申报抵扣

D. 由于企业办税人员伤亡、突发危重疾病或者擅自离职，未能办理交接手续，导致未能按期申报抵扣

【解析】参见《税收征管操作规范》未按期申报抵扣增值税扣税凭证抵扣管理相关规定。

【答案】ABCD

14. 营业执照和税务登记证“两证整合”改革实施后设立登记的个体工商户，向市场监管部门申请简易注销，符合（　　）条件之一的，可免于到税务机关办理清税证明。

A. 未办理过涉税事宜的

B. 办理过涉税事宜但没有领用、没有申请代开过发票，且没有欠税和没有其他未办结事项的

C. 经人民法院裁定强制清算的市场主体

D. 办理过涉税事宜但已完成纳税申报、清缴税款且没有其他未办结事宜的

【解析】根据《国家税务总局关于简化办理市场主体歇业和注销环节涉税事项的公告》（国家税务总局公告2022年第12号）的规定，营业执照和税务登记证“两证整合”改革实施后设立登记的个体工商户，向市场监管部门申请简易注销，符合下列条件之一的，可免于到税务机关办理清税证明：①未办理过涉税事宜的；②办理过涉税事宜但没有领用、没有申请代开过发票，且没有欠税和没有其他未办结事项的。

【答案】AB

15. 自2022年7月1日起，扩大全额退还增值税留抵税额政策行业范围，行业范围包括（　　）。

A. 批发和零售业

B. 生态保护和环境治理业

C. 农、林、牧、渔业

D. 居民服务、修理和其他服务业

【解析】自2022年7月1日起，扩大全额退还增值税留抵税额政策行业范围，将《财政部 税务总局关于进一步加大增值税期末留抵退税政策实施力度的公告》（财政部 税务总局公告2022年第14号）第二条规定的制造业等行业按月全额退还增值税增量留抵税额、一次性退还存量留抵税额的政策范围，扩大至“批发和零售业”“农、林、牧、渔业”“住宿和餐饮业”“居民服务、修理和其他服务业”“教育”“卫生和社会工作”“文化、体育和娱乐业”企业（含个体工商户）。

【答案】ACD

16. 单边预约定价简易程序包括（　　）阶段。

A. 申请评估　　B. 协商签署

C. 监控执行　　D. 安排定价

【解析】根据《国家税务总局关于单边预约定价安排适用简易程序有关事项的公告》（国家税务总局公告2021年第24号）的规定，单边预约定价安排简易程序包括申请评估、协商签署和监控执行3个阶段。

【答案】ABC

17. 企业提交单边预约定价简易程序的申请，主管税务机关不予受理的情况有（　　）。

A. 税务机关已经对企业实施特别纳税调整立案调查或者其他涉税案件调查，

已结案

B. 未按照有关规定填报年度关联业务往来报告表，且不按时更正

C. 未按照有关规定准备、保存和提供同期资料

D. 未按照要求提供相关资料或者提供的资料不符合税务机关要求，且不按时补正或者更正

【解析】有下列情形之一的，主管税务机关不予受理企业提交的申请：①税务机关已经对企业实施特别纳税调整立案调查或者其他涉税案件调查，且尚未结案；②未按照有关规定填报年度关联业务往来报告表，且不按时更正；③未按照有关规定准备、保存和提供同期资料；④未按照要求提供相关资料或者提供的资料不符合税务机关要求，且不按时补正或者更正；⑤拒不配合税务机关进行功能和风险实地访谈。

【答案】BCD

18. 新电子税务局锚定建成具有（　　）的智慧税务系统。

A. 高集成功能　　B. 高安全性能

C. 高应用效能　　D. 国内领先

E. 国际一流

【解析】略。

【答案】ABCDE

19. 同期资料包括（　　）。

A. 主体文档　　B. 本地文档

C. 特殊事项文档　　D. 账本

【解析】根据《国家税务总局关于完善关联申报和同期资料管理有关事项的公告》（国家税务总局公告 2016 年第 42 号）规定，同期资料包括主体文档、本地文档和特殊事项文档。

【答案】ABC

20. 特殊事项文档包括（　　）特殊事项文档和（　　）特殊事项文档。

A. 成本分摊协议　　B. 资本弱化

C. 股权转让　　D. 资产重组

【解析】根据《国家税务总局关于完善关联申报和同期资料管理有关事项的公告》（国家税务总局公告 2016 年第 42 号）规定，特殊事项文档包括成本分摊协议特殊事项文档和资本弱化特殊事项文档。

【答案】AB

21. 下列各项中，符合我国税收立法规定的有（　　）。

A. 税收法律由国务院审议通过后以国务院总理名义发布实施

B. 国务院所属税务主管部门根据法律法规的规定在本部门的权限内有权制定

税收部门规章

C. 税收行政法规由国务院负责审议通过后以提案形式提交全国人大或人大常委会审议通过

D. 我国现行税收程序法中，由全国人民代表大会及其常委会制定的税收法律是《税收征收管理法》

【解析】税收法律通常是由全国人民代表大会及其常务委员会审议通过的，而不是国务院。税收行政法规，由国务院审议通过后，以国务院总理名义发布实施。

【答案】BD

22. 下列税收文件属于行政法规的有（　　）。

A. 《中华人民共和国企业所得税法实施条例》

B. 《中华人民共和国个人所得税法实施条例》

C. 《中华人民共和国企业所得税法》

D. 《中华人民共和国消费税暂行条例实施细则》

【解析】《消费税暂行条例实施细则》是由财政部、国家税务总局联合颁布的，属于部门规章的范畴。

【答案】AB

23. 我国纳税人依法享有的权利有（　　）。

A. 依法申请减免税权

B. 控告税务人员的违法违纪行为

C. 对税务机关作出的决定享有申辩权

D. 纳税人依法享有申请退税的权利

【解析】根据《税收征收管理法》第八条规定，纳税人依法享有申请减税、免税、退税的权利。纳税人、扣缴义务人对税务机关所作出的决定，享有陈述权、申辩权；依法享有申请行政复议、提起行政诉讼、请求国家赔偿等权利。纳税人、扣缴义务人有权控告和检举税务机关、税务人员的违法违纪行为。

【答案】ABCD

24. 税务机关依据试点纳税人的（　　）等因素，确定初始开具金额总额度，并进行定期调整，临时调整或人工调整。

A. 实际经营需要　　B. 税收风险程度

C. 纳税信用级别　　D. 实际经营情况

【解析】税务机关依据试点纳税人的风险程度、纳税信用级别、实际经营情况等因素，按照相应规则赋予其不同的初始开具金额总额度。

【答案】BCD

25. 在办理税务注销时，对未处于税务检查状态，无欠税及罚款，已缴销增值税专用发票及税控专用设备的纳税人，可以采取承诺制容缺办理的有（　　）。

A. 纳税信用级别为 B 级的纳税人

B. 未达到增值税纳税起征点的纳税人

C. 省级人民政府引进人才创办的企业

D. 控股母公司纳税信用级别为 B 级的 M 级纳税人

【解析】在办理税务注销时，对于满足特定条件的纳税人，税务机关提供即时办结服务，采取“承诺制”容缺办理方式，即时出具清税文书。具体包括：纳税信用级别为 A 级和 B 级的纳税人；控股母公司纳税信用级别为 A 级的 M 级纳税人；省级人民政府引进人才或经省级以上行业协会等机构认定的行业领军人才等创办的企业；办理过涉税事宜但未领用发票、无欠税（滞纳金）及罚款，主动到税务机关办理清税的纳税人；未达到增值税纳税起征点的纳税人。

【答案】ABC

26. 对于甲公司应扣未扣个人所得税的行为，税务机关正确的处理方式有（　　）。

A. 税务局可对甲公司处少扣税款 50% 以上 3 倍以下罚款

B. 税务局可对甲公司按日加收少扣税款万分之五的滞纳金

C. 税务局应责成甲公司限期补扣个人所得税

D. 税务局可取消甲公司扣缴义务人资格

【解析】根据《税收征收管理法》规定，扣缴义务人应扣未扣、应收而不收税款的，由税务机关向纳税人追缴税款，对扣缴义务人处应扣未扣、应收未收税款 50% 以上 3 倍以下的罚款。

【答案】AC

27. 企业破产清算时，税务机关在人民法院公告的债权申报期限内，应向管理人申报的款项有（　　）。

A. 所欠各种税款

B. 滞纳金及罚款

C. 企业欠缴的教育费附加

D. 因特别纳税调整产生的利息

【解析】在企业破产清算的过程中，税务机关需要按照人民法院公告的债权申报期限，向管理人申报一系列特定的款项。这些款项包括：企业所欠税款、滞纳金、罚款、因特别纳税调整产生的利息。

【答案】ABCD

28. 纳税人会被确定为“重大税收违法失信主体”的情况有（　　）。

A. 连续 3 个月所有税种均未进行纳税申报

B. 采用转移财产的手段，妨碍税务机关追缴欠税，欠缴税款金额 100 万元以上的

C. 虚开增值税专用发票的

D. 虚开普通发票金额 300 万元以上的

【解析】重大税收违法失信主体主要包括以下几类：①伪造、变造、隐匿、擅自销毁账簿、记账凭证，或者在账簿上多列支出或者不列、少列收入，或者经税务机关通知申报而拒不申报或者进行虚假的纳税申报，不缴或者少缴应纳税款 100 万元以上，且任一年度不缴或者少缴应纳税款占当年各税种应纳税总额 10% 以上的纳税人、扣缴义务人或者其他涉税当事人；②欠缴应纳税款，采取转移或者隐匿财产的手段，妨碍税务机关追缴欠缴的税款，欠缴税款金额 100 万元以上的当事人；③骗取国家出口退税款的当事人；④以暴力、威胁方法拒不缴纳税款的当事人；⑤虚开增值税专用发票或者虚开用于骗取出口退税、抵扣税款的其他发票的当事人；⑥虚开增值税普通发票 100 份以上或者金额 400 万元以上的当事人；⑦私自印制、伪造、变造发票，非法制造发票防伪专用品，伪造发票监制章的当事人；⑧具有偷税、逃避追缴欠税、骗取出口退税、抗税、虚开发票等行为，在稽查案件执行完毕前，不履行税收义务并脱离税务机关监管，经税务机关检查确认走逃（失联）的当事人；⑨为纳税人、扣缴义务人非法提供银行账户、发票、证明或者其他方便，导致未缴、少缴税款 100 万元以上或者骗取国家出口退税款的当事人；⑩税务代理人违反税收法律、行政法规造成纳税人未缴或者少缴税款 100 万元以上的当事人；⑪其他性质恶劣、情节严重、社会危害性较大的税收违法行为的当事人。

【答案】BC

29. 纳入纳税信用管理的企业纳税人，可在规定期限内向主管税务机关申请纳税信用修复的有（　　）。

A. 纳税人发生未按法定期限办理纳税申报、税款缴纳、资料备案等事项且已补办的

B. 未按税务机关处理结论缴纳税款、滞纳金和罚款，未构成犯罪，纳税信用级别被直接判为 D 级的纳税人，在税务机关处理结论明确的期限期满后 60 日内足额缴纳、补缴的

C. 纳税人履行相应法律义务并由税务机关依法解除非正常户状态的

D. 未按税务机关处理结论足额缴纳税款、滞纳金和罚款构成犯罪的，在税务机关处理结论明确的期限期满后 60 日内足额缴纳、补缴的

【解析】申请纳税信用修复的条件包括：①未按法定期限办理纳税申报、税款缴纳、资料备案等事项且已补办。②未按税务机关处理结论缴纳或者足额缴纳税款、滞纳金和罚款，未构成犯罪，纳税信用级别被直接判为 D 级的纳税人，在税务机关处理

结论明确的期限期满后60日内足额缴纳、补缴的。③纳税人履行相应法律义务并由税务机关依法解除非正常户状态的。④破产企业或其管理人在重整或和解程序中，已依法缴纳税款、滞纳金、罚款，并纠正相关纳税信用失信行为的。⑤因确定为重大税收违法失信主体，纳税信用直接判为D级的纳税人，失信主体信息已按照国家税务总局相关规定不予公布或停止公布，申请前连续12个月没有新增纳税信用失信行为记录的。⑥由纳税信用D级纳税人的直接责任人员注册登记或者负责经营，纳税信用关联评价为D级的纳税人，申请前连续6个月没有新增纳税信用失信行为记录的。⑦因其他失信行为纳税信用直接判为D级的纳税人，已纠正纳税信用失信行为、履行税收法律责任，申请前连续12个月没有新增纳税信用失信行为记录的。⑧因上一年度纳税信用直接判为D级，本年度纳税信用保留为D级的纳税人，已纠正纳税信用失信行为、履行税收法律责任或失信主体信息已按照国家税务总局相关规定不予公布或停止公布，申请前连续12个月没有新增纳税信用失信行为记录的。

【答案】ABC

30. 按照税务行政处罚原则的相关规定，纳税人发生下列违法行为，不予行政处罚的有（　　）。

A．纳税人首次违法，情节轻微并在税务机关责令限期改正的期限内改正的

B. 纳税人违法行为轻微并及时纠正，且没有造成危害后果的

C. 纳税人发生违法行为，但配合税务机关查处违法行为有立功表现的

D. 纳税人首次违法，情节轻微并在税务机关发现前主动改正的

【解析】参见《国家税务总局关于发布〈税务行政处罚“首违不罚”事项清单〉的公告》(国家税务总局公告2021年第6号)。

【答案】ABD

31. 下列各项中，不得作为纳税保证人的有（　　）。

A. 税务登记不在本市的企业

B. 有骗取出口退税行为被追究法律责任满2年的企业

C. 有欠税行为的企业

D. 纳税信用等级被评为C级以下的企业

【解析】不得作为纳税保证人的情形有：①有逃避缴纳税款、抗税、骗税、逃避追缴欠税行为被税务机关、司法机关追究过法律责任未满2年的。②因有税收违法行为正在被税务机关立案处理或涉嫌刑事犯罪被司法机关立案侦查的。③纳税信用等级被评为C级以下的。④在主管税务机关所在地的市（地、州）没有住所的自然人或税务登记不在本市（地、州）的企业。⑤无民事行为能力或限制民事行为能力的自然人。⑥与纳税人存在担保关联关系的。⑦有欠税行为的。⑧国家机关、学校、幼儿园、医院等事业单位、社会团体。⑨企业法人的职能部门。

【答案】ACD

32. 税务机关采取税收保全措施前必经的法定程序有（　　）。

A. 按日加收未缴纳税款万分之五的滞纳金

B. 责令纳税人限期缴纳税款

C. 书面通知纳税人开户银行从冻结的存款中扣缴税款

D. 如果纳税人在限期内未能缴纳税款，责成纳税人提供纳税担保

【解析】税收保全措施前必经的法定程序包括责令限期缴纳应纳税款和责令提供纳税担保。

【答案】BD

33. 甲企业被税务机关责令提供纳税担保，经协商乙企业同意为甲企业提供纳税担保，乙企业应填写的纳税担保书中应当包含的内容有（　　）。

A. 甲企业应缴纳的税款和滞纳金的数额、所属期间、税种和税目名称

B. 乙企业的保证期间和履行保证责任的期限

C. 乙企业的银行存款账号

D. 甲企业主管税务机关的税务管理员的姓名和电话

【解析】纳税担保书应当包括以下内容：①纳税人应缴纳的税款及滞纳金数额、所属期间、税种、税目名称；②纳税人应当履行缴纳税款及滞纳金的期限；③保证担保范围及担保责任；④保证期间和履行保证责任的期限；⑤保证人的存款账号或者开户银行及其账号；⑥税务机关认为需要说明的其他事项。

【答案】ABC

34. 税收保全措施适用对象包括（　　）。

A. 临时从事经营的纳税人

B. 扣缴义务人

C. 从事生产、经营的纳税人

D. 纳税担保人

【解析】税收保全措施适用对象主要是从事生产经营的纳税人，包括临时从事经营的纳税人。但需注意的是，个人及其所扶养家属维持生活必需的住房和用品，不在税收保全措施的范围之内。

【答案】AC

35. 下列财产不得抵押的有（　　）。

A. 土地所有权

B. 土地使用权

C. 所有权、使用权不明或者有争议的财产

D. 依法被查封、扣押、监管的财产

【解析】根据《中华人民共和国民法典》第三百九十九条规定，以下财产不得设定纳税抵押：①土地所有权；②宅基地、自留地、自留山等集体所有土地的使用权，但是法律规定可以抵押的除外；③学校、幼儿园、医疗机构等为公益目的成立的非营利法人的教育设施、医疗卫生设施和其他公益设施；④所有权、使用权不明或者有争议的财产；⑤依法被查封、扣押、监管的财产；⑥法律、行政法规规定不得抵押的其他财产。

【答案】ACD

36. 税务行政复议申请人可以在知道税务机关作出具体行政行为之日起 60 日内提出行政复议申请，下列申请期限计算起点的表述正确的有（　　）。

A. 当场做出具体行政行为的，由具体行政行为作出之日起计算

B. 具体行政行为依法通过公告形式告知受送达人的，自公告之日起计算

C. 载明具体行政行为的法律文书直接送达的，自受送达人签收之日起计算

D. 被申请人能够证明申请人知道具体行政行为的，自证据材料证明其知道具体行政行为之日起计算

【解析】《中华人民共和国行政复议法》规定的行政复议申请期限的计算，依照下列规定办理：①当场作出具体行政行为的，自具体行政行为作出之日起计算；②载明具体行政行为的法律文书直接送达的，自受送达人签收之日起计算；③载明具体行政行为的法律文书邮寄送达的，自受送达人在邮件签收单上签收之日起计算；没有邮件签收单的，自受送达人在送达回执上签名之日起计算；④具体行政行为依法通过公告形式告知受送达人的，自公告规定的期限届满之日起计算；⑤行政机关作出具体行政行为时未告知公民、法人或者其他组织，事后补充告知的，自该公民、法人或者其他组织收到行政机关补充告知的通知之日起计算；⑥被申请人能够证明公民、法人或者其他组织知道具体行政行为的，自证据材料证明其知道具体行政行为之日起计算。

【答案】ACD

37. 关于纳税人跨省迁移税费服务流程，下列说法正确的有（　　）。

A. 迁入地主管税务机关应当在接收到纳税人信息后的一个工作日内完成主管税务科所分配、税（费）种认定并提醒纳税人在迁入地按规定期限进行纳税申报

B. 纳税人迁移前预缴税款，可在迁入地继续按规定抵缴；企业所得税、个人所得税尚未弥补的亏损，可在迁入地继续按规定弥补；尚未抵扣的增值税进项税额，在申请开具《增值税一般纳税人迁移进项税额转移单》后，可在迁入地继续按规定抵扣

C. 纳税人下列信息在迁入地承继：纳税人基础登记、财务会计制度备案、办税人员实名采集、增值税一般纳税人登记、增值税发票票种核定、增值税

专用发票最高开票限额、增值税即征即退资格、出口退（免）税备案、已产生的纳税信用评价等信息

D. 自2023年1月1日起，纳税人在市场监管部门依法办理变更登记后，无需向税务机关报告登记变更信息

【解析】参见《国家税务总局关于优化若干税收征管服务事项的通知》（税总征科发〔2022〕87号）的相关规定。

【答案】AC

38. 下列属于主管税务机关核定定额程序的有（　　）。

A. 核定定额　　B. 定额公示

C. 定额核准　　D. 公布定额

【解析】主管税务机关核定定额程序主要包括以下几个步骤：自行申报、核定定额、定额公示、上级核准、下达定额、公布定额。

【答案】ABD

39. 根据中共中央办公厅、国务院办公厅印发的《关于进一步深化税收征管改革的意见》，“四精”体系包括（　　）。

A. 精确执法　　B. 精细服务

C. 精准监管　　D. 精诚共治

E. 精致征管

【解析】参见《关于进一步深化税收征管改革的意见》。

【答案】ABCD

40. 个体工商户变更经营者后，下列说法正确的有（　　）。

A. 定期定额予以保留

B. 增值税一般纳税人资格予以延续

C. 税控设备可继续使用

D. 银税三方（委托）划缴税款协议无需重新签订

E. 无需结清依法应缴纳的税款

【解析】定期定额征收的个体工商户，原经营者应当在变更之前，按照定期定额个体工商户注销规定清税。经营者变更之后，定期定额予以保留。个体工商户经营者变更后，个体工商户的增值税一般纳税人资格予以延续，税控设备在完成数据同步后可继续使用，新经营者需签订银税三方（委托）划缴税款协议等后续事项。

【答案】ABC

41. 关于非正常户管理，下列说法正确的有（　　）。

A. 纳税人负有纳税申报义务，但连续三个月所有税种均未进行纳税申报的，税收征管系统自动将其认定为非正常户

B. 纳税人未按照规定的期限进行纳税申报，税务机关可不再责令其限期改正

C. 已认定为非正常户的纳税人，就其逾期未申报行为接受处罚、缴纳罚款，并补办纳税申报的，税收征管系统自动解除非正常状态，无需纳税人专门申请解除

D. 对认定为非正常户的纳税人，仍然可以使用发票

E. 对认定为非正常户的纳税人，主管税务机关可不再对其实施日常管理

【解析】纳税人负有纳税申报义务，但连续三个月所有税种均未进行纳税申报的，税收征管系统自动将其认定为非正常户，并停止其发票领用簿和发票的使用。根据《国家税务总局关于税收征管若干事项的公告》（国家税务总局公告 2019 年第 48 号）第三条规定，已认定为非正常户的纳税人，就其逾期未申报行为接受处罚、缴纳罚款，并补办纳税申报的，税收征管系统自动解除非正常状态，无需纳税人专门申请解除。

【答案】AC

42. 加快法治税务建设，深化落实行政执法三项制度是当前各级税务机关的重要工作，以下属于行政执法三项制度内容的有（　　）。

A. 行政执法公示制度

B. “首违不罚”清单制度

C. 执法全过程记录制度

D. 重大执法决定法制审核制度

E. 告知承诺制度

【解析】行政执法三项制度是规范行政执法的三个制度的统称，即行政执法公示制度、执法全过程记录制度、重大执法决定法制审核制度。

【答案】ACD

43. 从事生产、经营的纳税人应当按照国家有关规定，向税务机关报告的账户信息有（　　）。

A. 基本存款账户　　B. 一般存款账户

C. QFII 专用存款账户　　D. 临时存款账户

【解析】从事生产、经营的纳税人应当按照国家有关规定，应将其基本存款账户、一般存款账户、QFII 专用存款账户、临时存款账户向税务机关报告。

【答案】ABCD

44. 以下选项中，税务机关有权进行的税务检查有（　　）。

A. 检查纳税人的账簿、记账凭证、报表和有关资料

B. 到纳税人的生产、经营场所和货物存放地检查纳税人应纳税的商品、货物或者其他财产

C. 责成纳税人、扣缴义务人提供与纳税或者代扣代缴、代收代缴税款有关的

文件、证明材料和有关资料

D. 到银行检查纳税人的贷款和抵押情况

【解析】税务机关有权进行下列税务检查：①检查纳税人的账簿、记账凭证、报表和有关资料，检查扣缴义务人代扣代缴、代收代缴税款账簿、记账凭证和有关资料。②到纳税人的生产、经营场所和货物存放地检查纳税人应纳税的商品、货物或者其他财产，检查扣缴义务人与代扣代缴、代收代缴税款有关的经营情况。③责成纳税人、扣缴义务人提供与纳税或者代扣代缴、代收代缴税款有关的文件、证明材料和有关资料。④询问纳税人、扣缴义务人与纳税或者代扣代缴、代收代缴税款有关的问题和情况。⑤到车站、码头、机场、邮政企业及其分支机构检查纳税人托运、邮寄应纳税商品、货物或者其他财产的有关单据、凭证和有关资料。⑥经县以上税务局（分局）局长批准，凭全国统一格式的检查存款账户许可证明，查询从事生产、经营的纳税人、扣缴义务人在银行或者其他金融机构的存款账户。税务机关在调查税收违法案件时，经设区的市、自治州以上税务局（分局）局长批准，可以查询案件涉嫌人员的储蓄存款。税务机关查询所获得的资料，不得用于税收以外的用途。

【答案】ABC

45. 纳税人在办理注销税务登记前，应当完成的涉税事项包括（　　）。

A. 结清应纳税款

B. 缴销发票

C. 缴销税务登记证件和其他税务证件

D. 结清滞纳金、罚款

【解析】略。

【答案】ABCD

46. 纳税人需要延期缴纳税款的，应当在缴纳税款期限届满前提出申请，并报送的材料有（　　）。

A. 申请延期缴纳税款报告

B. 当期货币资金余额情况及所有银行存款账户的对账单

C. 资产负债表

D. 应付职工工资和社会保险费等税务机关要求提供的支出预算

【解析】纳税人需要延期缴纳税款的，应当在缴纳税款期限届满前提出申请，并报送下列材料：①申请延期缴纳税款报告；②当期货币资金余额情况及所有银行存款账户的对账单；③资产负债表；④应付职工工资和社会保险费等税务机关要求提供的支出预算。因不可抗力导致纳税人发生较大损失的情况，应报送因不可抗力的灾情报告或公安机关出具的事故证明。

【答案】ABCD

47. 税务机关有权采用的核定纳税人应纳税额的方法有（　　）。

A. 参照当地同类行业或者类似行业中经营规模和收入水平相近的纳税人的税负水平核定

B. 按照营业成本加合理的费用和利润的方法核定

C. 按照耗用的原材料、燃料、动力等推算或者测算核定

D. 按照其他合理方法核定

【解析】根据《税收征收管理法实施细则》规定，纳税人有《税收征收管理法》第三十五条或者第三十七条所列情形之一的，税务机关有权采用下列任何一种方法核定其应纳税额：①参照当地同类行业或者类似行业中经营规模和收入水平相近的纳税人的税负水平核定；②按照营业收入或者成本加合理的费用和利润的方法核定；③按照耗用的原材料、燃料、动力等推算或者测算核定；④按照其他合理方法核定。

【答案】ABCD

48. 税务机关要加强应用系统账户和权限清理，具体措施有（　　）。

A. 及时注销停用账户、回收操作权限

B. 建立账户实名制

C. 按照“最大化授权”原则，对现有税务工作人员使用的系统和数据访问权限进行清理，防止过度授权

D. 对用户使用弱口令情况进行全面清查，并督促整改

【解析】按照“最小化授权”原则，对现有税务工作人员使用的系统和数据访问权限进行清理，防止过度授权。

【答案】ABD

三、判断题

1. 税务机关应按照风险可控、“放管服”结合、利于遵从、便于办税的原则，对出口退（免）税企业进行分类管理。出口企业管理类别分为一类、二类、三类、四类，分别适用不同的出口退税管理。（　　）

【解析】参见《税收征管操作规范》出口退（免）税企业分类管理相关规定。

【答案】正确

2. 固定业户应当向其机构所在地的主管税务机关申报纳税。总机构和分支机构不在同一县（市）的，应当分别向各自所在地的主管税务机关申报纳税；经国务院财政、税务主管部门或者其授权的财政、税务机关批准，可以由总机构汇总向任一机构所在地的主管税务机关申报纳税。（　　）

【解析】参见《税收征管操作规范》增值税、消费税汇总纳税报告相关规定。经国务院财政、税务主管部门或者其授权的财政、税务机关批准，可以由总机构汇总向

总机构所在地的主管税务机关申报纳税。

【答案】错误

3. 纳税人可以通过网站、客户端软件、自助办税终端等渠道，经过有效身份认证和识别，自行查询税费缴纳情况、纳税信用评价结果、涉税事项办理进度等自身涉税信息。纳税人无法自行获取所需自身涉税信息，可以向税务机关提出书面或口头申请，税务机关应当在本单位职责权限内予以受理。（　　）

【解析】参见《税收征管操作规范》涉税信息查询管理相关规定。纳税人无法自行获取所需自身涉税信息，可以向税务机关提出书面申请，税务机关应当在本单位职责权限内予以受理。

【答案】错误

4. 纳税人享受减免税，应当提交核准材料，提出申请，经依法具有批准权限的税务机关按规定核准确认后执行。未按规定申请或虽申请但未经有批准权限的税务机关核准确认的，纳税人不得享受减免税。（　　）

【解析】参见《税收征管操作规范》税收减免核准相关规定。

【答案】正确

5. 纳税人享受减免税的，对符合政策规定条件的材料有留存备查的义务。纳税人在税务机关后续管理中不能提供相关印证材料的，不得继续享受税收减免，追缴已享受的减免税款，并依照《中华人民共和国税收征收管理法》的有关规定处理。（　　）

【解析】参见《税收征管操作规范》税收优惠日常核实相关规定。

【答案】正确

6. 纳税人多贴印花税票的，自结算缴纳税款之日起3年内发现的，可以向税务机关要求退还多缴的税款并加算银行同期存款利息，税务机关应该依照税收法律法规及相关规定办理退还手续。（　　）

【解析】参见《税收征管操作规范》误收多缴退抵税相关规定。纳税人多贴印花税票的，不得申请退税或者抵用。

【答案】错误

7. 自2018年7月27日起，对实行增值税期末留抵退税的纳税人，允许其从城市维护建设税、教育费附加和地方教育附加的计税（征）依据中扣除退还的增值税税额。

（　　）

【解析】参见《税收征管操作规范》增值税期末留抵税额退税相关规定。

【答案】正确

8. 税务机关向国库传递《中华人民共和国税收收入退还书》，由国库据以办理税款退还的方式为电子退库。（　　）

【解析】参见《税收征管操作规范》税收收入退还书开具相关规定。税务机关向国库传递《中华人民共和国税收收入退还书》，由国库据以办理税款退还的方式为手工退库。

【答案】错误

9. 申报期后，税务机关应对未按照规定期限办理纳税申报和报送纳税资料的纳税人和扣缴义务人，依据《逾期未申报清册》，逐户制作《责令限期改正通知书》，并送达给纳税人、扣缴义务人。 （　　）

【解析】参见《税收征管操作规范》催报处理相关规定。

【答案】正确

10. 依据《欠税公告办法（试行）》，公告的欠税包括税款、滞纳金和罚款。

（　　）

【解析】参见《税收征管操作规范》欠税公告相关规定。公告的欠税不包括滞纳金和罚款。

【答案】错误

11. 税务机关与国库对税款缴库、退库、调库数据进行核对的过程是金库对账。

（　　）

【解析】参见《税收征管操作规范》金库对账相关规定。

【答案】正确

12. 对已建立社会保险参保缴费信息关联后，缴费人参保信息发生变化需要同步更新征收系统关联信息时发生的业务。 （　　）

【解析】参见《税收征管操作规范》社会保险参保缴费信息关联变更相关规定。

【答案】正确

13. 对非居民企业在中国境内取得工程作业和劳务所得应缴纳的所得税，税务机关可以指定工程价款或者劳务费的支付人为扣缴义务人。 （　　）

【解析】参见《税收征管操作规范》扣缴义务人指定相关规定。

【答案】正确

14. 全国税收调查的对象由重点调查企业和抽样调查企业组成，均为独立缴纳增值税的企业。 （　　）

【解析】参见《税收征管操作规范》税收调查企业认定相关规定。

【答案】正确

15. 纳税人应进行土地增值税清算或经主管税务机关确定需要进行清算，但拒不清算或不提供清算资料的及在土地增值税清算审核中符合《土地增值税清算管理规程》（国税发〔2009〕91 号）第三十四条的，税务机关可依职权对其进行土地增值税清算核定工作。 （　　）

【解析】参见《税收征管操作规范》土地增值税清算核定相关规定。

【答案】正确

16. 根据《财政部 国家税务总局关于在部分行业试行农产品增值税进项税额核定扣除办法的通知》(财税〔2012〕38 号)规定，对财政部和国家税务总局以及省财政厅、税务局纳入试点范围的增值税一般纳税人购进农产品增值税进项税额，实施核定扣除办法。试点纳税人购进农产品、应税劳务和应税服务不再凭增值税扣税凭证抵扣增值税进项税额。 ( )

【解析】参见《税收征管操作规范》农产品增值税进项税额扣除标准核定相关规定。试点纳税人购进农产品不再凭增值税扣税凭证抵扣增值税进项税额，购进除农产品以外的货物、应税劳务和应税服务，增值税进项税额仍按现行有关规定抵扣。

【答案】错误

17. 缴费人、扣缴义务人因各种原因造成实际缴纳的社会保险费金额大于应缴纳金额的，可以提交退费申请。税务机关发现缴费人多缴费款的，应当立即核实应退费额、账户等相关情况，通知缴费人或扣缴义务人提交退费申请。 ( )

【解析】参见《税收征管操作规范》社会保险费退费申请管理相关规定。

【答案】正确

18. 税务机关发票管理人员定期或不定期对发票库房、发票柜台的库存情况进行盘点，将盘存信息与发票库存信息相比较形成盘存报告表，及时发现、解决问题。

( )

【解析】参见《税收征管操作规范》发票盘存管理相关规定。

【答案】正确

19. 自 2022 年 4 月 1 日起，加大中小微企业增值税期末留抵退税政策力度，将先进制造业按月全额退还增值税增量留抵税额政策范围扩大至符合条件的中小微企业(含个体工商户)，并一次性退还小微企业存量留抵税额。 ( )

【解析】自 2022 年 4 月 1 日起，加大小微企业增值税期末留抵退税政策力度，将先进制造业按月全额退还增值税增量留抵税额政策范围扩大至符合条件的小微企业(含个体工商户)，并一次性退还小微企业存量留抵税额。

【答案】错误

20. 对于纳税信用级别为 A 级、B 级的企业，因住所、经营地点在京津冀、成渝地区双城经济圈区域内跨省(市)迁移涉及变更主管税务机关的，对于符合条件的企业，迁出地税务机关即时将企业相关信息，推送至迁入地税务机关，迁入地税务机关自动办理接入手续，企业原有纳税信用级别等资质信息、增值税期末留抵税额等权益信息可予承继。 ( )

【解析】参见《国家税务总局关于进一步深化税务领域“放管服”改革 培育和激发市场主体活力若干措施的通知》(税总征科发〔2021〕69 号)相关规定。

【答案】正确

21. 自2021年11月1日起，制造业小微企业（含个人独资企业、合伙企业、个体工商户）延缓缴纳部分税费。（　　）

【解析】自2021年11月1日起，制造业中小微企业（含个人独资企业、合伙企业、个体工商户）延缓缴纳部分税费。

【答案】正确

22. 税务机关确定重大税收违法失信主体，向社会公布失信信息，并将信息通报相关部门实施监管和联合惩戒。（　　）

【解析】参见《重大税收违法失信主体信息公布管理办法》相关规定。

【答案】正确

23. 自2023年4月1日起，纳税人在市场监管部门依法办理变更登记后，无需向税务机关报告登记变更信息。（　　）

【解析】参见《国家税务总局关于优化若干税收征管服务事项的通知》（税总征科发〔2022〕87号）。

【答案】正确

24. 对已在市场监管部门办理注销，但在核心征管系统2019年5月1日前已被列为非正常户注销状态的纳税人，主管税务机关可直接进行税务注销。（　　）

【解析】根据《国家税务总局关于优化若干税收征管服务事项的通知》（税总征科发〔2022〕87号）规定，对已在市场监管部门办理注销，但在核心征管系统2019年5月1日前已被列为非正常户注销状态的纳税人，主管税务机关可直接进行税务注销。

【答案】正确

25. 被税务机关认定为非正常户的市场主体，在解除非正常状态之前，歇业期间可以简化纳税申报方式。（　　）

【解析】被税务机关认定为非正常户的市场主体，在解除非正常状态之前，歇业期间不适用简化纳税申报方式。

【答案】错误

26. 2023年5月，某纳税人选择放弃减免税，应当向税务机关报送纳税人放弃免（减）税权声明。（　　）

【解析】自2023年2月1日起，纳税人办理《取消报送涉税费资料清单》所列的税费业务事项，不再向税务机关报送相关资料，其中包括纳税人放弃免（减）税权声明。

【答案】错误

27. 税务机关或纳税人发现同一纳税人存在多条档案情况下，无需经纳税人核实确认，税务机关可直接进行合并档案操作。（　　）

【解析】根据《税收征管操作规范》规定，税务机关或纳税人发现同一纳税人存在多条档案情况下，经纳税人核实确认后，税务机关可进行合并档案操作。

【答案】错误

28. 虚开增值税发票或者虚开用于骗取出口退税、抵扣税款的其他发票的，属于重大税收违法失信主体。（　　）

【解析】虚开增值税专用发票或者虚开用于骗取出口退税、抵扣税款的其他发票的，属于重大税收违法失信主体。

【答案】错误

29. 对查封的商品、货物或者其他财产，税务机关可以指令被执行人负责保管，保管责任由被执行人承担，但是查封的财产不允许被执行人继续使用。（　　）

【解析】当税务机关采取强制执行措施，对纳税人的价值相当于应纳税款的商品、货物或其他财产进行查封时，可以指令被执行人负责保管这些被查封的财产。如果继续使用这些被查封的财产不会减少其价值，税务机关还可以允许被执行人继续使用这些财产。

【答案】错误

30. 扣缴义务人依法履行代扣、代收税款义务时，纳税人拒绝的，扣缴义务人可以依照法定程序采取税收保全或强制执行措施。（　　）

【解析】税收保全或强制执行措施只能由税务机关实施。

【答案】错误

31. 税务机关核销死欠是一种内部会计处理方法，并不是放弃追缴税款的权利。

（　　）

【解析】根据《欠缴税金核算管理暂行办法》（国税发〔2000〕193 号）第八条规定，“核销死欠”明细科目，核算反映纳税人发生破产、撤销情形，经过法定清算，被国家主管机关依法注销或吊销其法人资格，纳税人已消亡，税务机关依照法律法规规定，根据法院判决书或法定清算报告核销的欠缴税金及滞纳金。“核销死欠”仅指税收会计在账务处理上的核销，是一种内部会计处理方法，并不产生免除企业补缴欠税及滞纳金的法律效果。

【答案】正确

32. 市场主体因自然灾害、事故灾难、公共卫生事件、社会安全事件等原因造成经营困难，按照《中华人民共和国市场主体登记管理条例》第三十条规定办理歇业的，不需要另行向税务机关报告。（　　）

【解析】根据《国家税务总局关于简化办理市场主体歇业和注销环节涉税事项的公告》（国家税务总局公告 2022 年第 12 号）规定，简化市场主体歇业环节的税收报告和纳税申报，市场主体因自然灾害、事故灾难、公共卫生事件、社会安全事件等原因造成经营困难，按照《中华人民共和国市场主体登记管理条例》第三十条规定办理歇业的，不需要另行向税务机关报告。

【答案】正确

33. 企业或者单位欠税的，欠税公告应公告企业或单位的名称、纳税人识别号、法定代表人或负责人姓名、经营地点、欠税税种和欠税余额。（ ）

【解析】企业或单位欠税的，应公告企业或单位的名称、纳税人识别号、法定代表人或负责人姓名、居民身份证或其他有效身份证件号码、经营地点、欠税税种、欠税余额和当期新发生的欠税金额。

【答案】错误

34. 甲公司由于资金回笼困难，2019 年 11 月的应纳增值税税款无法按时缴纳，于是在 12 月 8 日申请延期纳税。由于未获税务部门批准，按规定甲公司应自税务部门不予批准之日起，计算并缴纳滞纳金。（ ）

【解析】甲公司应从滞纳税款之日起，计算并缴纳滞纳金。

【答案】错误

35. 一般情况下，税收规章不作为税收司法的直接依据。（ ）

【解析】税收规章虽然对税收征管和税务处理具有一定的指导作用，但在涉及税务争议的司法解决过程中，法院或仲裁机构更倾向于依据税法等更为直接和具体的法律规定进行裁决。

【答案】正确

36. 纳税义务期限届满或担保期间，纳税人或者纳税担保人请求税务机关及时行使权利，而税务机关怠于行使权利致使质物价格下跌造成损失的，税务机关应当对直接损失承担赔偿责任。（ ）

【解析】根据《纳税担保试行办法》规定，纳税义务期限届满或担保期间，纳税人或者纳税担保人请求税务机关及时行使权利，而税务机关怠于行使权利致使质物价格下跌造成损失的，税务机关应当对直接损失承担赔偿责任。

【答案】正确

37. 纳税保证人，是指在中国境内具有纳税担保能力的自然人、法人或者其他经济组织。法人或其他经济组织财务报表资产净值超过需要担保的税额及滞纳金 2 倍以上的，自然人、法人或其他经济组织所拥有或者依法可以处分的未设置担保的财产的价值超过需要担保的税额及滞纳金的，为具有纳税担保能力。（ ）

【解析】参见《纳税担保试行办法》第八条。

【答案】正确

38. 根据相关税收法规定，不超过免征额的不征税，超过免征额的全额征税。

（ ）

【解析】免征额是指在课税对象全部数额中免予征税的数额，即按照一定标准从课税对象全部数额中预先扣除的数额，免征额部分不征税，只对超过免征额部分征税。

【答案】错误

39. 某纳税人 2022 年 8 月因资金困难形成欠税 300 万元，同年 10 月主管税务机关依法对其实施强制措施时发现已无可供执行的财产，调查发现该纳税人于 2022 年 3 月将一商铺无偿转让给关联企业。针对该纳税人转让行为，税务机关可以在 2024 年 8 月行使撤销权。（　　）

【解析】《中华人民共和国民法典》第五百四十一条规定，撤销权自债权人知道或者应当知道撤销事由之日起一年内行使。

【答案】错误

40. 税务机关移送危害税收征管犯罪案件，应按照属地原则，向负责该案件查处工作的税务机关属地的检察机关移送，由检察机关提起公诉。（　　）

【解析】税务机关移送危害税收征管犯罪案件，应按照属地原则，向负责该案件查处工作的公安机关进行移送。

【答案】错误

41. 同为税务法律关系主体，税务行政主体在作出行政行为时，必须征得税务行政相对人的同意。（　　）

【解析】税务法律关系中，税法具有强制性特征。税务行政主体在作出行政行为时，是依据法律规定行使职权，无需征得税务行政相对人的同意。

【答案】错误

42. 受票方收到数电票自行打印后，纸质打印件上没有加盖销售方发票专用章的，不可以作为税收凭证。（　　）

【解析】纳税人以数电票的纸质打印件可以作为报销入账的凭证，无需要求销售方在纸质打印件上加盖发票专用章，但必须同时保存打印该纸质件的电子文件。

【答案】错误

43. 主管税务机关将应退税款抵扣欠缴税款的行为属于行政强制执行。（　　）

【解析】应退税款抵扣欠缴税款是一种税款结算制度，不涉及从存款中扣缴税款和扣押、查封、拍卖、变卖强制行为。

【答案】错误

44. 签订委托代征协议的税务机关应当是县以上（含本级）税务局。（　　）

【解析】根据《委托代征管理办法》（国家税务总局公告 2013 年第 24 号）规定，该办法所称税务机关，是指县以上（含本级）税务局。

【答案】正确

45. 税务稽查底稿在法律上属于书证的一种形式。（　　）

【解析】书证是指以文字、符号、图画等所表达和记载的内容来证明案件事实的证据。稽查工作底稿，作为记录稽查过程的重要文件，以其书写的内容来证明待证事实，因此符合书证的定义。

【答案】正确

46. 对于举报案件，负责查处的税务机关应当将查处结果告知检举人，并提供相应的《税务处理决定书》和《税务处罚决定书》。（　　）

【解析】负责查处的税务机关应当应检举人的要求，将与检举线索有关的查办结果简要告知检举人。

【答案】错误

47. 县以上各级税务机关及其派出机构可以制定税务规范性文件。（　　）

【解析】税务规范性文件，是指县以上税务机关依照法定职权和规定程序制定并发布的，影响纳税人、缴费人、扣缴义务人等税务行政相对人权利、义务，在本辖区内具有普遍约束力并在一定期限内反复适用的文件。

【答案】错误

四、简答题

1. 什么是纳税担保？

【解析】参见《税收征管操作规范》纳税担保相关规定。

【答案】可以从以下方面进行阐述。

纳税担保是指纳税人为保证按时足额缴纳税款及滞纳金，由纳税人或第三人向税务机关提出申请，以其未设置担保物权或未全部设置担保物权的财产向税务机关提供担保，或由税务机关认可的纳税保证人为纳税人提供纳税保证。纳税担保包括：纳税担保申请确认、纳税担保解除处理、纳税担保到期处理。

2. 什么是税收保全？

【解析】参见《税收征管操作规范》税收保全相关规定。

【答案】可以从以下方面进行阐述。

税务机关有根据认为纳税人有不履行纳税义务可能的，可以在规定的纳税期之前，责令限期缴纳应纳税款；在限期内发现纳税人有明显的转移、隐匿其应纳税的商品、货物以及其他财产或者应纳税的收入的迹象的，税务机关可以责成纳税人提供纳税担保。如果纳税人不能提供纳税担保，经县以上税务局（分局）局长批准，税务机关可以采取书面通知纳税人开户银行或者其他金融机构冻结纳税人的金额相当于应纳税款的存款、扣押查封纳税人的价值相当于应纳税款的商品、货物或者其他财产的税收保全措施。税务机关采取上述规定的措施应当书面通知纳税人并制作现场笔录。

五、论述题

请简述税务行政处罚听证办理规范。

【解析】参见《税收征管操作规范》税务行政处罚听证相关规定。

【答案】可以从以下方面进行阐述。

税务机关拟对公民处以2000元（含）以上，对法人或其他组织处以10000元（含）以上的罚款或吊销发票准印证等处罚，向公民、法人或其他组织送达《行政处罚事项告知书》或《税务行政处罚事项告知书》，当事人提出行政处罚听证申请的，依法审查受理行政处罚听证申请、组织实施听证。税务机关应当在收到当事人听证要求后7日内将《税务行政处罚听证通知书》送达当事人，15日内举行听证。

（1）受理

收到当事人的听证申请后，办理人员进行登记处理，审核当事人的申请是否符合受理条件，作出受理或不予受理的决定。如不受理，制作《税务事项通知书》（不予受理通知）；如受理，制作《税务事项通知书》（受理通知）。

（2）准备

①委托处理受理纳税人的听证申请后，办理人员制作《听证主持授权委托书》经负责人签字后，交被委托人。

②听证通知办理人员制作《税务行政处罚听证通知书》或《社会保险费行政处罚听证通知书》，送达当事人。

③听证回避听证申请人收到听证通知书后，如果发现听证主持人需要回避的，申请回避。税务机关同意回避申请，重新制作《听证主持授权委托书》，负责人签字后交受托人，重新制作《税务行政处罚听证通知书》或《社会保险费行政处罚听证通知书》送达当事人。如果税务机关未同意听证申请人的回避申请，按期实施听证。

④听证延期听证申请人由于不可抗力或者其他特殊情况而耽误提出听证期限的，在障碍消除后5日以内，可以申请延长期限。听证主持人或者税务机关审核当事人的申请是否符合受理条件，作出受理或不予受理的决定。如不受理，制作《税务事项通知书》（不予受理通知），按期实施听证；如受理，制作《税务事项通知书》（受理通知），听证延期。

（3）听证实施

①听证实施在听证实施过程中，对听证过程的整个活动当场记录后，应交当事人或者其代理人、本案调查人员、证人及其他有关人员阅读或者向他们宣读，他们认为有遗漏或者有差错的，可以请求补充或者改正；他们在承认没有错误后，应当签字或者盖章；拒绝签名或者盖章的，记明情况附卷。之后，经听证主持人审阅并由听证主持人和记录员签名后，封卷上交税务机关负责人审阅。听证实施结束后，将听证情况和处理意见形成《听证报告》，报税务机关负责人审阅。

②听证中止、终止处理在听证实施过程中需要对听证进行中止、终止处理的，制作《税务事项通知书》（听证中止通知）或《税务事项通知书》（听证终止通知），送达当事人。听证主持人认为证据有疑问无法听证辨明，可能影响税务行政处罚的准确公正的，可以宣布中止听证，由本案调查人员对证据进行调查核实后再行听证。听证申请人或者其代理人应当按照税务机关的通知参加听证，无正当理由不参加的，视为放弃听证权利，听证应当予以终止；听证过程中，听证申请人或者其代理人违反听证秩序，听证主持人应当警告制止，对不听制止的，可以责令其退出听证会场，听证申请人或者其代理人有以上规定严重行为致使听证无法进行的，听证主持人或者税务机关可以终止听证。

错题、要点整理页

第四章　税收风险管理

>>本章知识框架

节	细目	知识点	学习进度
税收风险管理概述	相关概念	【知识点1】风险的概念	
		【知识点2】风险管理的概念	
		【知识点3】风险管理过程	
		【知识点4】税收风险	
	税收风险的类型和成因	【知识点1】税收风险类型	
		【知识点2】企业税收遵从风险	
		【知识点3】税务部门内部风险	
	税收风险管理的基本原则和意义	【知识点1】税收风险管理的基本原则	
		【知识点2】税收风险管理的意义	
	税收风险管理工作的职责划分和工作机制	【知识点1】各级税务机关在税收风险管理中的职责	
		【知识点2】各级税务机关在税收风险管理中的工作机制	
	建立健全以“信用＋风险”为基础的新型监管机制	【知识点】建立健全以“信用＋风险”为基础的新型监管机制	
	加强重点领域风险防控和监管	【知识点】加强重点领域风险防控和监管	
税收风险管理的内容	税收风险管理的基本内容	【知识点】税收风险管理的基本内容	
	税收风险管理的重点工作	【知识点】税收风险管理的重点工作	

续表

节	细目	知识点	学习进度
税收风险应对方法（纳税评估）	纳税评估流程	【知识点1】确定纳税评估对象	
		【知识点2】收集纳税评估资料	
		【知识点3】纳税评估案头分析	
		【知识点4】纳税评估调查核实	
		【知识点5】评估处理与管理建议	
	纳税评估方法	【知识点1】核对法	
		【知识点2】比较分析法	
		【知识点3】逻辑推理法	
	纳税评估指标的设定	【知识点1】纳税评估指标的构成要素	
		【知识点2】纳税评估常用分析指标	
		【知识点3】纳税评估模型的构建及完善	
		【知识点4】纳税评估模型的主要应用	
企业常见的税收风险	增值税常见风险	【知识点1】销项税额类风险	
		【知识点2】进项税抵扣类风险	
		【知识点3】增值税优惠类风险	
	企业所得税常见风险	【知识点1】应税收入类风险	
		【知识点2】扣除类风险	
		【知识点3】资产类风险	
		【知识点4】损失类风险	
		【知识点5】优惠类风险	
		【知识点6】其他风险	
	个人所得税常见风险	【知识点1】职工工资薪金所得风险	
		【知识点2】自然人股东所得风险	
		【知识点3】其他人员所得风险	

>>习题演练

一、单项选择题

1. 下列不属于税收风险管理基本内容的是（　　）。

A. 目标规划　　B. 风险识别

C. 风险应对　　D. 后续管理

【解析】税收风险管理的基本内容包括目标规划、信息收集、风险识别、等级排序、风险应对、过程监控和评价反馈。

【答案】D

2. 某税务局税收管理员小夏、小王、小李、小陈在一起讨论税收风险管理的意义，下列说法错误的是（　　）。

A. 小夏认为，税收风险管理是现代税收管理的先进理念和国际通行做法，是构建科学严密的税收征管体系的核心工作

B. 小王认为，税收风险管理是完成组织收入目标的重要抓手，有助于找准税收漏洞，促进税收收入的可持续增长

C. 小李认为，税收风险管理可以实现税收管理效能的最大化，不断提高税收管理的水平和质量

D. 小陈认为，税收风险管理可以把有限的征管资源优先配置到中低风险领域和特定行业税收领域

【解析】税收风险管理可以把有限的征管资源优先配置到高风险领域和大企业税收领域。

【答案】D

3. 某市税务局在推进纳税人差别化精准管理工作中，根据辖区企业风险定级情况，制定分级分类管理方案。下列说法错误的是（　　）。

A. 对暂未发现风险的纳税人不打扰

B. 对低风险纳税人予以提醒辅导

C. 对中风险纳税人加强辅导

D. 对高风险纳税人重点监管

【解析】通过加强税收风险管理，对纳税人实施差别化精准管理，对暂未发现风险的纳税人不打扰，对低风险纳税人予以提醒辅导，对中高风险纳税人重点监管。

【答案】C

4. 在风险应对过程中，对确定风险等级为高的风险任务，一般采取的风险应对方

式是（　　）。

A. 风险提醒　　B. 纳税评估

C. 税务审计　　D. 税务稽查

【解析】风险应对根据风险等级不同实行差异化应对手段，一般情况下，低风险任务采取风险提醒；中风险任务采取纳税评估，其中，大企业采取税务审计，进出口企业采取反避税调查；高风险任务采取税务稽查。

【答案】D

5. 县、区级税务机关重点应做好的税收风险管理工作是（　　）。

A. 风险识别　　B. 风险应对

C. 过程监控　　D. 评价反馈

【解析】市、县税务机关重点做好税收风险应对工作，必要时也可以组织开展风险分析识别工作；县、区级税务机关应重点做好风险应对工作。

【答案】B

6. 税收风险管理的关键环节或者基础环节是（　　）。

A. 风险识别　　B. 信息采集

C. 目标规划　　D. 风险等级排序

【解析】根据《国家税务总局关于加强税收风险管理工作的意见》（税总发〔2014〕105 号）规定，风险识别是税收风险管理技术层面的第一个环节，是整个风险管理的关键环节或者基础环节。

【答案】A

7. 各级税务机关要落实信息管税的工作思路，注重收集宏观经济信息、第三方涉税信息、企业财务信息、生产经营信息、纳税申报信息，整合不同应用系统信息，建立（　　）信息库。

A. 税收申报　　B. 部门基础

C. 企业基础　　D. 其他基础

【解析】各级税务机关要注重收集宏观经济信息、第三方涉税信息、企业财务信息、生产经营信息、纳税申报信息，整合不同应用系统信息；建立企业基础信息库，并定期予以更新。

【答案】C

8. 税务机关根据风险识别结果，确定风险纳税人及风险等级，统一推送下达风险应对任务。税务机关对风险应对任务下达应当实施（　　）。

A. 统一管理　　B. 扎口管理

C. 分类管理　　D. 分级管理

【解析】风险应对任务应扎口管理并统一推送下达。

【答案】B

9. 通过对行业涉税信息筛选、整理、测算、分析，归纳描述行业风险发生规律，并以若干行业风险特征和公认的参数区间构成的风险特征指标体系和数学模型是（　　）。

A. 行业风险分析模型

B. 行业风险特征指标

C. 特定风险事项识别

D. 行业风险分析案例

【解析】行业税收风险分析模型是通过对行业涉税信息筛选、整理、测算、分析，归纳描述行业风险发生规律，并以若干行业风险特征和公认的参数区间构成的风险特征指标体系和数学模型。

【答案】A

10. 税收风险管理的核心目标是（　　）。

A. 提高纳税遵从

B. 以风险管理为导向

C. 转变管理职能，发挥资源优势

D. 创新管理方式，优化资源配置

【解析】税收风险管理贯穿于税收工作的全过程，是税务机关运用风险管理理论和方法，在全面分析纳税人税法遵从状况的基础上，针对纳税人不同类型不同等级的税收风险，合理配置税收管理资源，通过风险提醒、纳税评估、税务审计、反避税调查、税务稽查等风险应对手段，防控税收风险，提高纳税人的税法遵从度，提升税务机关管理水平的税收管理活动。

【答案】A

11. 税收风险管理是一个分层的结构化的流程，是一个循环往复的流程，包括：①目标规划；②风险识别；③等级排序；④风险应对；⑤实施过程监控评估和评价反馈；⑥信息收集等环节。这些环节循环的顺序是（　　）。

A. ①②③④⑤⑥　　B. ⑥④⑤③②①

C. ①②③⑥⑤④　　D. ①⑥②③④⑤

【解析】税收风险管理的基本内容包括目标规划、信息收集、风险识别、等级排序、风险应对、过程监控和评价反馈，以及通过评价成果应用于规划目标的修订校正，从而形成良性互动、持续改进的管理闭环。

【答案】D

12. 某税务局税收管理员小刘、小王、小李、小陈一起讨论税收风险应对任务管理的意义，下列说法错误的是（　　）。

A. 小刘认为，税收风险应对任务管理是税收风险管理的基础环节和首要环节

B. 小王认为，税收风险应对任务管理就是对上级推送的风险应对任务进行整合，实现不同纳税人多条风险应对任务归集

C. 小李认为，税收风险应对任务管理应依据行业、规模等分类标准进行结构分布分析

D. 小陈认为，税收风险应对任务管理通过任务过滤管理可以提高风险管理对象精准度

【解析】税收风险应对任务管理就是对上级推送的风险应对任务进行整合，实现同一纳税人多条风险应对任务的按户归集。

【答案】B

13. A 工业企业 2018 年度利润总额为 100 万元，主营业务收入为 1000 万元，主营业务成本为 600 万元，应纳所得税税额为 30 万元，该企业 2018 年的企业所得税贡献率是（　　）。

A. 3%　　B. 30%

C. 25%　　D. 7.5%

【解析】所得税贡献率 = 应纳所得税税额 ÷ 主营业务收入 × 100% = 30 ÷ 1000 × 100% = 3%

【答案】A

14. 在主营业务收入变动率与主营业务成本变动率弹性分析中，主营业务收入变动率与主营业务成本变动率弹性系数 = 主营业务收入变动率 ÷ 主营业务成本变动率，下列分析正确的是（　　）。

A. 正常情况下二者基本同步增长，比值接近 1

B. 当弹性系数 < 1，且相差较大，二者都为正时，可能存在企业多列成本费用、扩大税前扣除范围等问题

C. 当弹性系数 > 1，且相差较大，二者都为负时，可能存在企业多列成本费用、扩大税前扣除范围等问题

D. 当弹性系数为负数，且前者为负后者为正时，可能存在企业多列成本费用、扩大税前扣除范围等问题

【解析】根据《纳税评估管理办法（试行）》（国税发〔2005〕43 号）规定，正常情况下二者基本同步增长，比值接近 1。当比值 < 1，且相差较大，二者都为负时，可能存在企业多列成本费用、扩大税前扣除范围等问题；当比值 > 1，且相差较大，二者都为正时，可能存在企业多列成本费用、扩大税前扣除范围等问题；当比值为负数，且前者为正后者为负时，可能存在企业多列成本费用、扩大税前扣除范围等问题。

【答案】A

15. 在纳税评估案头分析阶段，税务机关在纳税人基本资料审核时，对小型微利企业低税率优惠的审核内容不包括（ ）。

A. 企业所从事行业是否属于国家非限制和禁止行业

B. 企业年度应纳税所得额、资产总额和从业人数是否符合规定要求

C. 申报的减免税金额是否正确

D. 企业申报的财务报表是否齐全

【解析】小型微利企业低税率优惠的审核内容主要有：①企业所从事行业是否属于国家非限制和禁止行业；②企业年度应纳税所得额、资产总额和从业人数是否符合规定要求；③申报的减免税金额是否正确。

【答案】D

16. 下列不属于纳税评估必经程序的是（ ）。

A. 审核分析　　B. 实地核查

C. 评定处理　　D. 确定评估对象

【解析】根据《纳税评估管理办法（试行）》（国税发〔2005〕43 号）规定，对案头审核能够排除疑点的可以不实地核查。

【答案】B

17. 下列对纳税人进行评估发现的问题，应由主管税务机关约谈纳税人的是（ ）。

A. 企业因计算和填写错误，少申报税款 3000 元

B. 企业因政策和程序理解偏差，少申报税款 4000 元

C. 需要提请企业进行陈述说明、补充提供举证资料等问题

D. 企业存在的疑点问题经核实不具有偷税等违法嫌疑

【解析】企业因计算和填写错误，少申报税款 3000 元和企业因政策和程序理解偏差，少申报税款 4000 元可由企业自行改正；企业存在的疑点问题经核实不具有偷税等违法嫌疑可以结案处理，无需约谈纳税人。

【答案】C

18. 2018 年 1 月，乙县税务局在纳税评估中发现 A 纳税人为了达到少缴税款的目的，虚列成本 100 万元，造成少申报企业所得税税款 25 万元。下列处理方法正确的是（ ）。

A. 移交税务稽查部门处理

B. 主管税务机关约谈纳税人

C. 主管税务机关报经县以上税务机关批准采取保全措施

D. 主管税务机关到生产经营场所了解情况、审核账目凭证

【解析】根据《纳税评估管理办法（试行）》（国税发〔2005〕43 号）规定，纳税

人该行为属于偷税，应移交稽查部门处理。

【答案】A

19. 税务审计是纳税评估中的特殊方式，其主要针对的是（　　）。

A. 大企业　　B. 一般纳税人

C. 小规模纳税人　　D. 小企业

【解析】根据国家税务总局关于进一步加强税收风险管理工作的要求，要切实发挥税务审计在大企业税收风险管理中的核心作用。

【答案】A

20. 税务机关在开展现场审计前，应发出（　　）提前通知现场审计对象。

A.《责令限期改正通知书》

B.《调账通知书》

C.《税务检查通知书》

D.《税务事项通知书》

【解析】税务机关确定现场审计对象后，应发出《税务事项通知书》提前通知企业。

【答案】D

21. 税务机关对纳税人提出的办税申请服务，能当场提供服务的要及时提供，不能及时提供的，应向纳税人（　　）。

A. 承诺服务时限，并在规定的时限内提供相关服务

B. 说明原因，并让纳税人过段时间再来看看

C. 说明原因，并请纳税人回去等候通知

D. 开辟绿色通道，特事特办

【解析】略。

【答案】A

22. 拟定风险应对任务对象时，对于无特殊情况，风险积分相同的纳税人，应优先纳入风险应对任务推送对象的是（　　）。

A. 信用评价积分较低的纳税人

B. 信用评价积分较高的纳税人

C. 生产经营规模较大的纳税人

D. 缴纳税款较少的纳税人

【解析】根据税收风险管理相关规定，拟定风险应对任务对象时，对于无特殊情况，风险积分相同的纳税人，信用评价积分较低的纳税人应优先纳入风险应对任务推送对象。

【答案】A

23. 增值税税负率是增值税评估分析指标之一，其计算公式正确的是（　　）。

A. 本期申报的销项税额 ÷ 本期应税销售收入 ×100%

B. 本期应纳增值税税额 ÷ 本期应税销售收入 ×100%

C. 本期实际缴纳的增值税税额 ÷ 本期利润总额 ×100%

D. 本期应纳增值税税额 ÷ 本期利润总额 ×100%

【解析】增值税税负率 = 本期应纳增值税税额 ÷ 本期应税销售收入 ×100%

【答案】B

24. 关于存货周转率的评估分析，下列说法正确的是（　　）。

A. 存货周转率越高，表明纳税人存货资产变现能力越弱

B. 存货周转率过快，纳税人可能存在多列成本的问题

C. 存货周转率越低，表明企业存货资产变现能力越强

D. 存货周转率过慢，纳税人不可能存在账外经营的问题

【解析】一般来讲，存货周转速度越快，存货占用水平越低，流动性越强，存货转化为现金或应收账款的速度就越快，这样会增强企业的短期偿债能力及获利能力。存货周转率反映了企业销售效率和存货使用效率。在正常情况下，如果企业经营顺利，存货周转率越高，说明企业存货周转得越快，企业的销售能力越强，营运资金占用在存货上的金额也会越少。

【答案】B

二、多项选择题

1. 涉税数据主要包括（　　）。

A. 纳税人报送的数据

B. 税务机关采集的数据

C. 相关第三方数据

D. 国际情报交换数据

【解析】纳税人报送的数据、税务机关采集的数据、相关第三方数据、国际情报交换数据为涉税数据的主要范围。

【答案】ABCD

2. 税收风险管理是指税务机关运用风险管理的理念和方法，合理配置管理资源，通过实施差异化的风险应对措施，不断提高纳税遵从度的过程和方法。上述差异化的风险应对措施包括（　　）。

A. 风险提醒　　B. 纳税评估

C. 反避税调查　　D. 税务稽查

【解析】税收风险管理贯穿于税收工作的全过程，是税务机关运用风险管理理论和

方法，在全面分析纳税人税法遵从状况的基础上，针对纳税人不同类型不同等级的税收风险，合理配置税收管理资源，通过风险提醒、纳税评估、税务审计、反避税调查、税务稽查等风险应对手段，防控税收风险，提高纳税人的税法遵从度，提升税务机关管理水平的税收管理活动。

【答案】ABCD

3. 各级税务机关要通过加强税收风险管理，对纳税人实施差别化精准管理，促进纳税遵从。上述差别化精准管理包括（　　）。

A. 对暂未发现风险的纳税人加强监控

B. 对低风险纳税人予以提醒辅导

C. 对中高风险纳税人重点监管

D. 对愿意遵从的纳税人提供便利化办税条件

【解析】根据国家税务总局关于进一步加强税收风险管理工作的要求，通过加强税收风险管理，对纳税人实施差别化精准管理，对暂未发现风险的纳税人不打扰，对低风险纳税人予以提醒辅导，对中高风险纳税人重点监管。为愿意遵从的纳税人提供便利化办税条件，对不遵从的纳税人予以惩罚震慑，将从根本上解决纳税人不愿遵从或无遵从标准的问题，提高纳税遵从水平。

【答案】BCD

4. 风险识别是指税务机关对纳税人的涉税信息进行扫描、分析和识别，找出风险领域、环节或纳税人的过程。风险识别的主要内容包括（　　）。

A. 建立风险识别指标体系

B. 建立风险识别分析模型

C. 加工产生风险识别结果

D. 统计纳税人风险等级

【解析】根据国家税务总局关于加强税收风险管理工作的规定，统计纳税人风险等级属于等级排序环节的内容。

【答案】ABC

5. 风险管理部门根据风险分析识别成果，积极开展风险管理等级排序工作，下列属于税收风险管理等级排序内容的有（　　）。

A. 对风险数据信息扫描、分析和筛选

B. 建立风险纳税人库

C. 确定需应对风险的纳税人数量

D. 按户归集风险点

【解析】对风险数据信息扫描、分析和筛选，找出风险易发生纳税人群体是风险识别的内容。

【答案】BCD

6. 按照国家税务总局文件要求，在税收风险应对过程中，可采取的应对手段包括（　　）。

A. 以短信方式对纳税人进行风险提醒

B. 对存在涉税疑点的纳税人进行纳税评估

C. 某税务局因人手不足，请某会计师事务所对纳税人进行评估

D. 某税务局对纳税人的关联交易采取反避税调查

【解析】风险应对方式有风险提醒、纳税评估、反避税调查、税务审计。

【答案】ABD

7. 纳税评估中发现的下列问题，属于需要移交稽查部门处理的情况的有（　　）。

A. 纳税人计算错误问题

B. 纳税人政策和程序理解偏差

C. 纳税人有逃避追缴欠税嫌疑

D. 纳税人涉嫌虚开增值税专用发票行为

【解析】根据《纳税评估管理办法（试行）》（国税发〔2005〕43 号）规定，纳税人存在逃、骗、抗税行为以及税收违法行为涉嫌犯罪的应移交稽查部门处理。

【答案】CD

8. 在税务约谈时，下列做法正确的有（　　）。

A. 税务约谈要经所在税源管理部门批准并事先发出《税务约谈通知书》，提前通知纳税人

B. 税务约谈的对象主要是企业法定代表人

C. 纳税人因特殊困难不能按时接受税务约谈的，可向税务机关说明情况，经批准后延期进行

D. 纳税人可以委托具有执业资格的税务代理人进行税务约谈。税务代理人代表纳税人进行税务约谈时，应向税务机关提交纳税人委托代理合法证明

【解析】根据《纳税评估管理办法（试行）》（国税发〔2005〕43 号）第十九条规定，税务约谈的对象主要是企业财务会计人员。

【答案】ACD

9. 税务机关实地核查的事项包括（　　）。

A. 查看纳税人生产经营活动场所

B. 检查纳税人应纳税的商品、货物或者其他财产

C. 对纳税人以纸质、电子或其他介质为载体的记录和文件进行现场核查

D. 对纳税人实物资产进行现场核查

【解析】根据《纳税评估管理办法（试行）》（国税发〔2005〕43 号）第二十条规

定，对评估分析和税务约谈中发现的必须到生产经营现场了解情况、审核账目凭证的，应经所在税源管理部门批准，由税收管理员进行实地调查核实。对调查核实的情况，要作认真记录。需要处理处罚的，要严格按照规定的权限和程序执行。

【答案】ABCD

10. 运用对比分析法进行纳税评估时，需要考虑的因素有（　　）。

A. 季节性因素

B. 法定代表人变更因素

C. 经营规模因素

D. 价格因素

【解析】法定代表人变更因素对企业生产经营无较大影响。

【答案】ACD

11. 某县税务局评估人员老王和小李在对评估对象实施约谈过程中发生的下列情形，需转入实地核查环节的包括（　　）。

A. 纳税人拒绝主管税务机关约谈建议或不能在约定的期限内履行约谈承诺的

B. 纳税人在约谈说明中拒不解释评估人员提出的问题，或对评估人员提出的问题未能说明清楚的

C. 约谈后同意自查补税，或者选择以自查补税代替约谈说明，但未在约定的期限内自查补税且无正当理由的

D. 疑点全部被排除，未发现新疑点的

【解析】根据《纳税评估管理办法（试行）》（国税发〔2005〕43 号）规定，疑点全部被排除，未发现新的疑点和发现的计算和填写错误、政策和程序理解偏差等一般性问题的，应进行评估处理。

【答案】ABC

12. 在纳税评估时，可能导致企业所得税税收负担率低于同行业同期和本企业基期所得税负担率的情况有（　　）。

A. 少列费用

B. 多列成本

C. 不计或少计收入

D. 擅自扩大税前扣除范围

【解析】企业所得税税收负担率低于同行业同期和本企业基期所得税负担率，可能存在不计或少计销售（营业）收入、多列成本费用、扩大税前扣除范围等问题。

【答案】BCD

13. 下列纳税人中，属于纳税评估重点分析对象的有（　　）。

A. 重点税源户

B. 日常管理和税务检查中发现较多问题的纳税人

C. 逾期未申报的纳税人

D. 长时间零税负和负税负申报的纳税人

【解析】根据《纳税评估管理办法（试行）》（国税发〔2005〕43号）规定，重点税源户、特殊行业的重点企业、税负异常变化、长时间零税负和负税负申报、纳税信用等级低下、日常管理和税务检查中发现较多问题的纳税人要列为纳税评估的重点分析对象。

【答案】ABD

14. 当前税收风险管理的重点工作包括（　　）。

A. 开展高收入者个人所得税风险管理工作

B. 做好增值税发票及出口退税风险管理工作

C. 加强户籍、登记及申报风险管理工作

D. 对大企业实施以税务总局为主体的风险分析及差别化应对

【解析】选项D，大企业税收风险管理方式，实施两级风险分析及差别化应对。

【答案】ABC

15. 实地调查核实可以采用的方法包括（　　）。

A. 实物盘存法　　B. 观察法

C. 查对法　　D. 账表核对法

【解析】选项D，账表核对法通常是在案头分析阶段采用的方法。

【答案】ABC

16. 税收征管质量5C监控评价是税务总局以大征管、大数据为立足点，基于税务机关、税务人员管理行为视角，以（　　）为核心，建立监控指标和评价模型，以服务政策制定、制度完善和领导决策为目的的管理活动。

A. 税款征收　　B. 纳税服务

C. 风险管控　　D. 税务检查

E. 自我纠正及法律救济

【解析】略。

【答案】ABCDE

17. 国家税务总局要求强化税务执法内部控制和监督，健全落实落细税费风险“四个有人管”制度体系。“四个有人管”具体包括（　　）。

A. 风险该发现没发现有人管

B. 风险指标该建立没建立有人管

C. 风险发现后没及时推送有人管

D. 风险推送后没及时处置有人管

E. 风险处置后没及时改进有人管

【解析】“四个有人管”是指“没发现风险有人管、没及时推送风险有人管、没及时应对风险有人管、应对风险效果不好有人管”。

【答案】ACDE

18. 评估人员在纳税评估过程中发现纳税人存在以下情形，应在纳税评估报告中注明“建议移交稽查部门处理”的有（　　）。

A. 涉嫌偷税

B. 涉嫌骗取出口退税

C. 存在税款计算错误的问题，纳税人对该问题与评估人员对处理办法达成一致的

D. 存在税收政策理解偏差的问题，纳税人对该问题与评估人员对处理办法达成一致的

【解析】根据《纳税评估管理办法（试行）》（国税发〔2005〕43 号）规定，纳税评估管理发现纳税人有偷税、逃避追缴欠税、骗取出口退税、抗税或其他需要立案查处的税收违法行为嫌疑的，要移交税务稽查部门处理。

【答案】AB

19. 关于建立健全新型监管机制的措施，下列说法正确的有（　　）。

A. 健全守信激励和失信惩戒制度

B. 建立健全纳税缴费信用评价制度

C. 在全面推行实名办税缴费制度基础上，实行纳税人缴费人动态信用等级分类和智能化风险监管

D. 健全以“数据集成 + 优质服务 + 风险应对 + 依法查处”为主要内容的自然人税费服务与监管体系

E. 依法加强对高收入高净值人员的税费服务与监管

【解析】中共中央办公厅、国务院办公厅印发的《关于进一步深化税收征管改革的意见》规定，健全以“数据集成 + 优质服务 + 提醒纠错 + 依法查处”为主要内容的自然人税费服务与监管体系。

【答案】ABCE

三、判断题

1. 实施税收风险管理，就是要把有限的征管资源优先配置到高风险领域和大企业税收领域，实现税源管理专业化，推动服务管理方式创新和税收管理体制变革。

（　　）

【解析】根据国家税务总局关于加强税收风险管理工作的规定，实施税收风险管

理，就是要把有限的征管资源优先配置到高风险领域和大企业税收领域，实现税源管理专业化，推动服务管理方式创新和税收管理体制变革。

【答案】正确

2. 对风险等级为中的风险任务，应采取的应对方式只能是纳税评估。（ ）

【解析】按风险等级高低不同，风险应对方式一般遵循的原则为：高风险任务采取税务稽查方式应对，中风险任务采取纳税评估、税务审计和反避税调查等应对方式，低等级风险采取提示提醒方式。

【答案】错误

3. 收集涉税信息主要是要收集税务机关掌握的内部数据，其他外部数据只作参考。（ ）

【解析】根据《国家税务总局关于加强税收风险管理工作意见》（税总发〔2014〕105 号）规定，各级税务机关要落实信息管税的工作思路，将挖掘和利用好内外部涉税信息作为税收风险管理工作的基础。注重收集宏观经济信息、第三方涉税信息、企业财务信息、生产经营信息、纳税申报信息，整合不同应用系统信息。建立企业基础信息库，并定期予以更新。对于集团性大企业，还要注重收集集团总部信息。

【答案】错误

4. 纳税人状态为非正常的，可列入风险应对纳税人清册，实施风险应对。（ ）

【解析】纳税人状态为非正常的，暂不列入风险应对纳税人清册，待解除非正常户后再列入风险应对纳税人清册。

【答案】错误

5. 税收风险管理中的风险一般是指纳税遵从风险，不包括税收执法风险、税务机关内部组织风险等。（ ）

【解析】题干为税收风险管理的内涵。

【答案】正确

6. 某区税务局风险评估岗小郑在风险识别过程中用到了速动比率，并将该指标划分为企业经营能力指标。（ ）

【解析】速动比率主要用于衡量企业的偿债能力，属于企业财务状况指标。

【答案】错误

7. 纳税评估分析报告和纳税评估工作底稿是税务机关内部资料，不发纳税人，不作为行政复议和诉讼依据。（ ）

【解析】根据《纳税评估管理办法（试行）》（国税发〔2005〕43 号）第二十二条规定，纳税评估分析报告和纳税评估工作底稿是税务机关内部资料，不发纳税人，不作为行政复议和诉讼依据。

【答案】正确

8. 纳税评估是指税务机关运用数据信息对比分析的方法，对纳税人和扣缴义务人纳税申报情况的真实性和准确性作出定性和定量的判断，并采取进一步征管措施的管理行为。 （ ）

【解析】根据《纳税评估管理办法（试行）》（国税发〔2005〕43号）第二条规定，纳税评估是指税务机关运用数据信息对比分析的方法，对纳税人和扣缴义务人纳税申报（包括减免缓抵退税申请）情况的真实性和准确性作出定性和定量的判断，并采取进一步征管措施的管理行为。

【答案】正确

9. 评估处理是纳税评估人员对评估对象进行评估分析或者进一步询问核实后，根据不同情形，按照有关规定，对评估对象的纳税申报情况进行评价并做出相应处理的过程。 （ ）

【解析】根据《纳税评估管理办法（试行）》（国税发〔2005〕43号）第十八条、第二十条规定，评估处理是纳税评估人员对评估对象进行评估分析或者进一步询问核实后，根据不同情形，按照有关规定，对评估对象的纳税申报情况进行评价并做出相应处理的过程。

【答案】正确

10. 纳税评估约谈结束后，税务机关制作的纳税评估约谈情况记录，应由约谈人、记录人和被约谈人签字确认。 （ ）

【解析】根据《纳税评估管理办法（试行）》（国税发〔2005〕43号）规定，纳税评估约谈结束后，税务机关制作的纳税评估约谈情况记录，应由约谈人、记录人和被约谈人签字确认。

【答案】正确

11. 在税种管理中，要把税收风险管理的方法与税种管理特点紧密结合起来，研究各税种的风险发生规律，建立税种风险分析指标体系和模型，形成体现税种特点的风险任务，并为开展综合性的统一应对提供专业支撑。 （ ）

【解析】在税种管理中，要把税收风险管理的方法与税种管理特点紧密结合起来，研究各税种的风险发生规律，建立税种风险分析指标体系和模型，形成体现税种特点的风险任务，并为开展综合性的统一应对提供专业支撑。

【答案】正确

12. 税收风险指标设定时，设定的各项指标，必须与分析的内容密切相关，必须能够反映和说明相关税收事项的内容和实质，这是结构性原则的要求。 （ ）

【解析】设定的各项指标，必须与分析的内容密切相关，必须能够反映和说明相关税收事项的内容和实质，这是税收风险指标的相关性原则。

【答案】错误

13. 税收风险模型构建的一般程序中，其最后的环节应当是建立评价制度。 （ ）

【解析】税收风险模型建立的一般程序应包括以下步骤：行业分类、典型调查、信息采集分析、风险指标确定、行业模型构建、模型验证及完善。

【答案】错误

14. 税收风险模型构建中信息采集分析环节，要求对劳动密集型企业，加强对生产不同产品的生产工时、工人数量、劳动生产率及设备生产能力等信息采集。 （ ）

【解析】略。

【答案】正确

15. 典型调查时，选取调查的企业样本数量应当大于或等于10。 （ ）

【解析】选取调查的企业样本数量应当大于或等于30。

【答案】错误

16. 税收风险管理计划执行过程中，完成计划所需的数据信息、人力资源、技术条件等尚未落实的，风险办成员单位、下级风险办、风险管理部门、风险应对机关可以提出中止、变更或撤销计划的建议。 （ ）

【解析】风险管理计划执行过程中，存在下列情况之一的，风险办成员单位、下级风险办、风险管理部门、风险应对机关可以提出中止、变更或撤销计划的建议：①相关税收政策发生重大调整；②完成计划所需的数据信息、人力资源、技术条件等尚未落实；③其他需要中止、变更或撤销计划的情况。

【答案】正确

17. 税收监管工作领导小组办公室是税收监管工作领导小组的办事机构。主要职责是：负责监管领导小组日常事务，统筹税收监管运营中心、现代化税收风险防控体系建设。 （ ）

【解析】略。

【答案】正确

四、简答题

1. 简述什么是税收风险管理。

【答案】可以从以下方面进行阐述。

税收风险管理贯穿于税收工作的全过程，是税务机关运用风险管理理论和方法，在全面分析纳税人税法遵从状况的基础上，针对纳税人不同类型不同等级的税收风险，合理配置税收管理资源，通过风险提醒、纳税评估、税务审计、反避税调查、税务稽查等风险应对手段，防控税收风险，提高纳税人的税法遵从度，提升税务机关管理水平的税收管理活动。

2. 税收风险管理是促进纳税遵从的根本途径。请结合工作实际，简要叙述对这一问题的认识。

【答案】可以从以下方面进行阐述。

通过加强税收风险管理，对纳税人实施差别化精准管理，对暂未发现风险的纳税人不打扰，对低风险纳税人予以提醒辅导，对中高风险纳税人重点监管。为愿意遵从的纳税人提供便利化办税条件，对不遵从的纳税人予以惩罚震慑，将从根本上解决纳税人不愿遵从或无遵从标准的问题，提高纳税遵从水平。

3. 请列举出在纳税评估案头分析中最应关注的重点内容。

【答案】可以从以下方面进行阐述。

对纳税人申报纳税资料进行审核分析时，要关注以下重点内容：

（1）纳税人是否按照税法规定的程序、手续和时限履行申报纳税义务，各项纳税申报附送的各类抵扣、列支凭证是否合法、真实、完整；

（2）纳税申报主表、附表及项目、数字之间的逻辑关系是否正确，适用的税目、税率及各项数字计算是否准确，申报数据与税务机关所掌握的相关数据是否相符；

（3）收入、费用、利润及其他有关项目的调整是否符合税法规定，申请减免缓抵退税，亏损结转、获利年度的确定是否符合税法规定并正确履行相关手续；

（4）与上期和同期申报纳税情况有无较大差异。

五、综合案例题

2019 年，某机电有限公司主要经营两类产品：一类适用增值税税率 13%（2019 年 4 月 1 日前为 16%），另一类为免税产品。该公司为高新技术企业，研究开发费用实行加计扣除，所得税实行优惠税率 15%。

分析人员在查看该公司的研发支出辅助账时，发现明细支出中有“专项费用”469.9 万元，经询问财务人员，“专项费用”具体包含“工装费”“运输费”“仓储费”“差旅费”等。此外，研发支出另有一项“设备费”，该项费用实质为设备折旧费，共列支 414.61 万元。分析中发现其会计凭证的原始凭证均是从“生产成本”账户中分配来的，是按生产产品与研究开发使用设备的工时进行分配的。

要求：在对该企业进行风险分析时，主要的风险点在哪些方面？核查研发费用时应重点关注哪些内容？

【答案】可以从以下方面进行阐述。

主要风险点：一是“专项费用”469.9 万元，这部分支出是否属于加计扣除的范围。主要分析其与研发活动的关联性，如果与研发活动无关，则不得在企业所得税税前加计扣除，应调增所得；如果属于“其他相关费用”，则应受 10% 的限制。二是

“设备费”，该项费用实质为设备折旧费，共列支414.61万元。分析中发现其会计凭证的原始凭证均是从“生产成本”账户中分配来的，是按生产产品与研究开发使用设备的工时进行分配的，因其设备同时从事或用于非研发活动的，应对其人员活动及仪器设备、无形资产使用情况作必要记录，并将其实际发生的相关费用按实际工时占比等合理方法在研发费用和生产经营费用间分配，未分配的不得加计扣除。

核查研发费具体费用支出时，应特别注意：

（1）消耗的材料、燃料和动力等费用是否属于直接消耗，如为间接费用，则不能享受加计扣除政策。

（2）申请享受加计扣除的研发人员是否属于企业直接从事研发活动的研究人员、技术人员、辅助人员。

（3）核查折旧费，是否包含了房屋、建筑物等不动产的折旧。

（4）核查无形资产摊销费，查看申请享受加计扣除摊销费的软件、专利权、非专利技术等无形资产是否用于研发活动。

（5）允许加计扣除的费用仅指《财政部 国家税务总局 科技部关于完善研究开发费用税前加计扣除政策的通知》（财税〔2015〕119号）等文件列举的范围，核查其他费用，查看是否在文件列举的范围之外。

错题、要点整理页

第五章　大企业税收服务与管理

>> 本章知识框架

节	细目	知识点	学习进度
大企业税收服务与管理概述	大企业划分标准	【知识点】大企业的划分标准	
	大企业税收服务与管理的总体要求	【知识点】大企业税收服务与管理的基本原则	
	大企业税收服务与管理的重点工作	【知识点 1】大企业纳税服务	
		【知识点 2】制度规划建设	
		【知识点 3】千户集团数据管理	
		【知识点 4】千户集团税收风险程度测试指标体系建设	
		【知识点 5】大企业税收管理系统（税务审计软件）工作	
		【知识点 6】大企业税收风险分析	
		【知识点 7】大企业税收风险应对	
		【知识点 8】大企业税收经济分析	
		【知识点 9】明晰业务流程	
		【知识点 10】科学配置业务部门	
大企业数据管理	千户集团的概念	【知识点】千户集团的概念	
	千户集团名册管理	【知识点 1】千户集团名册管理范围	
		【知识点 2】千户集团名册信息	
		【知识点 3】千户集团名单	
		【知识点 4】千户集团名册管理工作中的主要职责	
		【知识点 5】千户集团名册信息核实	

续表

节	细目	知识点	学习进度
大企业数据管理	千户集团数据管理	【知识点 1】加强千户集团数据管理的主要目标	
		【知识点 2】千户集团数据管理的主要任务	
	千户集团基础信息报送	【知识点 1】报送内容	
		【知识点 2】报送方式	
		【知识点 3】报送时间	
		【知识点 4】报送指标要求	
		【知识点 5】工作要求	
	千户集团报表报送要求	【知识点 1】基本要求	
		【知识点 2】报送内容及格式要求	
	千户集团涉税电子财务数据采集	【知识点 1】采集对象	
		【知识点 2】采集方式	
		【知识点 3】采集时间	
		【知识点 4】采集内容	
	千户集团涉税电子财务数据安全管理	【知识点 1】涉税电子财务数据内容	
		【知识点 2】涉税电子财务数据采集规范	
		【知识点 3】涉税电子财务数据使用要求	
大企业个性化纳税服务	大企业个性化纳税服务内涵	【知识点】大企业个性化纳税服务内涵	
	大企业个性化纳税服务的主要任务	【知识点】大企业个性化纳税服务的主要任务	
大企业税收风险管理	大企业税收风险管理目标	【知识点】大企业税收风险管理目标	
	大企业税收风险管理特点	【知识点】大企业税收风险管理特点	
	大企业税收风险管理主要任务	【知识点 1】开展税务总局、省局两级税收风险统筹分析	
		【知识点 2】实施风险任务统一推送差别化应对	
		【知识点 3】加强风险应对过程管控	
		【知识点 4】深化风险应对结果应用	
	千户集团税收风险管理的主要原则	【知识点】千户集团税收风险管理的主要原则	

续表

节	细目	知识点	学习进度
大企业税收风险管理	千户集团税收风险管理的流程	【知识点 1】数据采集	
		【知识点 2】风险分析	
		【知识点 3】推送应对	
		【知识点 4】反馈考核	
大企业税收经济分析	大企业税收经济分析的工作任务	【知识点】大企业税收经济分析的工作任务	
	大企业税收经济分析的工作内容	【知识点 1】大企业税收经济分析的工作内容	
		【知识点 2】大企业税收经济分析的一般思路	
	大企业税收经济分析指标	【知识点】大企业税收经济分析指标	

>> 习题演练

一、单项选择题

1. 下列不属于千户集团数据管理工作的是（　　）。

A. 做好数据规划

B. 加强平台有机衔接

C. 规范企业端数据采集

D. 抓好数据联络员管理

【解析】千户集团数据管理包括：①做好数据规划；②推进名册管理；③强化税务端数据归集；④规范企业端数据采集；⑤加强第三方数据获取；⑥抓好数据联络员管理。

【答案】B

2. 按照目前千户集团电子财务数据采集工作要求，以下企业属于采集对象的是（　　）。

A. 集团及其境内成员企业

B. 挂靠经营的企业

C. 采取手工记账方式的企业

D. 注销、破产、关停并转的企业

【解析】千户集团电子财务数据采集对象为千户集团（包括扩围集团）总部及其成员企业。其中，非独立核算的企业，集团境外成员的企业，挂靠经营的企业，采取手工记账方式的企业，注销、破产、关停并转的企业，非正常户和未正式运营等企业不纳入数据采集对象。

【答案】A

3. 千户集团总部按月（季）度报送相关数据明细信息时，下列情形中，属于异常的是（　　）。

A. 资产总计等于负债合计与所有者权益之和

B. 职工人数不为整数值

C. 净利润小于营业收入

D. 营业收入等于境外营业收入和出口营业收入

【解析】参见千户集团基础信息报送指标要求。

【答案】B

4. 千户集团按年确定其成员企业。集团总部按照税务机关要求组织填报集团成员企业名册信息，并于每年（　　）月纳税申报期结束前报送省税务机关。

A. 1　　B. 4

C. 7　　D. 10

【解析】根据《千户集团名册管理办法》（国家税务总局公告2017年第7号）第九条规定，千户集团按年确定其成员企业。集团总部按照税务机关要求组织填报集团成员企业名册信息，并于每年10月纳税申报期结束前报送省税务机关。

【答案】D

5. 全国千户集团及其成员企业应附报的财务会计报表，是指按照企业所适用的会计准则、会计制度等编制的财务会计报表，不包括（　　）。

A. 资产负债表　　B. 现金流量表

C. 期间费用明细表　　D. 股东权益变动表

【解析】全国千户集团及其成员企业应附报的财务会计报表，是指按照企业所适用的会计准则、会计制度等编制的财务会计报表，包括资产负债表、利润表、现金流量表、所有者权益（股东权益）变动表、附注等。

【答案】C

6. 千户集团应设置负责数据采集，与税务机关大企业部门直接对接的联络员人数是（　　）名。

A. 1　　B. 2

C. 3　　D. 4

【解析】千户集团总部设置独立或兼职联络员1名。

【答案】A

7. 下列不属于大企业税收服务与管理工作原则的是（　　）。

A. 分类管理，提升层级

B. 平衡治理，合作遵从

C. 国地分立，各司其职

D. 风险导向，数据驱动

【解析】国家税务总局针对大企业税收工作特点，强调以下工作原则：分类管理，提升层级；平衡治理，合作遵从；风险导向，数据驱动；国地联合，部门协同。

【答案】C

8. 各级税务机关应按要求，对收集的企业税收风险信息以及遵从引导、遵从管控等环节反映的企业涉税风险情况在判别、评估基础上，对企业纳税遵从风险采取的措施是（　　）。

A. 针对性管理　　B. 宣传辅导

C. 辅导培训　　D. 税收管控

【解析】根据国家税务总局关于大企业税收服务和管理的规定，各级税务机关应按要求，对收集的企业税收风险信息以及遵从引导、遵从管控等环节反映的企业涉税风险情况在判别、评估基础上，对企业纳税遵从风险实施针对性管理。

【答案】A

9. 目前大企业税收服务与管理的对象不包括（　　）。

A. 千户集团企业总部

B. 千户集团所属成员单位

C. 高收入、高净值自然人

D. 省局、市局列名大企业

【解析】根据纳税人分级分类管理的相关规定，高收入、高净值自然人属于个人纳税人。

【答案】C

10. 税务机关应通过互联网、媒体、政府部门、走访企业等多种渠道收集大企业集团及其成员企业生产经营重大变化的相关信息。下列不属于大企业重要税收信息的是（　　）。

A. 税务登记变更信息

B. 重大投资项目信息

C. 企业重组信息

D. 日常产销信息

【解析】税务机关应通过互联网、媒体、政府部门、走访企业等多种渠道收集大企业集团及其成员企业生产经营重大变化的相关信息，包括税务登记变更信息、企业重组信息、重大投资项目信息、诉讼判决与仲裁裁定情况等。

【答案】D

11. 对于国家税务总局定点联系企业和省局列名的大企业，其数据抽取应采用的方式是（　　）。

A. 分散式抽取　　B. 统筹抽取

C. 集中式抽取　　D. 随机式抽取

【解析】国家税务总局制订税务总局定点联系企业的数据抽取方案、省局制订省局列名大企业的数据抽取方案，通知集团企业配合税务系统的统筹抽取数据。

【答案】B

12. 市级税务机关大企业数据采集人员或县级税务机关重点税源管理人员应通过互联网、媒体、政府部门、走访企业等多种渠道收集集团及其成员企业生产经营重大变化的相关信息，采集次数为每年（　　）次。

A. 1　　B. 2

C. 3　　D. 5

【解析】市级税务机关大企业数据采集人员或县级税务机关重点税源管理人员每年2次（1月、7月）通过互联网、媒体、政府部门、走访企业等多种渠道收集集团及其成员企业生产经营重大变化的相关信息。

【答案】B

13. 大企业税收风险管理是在按规模对纳税人进行分类的基础上，将大企业按行业、（　　）等级等标准进行细分，实施针对性管理。

A. 销售收入　　B. 纳税额

C. 风险　　D. 员工人数

【解析】大企业税收风险管理目标是通过加强税收风险管理，对纳税人实施差别化精准管理，对暂未发现风险的纳税人不打扰，对低风险纳税人予以提醒辅导，对中高风险纳税人重点监管。

【答案】C

14. 对于已经确认的风险和不确定事项依据涉税金额大小、问题性质重要程度、企业遵从意愿和遵从能力等因素进行风险等级排序并采取不同的应对手段。对于风险等级较低的问题可以采取的措施是（　　）。

A. 实施大企业税务审计

B. 下发企业责令限期自查

C. 实施税务稽查

D. 风险较低，不予处理

【解析】对于风险等级较低的问题可以归纳整理后下发企业责令限期自查。

【答案】B

15. 根据风险点分析的结果，形成风险分析报告。下列选项中，不属于风险分析报告内容的是（　　）。

A. 企业概况、生产经营基本情况和申报纳税情况

B. 风险分析的思路、程序、方法和结果

C. 确定实地审计的重点内容和核实的方法、步骤

D. 企业的人力资源管理情况

【解析】企业的人力资源管理情况不是风险分析报告的内容。

【答案】D

16. 各级税务机关大企业税收管理部门在处理需要征求其他部门意见的涉税诉求时，应先（　　），再征求其他相关部门意见。

A. 转交其他相关部门

B. 与相关部门召开涉税事项协调会议

C. 提出具体处理建议

D. 暂缓提出处理建议

【解析】各级税务机关大企业税收管理部门在处理需要征求其他部门意见的涉税诉求时，应先提出具体处理建议，再征求其他相关部门意见。大企业税收管理部门对企业涉税诉求的处理意见与其他相关部门意见一致的，由大企业税收管理部门直接回复企业；意见不一致的，由大企业税收管理部门提请召开大企业涉税事项协调会议，明确处理意见后及时回复企业。

【答案】C

17. 承担千户集团企业全国性的数据采集工作的是（　　）。

A. 税务总局　　B. 省级税务机关

C. 市级税务机关　　D. 县区级税务机关

【解析】税务总局承担千户集团企业全国性的数据采集工作。

【答案】A

二、多项选择题

1. 企业涉税数据管理工作主要风险点包括（　　）。

A. 未按规定采集企业涉税数据

B. 未按规定报送企业涉税数据

C. 未按规定对采集数据进行审核

D. 未按规定保存和使用企业涉税数据

【解析】涉税数据管理主要风险点包括：①未按规定采集企业涉税数据；②未按规定对采集数据进行审核；③未按规定保存和使用企业涉税数据。

【答案】ACD

2. 大企业税收风险管理内部控制的目标是通过（　　），形成运转高效、规范有序的管控制度，实现对大企业税收风险管理工作的制约和监督，提升管理的质量和效率。

A. 健全机制　　B. 规范流程

C. 明确岗责　　D. 完善措施

【解析】大企业税收风险管理内部控制的目标是：通过健全机制、规范流程、明确岗责、完善措施，形成运转高效、规范有序的管控制度，实现对大企业税收风险管理工作的制约和监督，提升管理的质量和效率。

【答案】ABCD

3. 千户集团税收风险管理，按照（　　）环节，实施全流程闭环管理。

A. 数据采集　　B. 风险分析

C. 推送应对　　D. 反馈考核

【解析】千户集团税收风险管理，以防范税收风险为导向，按照"数据采集—风险分析—推送应对—反馈考核"四个环节，实施全流程闭环管理。

【答案】ABCD

4. 各级税务机关大企业税收管理部门应根据风险评估报告，按照风险等级，对企业实施针对性管理措施，主要包括（　　）。

A. 纳税服务　　B. 约谈企业

C. 案头审计　　D. 反避税调查

【解析】各级税务机关大企业税收管理部门应根据风险评估报告，按照风险等级，对企业实施针对性管理措施，主要包括纳税服务、约谈企业、案头审计、布置企业自查、反避税调查等。

【答案】ABCD

5. 大企业税收服务和管理工作，应以纳税人的需求为导向，提供针对性的纳税服务，以风险为导向，实施科学高效、统一规范的专业化管理。可以防范和控制税务风险，提高税法遵从度，降低税收遵从成本的手段包括（　　）。

A. 遵从引导　　B. 遵从管控

C. 遵从应对　　D. 遵从保障

【解析】大企业税收服务和管理工作，应以纳税人的需求为导向，提供针对性的纳税服务，以风险为导向，实施科学高效、统一规范的专业化管理。通过有效的遵从引导、遵从管控和遵从应对，防范和控制税务风险，提高税法遵从度，降低税收遵从成本。

【答案】ABC

6. 企业税务风险内控体系包括（　　）。

A. 企业内控制度及其运行情况

B. 企业税务风险管理组织机构、岗位和职责

C. 企业税务风险识别和评估机制

D. 企业税务风险控制和应对机制

【解析】各级税务机关应定期调查和评价企业税务风险内控体系情况，包括企业内控制度及其运行情况，企业税务风险管理组织机构、岗位和职责，企业税务风险识别和评估机制，企业税务风险控制和应对机制，企业税务信息管理体系和沟通机制，税务风险管理的监督和改进机制，与企业内控体系有关的其他情况。

【答案】ABCD

7. 根据国家税务总局关于大企业税收服务和管理的规定，遵从引导包括（　　）。

A. 政策服务

B. 涉税诉求的受理和回复

C. 引导企业建立完善税务风险内控体系

D. 税收遵从协议的签订和实施

【解析】遵从引导是指通过个性化的纳税服务和专业化的税收管理，提高企业自身依法处理涉税事务的能力。包括政策服务、涉税诉求的受理和回复、引导企业建立完善税务风险内控体系、税收遵从协议的签订和实施。

【答案】ABCD

8. 根据国家税务总局关于大企业税收服务和管理的规定，遵从管控包括（　　）。

A. 税源监控

B. 风险识别和风险评估

C. 政策服务

D. 税收遵从协议的签订和实施

【解析】遵从管控包括税源监控、风险识别和风险评估。

【答案】AB

9. 各级税务机关大企业税收管理部门对采集的企业风险管理信息进行整理，查找企业在（　　）过程中存在的涉税风险。

A. 税务登记

B. 纳税申报

C. 税款缴纳

D. 履行其他涉税义务

【解析】根据国家税务总局关于大企业税收服务和管理的规定，各级税务机关大企业税收管理部门对采集的企业风险管理信息进行整理，查找企业在税务登记、纳税申报、税款缴纳以及履行其他纳税义务过程中存在的涉税风险。

【答案】ABCD

10. 企业因（　　）发生重大变化或影响而产生重大税务风险，可以及时向税务机关报告，以寻求税务机关的辅导和帮助。

A. 内部组织架构

B. 经营模式

C. 外部环境

D. 受行业惯例和监管的约束

【解析】根据《大企业税务风险管理指引（试行）》（国税发〔2009〕90号）规定，企业因内部组织架构、经营模式或外部环境发生重大变化，以及受行业惯例和监管的约束而产生的重大税务风险，可以及时向税务机关报告，以寻求税务机关的辅导和帮助。

【答案】ABCD

11. 税务机关大企业税收管理部门可以通过（　　）等方式采集企业涉税信息，包括企业基础信息、税务风险内控信息、税法遵从信息、行业特征信息、第三方信息等企业涉税信息。

A. 从征管系统集中抽取

B. 基层税务机关报送

C. 向企业采集

D. 协作互助

【解析】根据国家税务总局关于大企业税收服务和管理的规定，税务机关大企业税收管理部门可以通过从征管系统集中抽取、基层税务机关报送、向企业采集、协作互助等方式采集企业涉税信息，包括企业基础信息、税务风险内控信息、税法遵从信息、行业特征信息、第三方信息等企业涉税信息。

【答案】ABCD

12. 大企业管理中遵从保障主要包括（　　）。

A. 企业名册管理

B. 大企业涉税数据采集

C. 大企业税收管理信息系统

D. 工作团队建设

【解析】大企业管理中遵从保障主要包括：企业名册管理、大企业涉税数据采集、大企业税收管理信息系统、工作团队建设。

【答案】ABCD

13. 大企业涉税数据采集是指以大企业集团总部及其成员企业为对象，以信息系统为依托，对大企业的（　　）数据进行统一归集、加工和处理，为下一步开展大企业涉税数据深度挖掘和分析应用提供数据基础保障。

A. 税收征管数据

B. 经营管理数据

C. 第三方数据

D. 国际情报交换数据

【解析】详见大企业税收服务和管理相关工作手册。

【答案】ABCD

14. 全国千户集团及其成员应在企业所得税预缴纳税申报时附报本级财务会计报表，具体包括（　　）。

A. 利润表

B. 现金流量表

C. 所有者权益（股东权益）变动表

D. 附注

E. 境外成员企业纳税资料

【解析】根据《国家税务总局关于规范全国千户集团及其成员企业纳税申报时附报财务会计报表有关事项的公告》（国家税务总局公告 2016 年第 67 号）规定，全国千户集团及其成员企业应附报的财务会计报表，是指按照企业所适用的会计准则、会计制度等编制的财务会计报表，包括资产负债表、利润表、现金流量表、所有者权益（股东权益）变动表、附注等。

【答案】ABCD

三、判断题

1. 千户集团是指年度缴纳税额达到国家税务总局管理服务标准的企业集团，包括全部中央企业、中央金融企业以及达到上述标准的单一法人企业等。（　　）

【解析】参见《千户集团名册管理办法》（国家税务总局公告 2017 年第 7 号）第二条对千户集团的范围界定。

【答案】正确

2. 全国千户集团总部及其所有成员企业应在企业所得税预缴纳税申报时附报本级财务会计报表，以及税务机关根据实际需要要求附报的其他纳税资料。（　　）

【解析】根据《国家税务总局关于规范全国千户集团及其成员企业纳税申报时附报财务会计报表有关事项的公告》（国家税务总局公告 2016 年第 67 号）第一条规定，境外成员企业可暂不附报。

【答案】错误

3. 合并重组、破产、注销或年度缴纳税额连续 5 年未达到国家税务总局管理服务

标准的企业集团，应从千户集团名册管理范围内调出。（　）

【解析】参见《千户集团名册管理办法》（国家税务总局公告2017年第7号）第八条对千户集团名册调出的规定。

【答案】正确

4. 大企业税收管理部门应直接受理和回复企业的涉税诉求。（　）

【解析】对于企业的涉税诉求，大企业部门与其他相关部门处理意见一致时，由大企业部门直接回复企业；意见不一致的，由大企业部门提请召开大企业涉税事项协调会议，明确处理意见后及时回复企业。

【答案】错误

5. 千户集团数据联络员是指千户集团及其成员企业中配合税务机关，统筹协调集团总部及其成员单位开展数据采集、审核和报送工作的人员。（　）

【解析】联络员是指千户集团中配合税务机关，统筹协调集团总部及其成员单位开展数据采集、审核和报送工作的人员。

【答案】错误

6. 税务机关要根据风险评估的结果确定企业风险等级，对不同风险等级的企业实施针对性管理，如对低风险企业，要通过开展风险评估和测试，辅导企业开展自我检查等方式处理风险。（　）

【解析】对低风险企业，可以通过提供优质纳税服务等措施，努力为企业提供纳税便利。

【答案】错误

7. 遵从引导是指通过个性化的纳税服务和专业化的税收管理，提高企业自身依法处理涉税事务的能力。（　）

【解析】根据国家税务总局关于大企业税收服务和管理的规定，遵从引导是指通过个性化的纳税服务和专业化的税收管理，提高企业自身依法处理涉税事务的能力。

【答案】正确

8. 为贯彻落实大企业税收服务与管理改革，大企业税收风险管理实行国家税务总局统筹分析，省局开展专业化风险应对。（　）

【解析】根据国家税务总局关于深化大企业税收服务与管理改革的规定，提升大企业税收复杂事项风险管理层级，实施国家税务总局和省税务机关两级统筹分析，组织分类分级差别化应对。

【答案】错误

9. 根据涉及事项或环节的重要程度、危害程度等因素，大企业税收风险管理工作风险分为四个等级。（　）

【解析】根据涉及事项或环节的重要程度、危害程度等因素，大企业税收风险管理工作风险分为高、中、低三个等级。

【答案】错误

10. 全国千户集团及其成员企业应附报的财务会计报表，是指按照企业所适用的会计准则、会计制度等编制的财务会计报表，包括资产负债表、利润表、现金流量表、所有者权益（股东权益）变动表、附注等。原则上，所有资料应以加盖单位公章的纸质形式附报。（ ）

【解析】根据《国家税务总局关于规范全国千户集团及其成员企业纳税申报时附报财务会计报表有关事项的公告》（国家税务总局公告2016年第67号）规定，全国千户集团及其成员企业应附报的财务会计报表，是指按照企业所适用的会计准则、会计制度等编制的财务会计报表，包括资产负债表、利润表、现金流量表、所有者权益（股东权益）变动表、附注等。原则上，所有资料应以电子形式附报。

【答案】错误

11. 税务机关在千户集团税收风险应对工作过程中开展税务约谈时，应当向纳税人出具《税务事项通知书》，指定1名经验丰富、责任心强的风险应对人员约谈并制作《千户集团税收风险应对工作底稿》。（ ）

【解析】税务机关在千户集团税收风险应对工作过程中开展税务约谈时，应当向纳税人出具《税务事项通知书》，指定2名经验丰富、责任心强的风险应对人员约谈并制作《千户集团税收风险应对工作底稿》。

【答案】错误

四、简答题

1. 实施大企业税收管理是税源专业化管理的重要内容，开展税收风险管理是实施税源专业化管理的重要手段。请问税务机关应当如何实施大企业税收风险管理？

【答案】可以从以下方面进行阐述。

税务机关对纳税人提出的办税申请服务，能当场提供服务的要及时提供，不能及时提供的，应向纳税人承诺服务时限，并在规定的时限内提供相关服务。

（1）提高大企业税收风险管理层级，大企业税收风险管理实施由国家税务总局和省税务机关两级统筹分析，组织分类分级差别化应对，实现风险防控“精确制导”。

（2）国家税务总局组建千户集团税收风险分析专业团队，联合省税务机关大企业税收管理部门，跨区域统筹开展千户集团税收风险分析工作。税务总局风险办扎口统一推送千户集团税收风险应对任务。

（3）省税务局风险办按照风险等级将应对任务推送给相应税务机关，并确定风险应对主体，实施差别化风险应对。

（4）省税务机关参照国家税务总局对千户集团的风险分析方法，统筹开展本省大企业的税收风险分析工作。

2. 千户集团税收风险管理的流程中，在推送应对环节，省税务局的主要任务有哪些？

【答案】可以从以下方面进行阐述。

税务机关对纳税人提出的办税申请服务，能当场提供服务的要及时提供，不能及时提供的，应向纳税人承诺服务时限，并在规定的时限内提供相关服务。推送应对环节，省税务局任务有：

（1）大企业税收管理部门主动对接省税务局风险办，共同研究税务总局推送的千户集团税收风险应对任务，形成处理意见，由省税务局风险办按照风险等级推送给相应税务机关，开展差别化风险应对。

（2）协调处理千户集团税收风险应对工作中的具体问题。

（3）对各级应对主体报送的千户集团税收风险应对情况进行汇总、整理，按照要求报送相关统计报表及应对报告。

（4）对千户集团税收风险应对中查实确定的税收风险点，督促企业进行整改，对查实的税款及时组织入库。

错题、要点整理页

第六章　国际税收

>> 本章知识框架

节	细目	知识点	学习进度
税收管辖权	国际税收的概念	【知识点】国际税收概念	
	税收管辖权主要内容	【知识点 1】税收管辖权的含义	
		【知识点 2】税收管辖权的分类	
		【知识点 3】税收管辖权的行使	
		【知识点 4】税收管辖权的优先原则	
非居民企业及个人税收管理	非居民企业税收管理概述	【知识点 1】非居民企业的纳税义务	
		【知识点 2】对外支付税务备案	
		【知识点 3】无需办理税务备案	
		【知识点 4】递延纳税基本规定	
		【知识点 5】境外机构投资境内债券市场企业所得税、增值税政策	
	非居民企业税收管理的主要内容	【知识点 1】有机构、场所的非居民企业管理	
		【知识点 2】源泉扣缴管理	
	非居民个人纳税义务	【知识点】非居民个人纳税义务	
	境外所得有关个人所得税政策	【知识点】境外所得有关个人所得税政策	
反避税及 BEPS 行动计划	国际避税的概念及产生原因	【知识点 1】国际避税的概念	
		【知识点 2】国际避税产生的原因	
	国际避税的基本方法	【知识点】国际避税的基本方法	

续表

节	细目	知识点	学习进度
反避税及 BEPS 行动计划	国际反避税的概念	【知识点】国际反避税的概念	
	国际反避税的基本方法	【知识点】国际反避税的基本方法	
	BEPS 行动计划	【知识点 1】基本情况	
		【知识点 2】BEPS 15 项行动计划的主要内容	
	“双支柱”方案	【知识点 1】“双支柱”方案概述	
		【知识点 2】支柱一内容	
		【知识点 3】支柱二内容	
税收协定	税收协定基础理论	【知识点 1】税收协定概述	
		【知识点 2】税收协定与国内税法的关系	
	税收协定条款	【知识点】税收协定条款	
	税收协定解释和执行	【知识点 1】享受税收协定待遇管理	
		【知识点 2】税收居民身份证明	
	防止税收协定滥用	【知识点 1】滥用税收协定的概念	
		【知识点 2】防止税收协定滥用的措施	
国际税收合作	国际税收情报交换基本内容	【知识点 1】情报交换概念	
		【知识点 2】情报交换种类	
	多边公约	【知识点 1】多边税收征管互助公约	
		【知识点 2】实施税收协定相关措施以防止税基侵蚀和利润转移的多边公约	
	金融账户涉税信息自动交换标准	【知识点 1】“标准”发展历程	
		【知识点 2】“标准”的主要内容	
	预约定价安排管理	【知识点 1】预约定价安排基本规定	
		【知识点 2】单边预约定价安排适用简易程序	
税收服务“走出去”	“一带一路”倡议概述	【知识点】“一带一路”倡议概述	
	“一带一路”国际合作高峰论坛	【知识点】“一带一路”国际合作高峰论坛	
	税收服务“一带一路”建设的主要内容	【知识点 1】税收服务“一带一路”建设的基本内容	
		【知识点 2】“税路通”服务品牌	

>>习题演练

一、单项选择题

1. 发展中国家在谈判和缔结国际税收协定时，较多地参照了（　　）。

A.《关于发达国家与发展中国家间避免双重征税的协定范本》

B.《主管当局协议范本》

C.《关于避免所得和财产双重征税的协定范本》

D.《多边税收征管互助公约》

【解析】《联合国关于发达国家与发展中国家间避免双重征税的协定范本》在注重收入来源国税收管辖权的同时兼顾了缔约国双方的利益，比较容易被发展中国家所接受。所以，发展中国家在谈判和缔结国际税收协定时，较多地参照了该范本。

【答案】A

2. 境内机构和个人向境外单笔支付等值（　　）万美元以上外汇资金，除无需进行税务备案的情形外，均应向所在地主管税务机关进行税务备案。

A. 1　　B. 2

C. 3　　D. 5

【解析】根据《国家税务总局 国家外汇管理局关于服务贸易等项目对外支付税务备案有关问题的公告》(国家税务总局 国家外汇管理局公告 2013 年第 40 号）第三条规定，境内机构和个人向境外单笔支付等值 5 万美元以上（不含等值 5 万美元)，除本规定的情形外，均应向所在地主管税务机关进行税务备案。

【答案】D

3. 以下各项中，不属于 BEPS 行动计划的是（　　）。

A. 多边工具　　B. 税收协定滥用

C. 贸易结算　　D. 常设机构

【解析】BEPS 行动计划有数字经济、有害税收实践、数据统计分析、多边工具、税收协定滥用、常设机构等。

【答案】C

4. 下列 BEPS 行动计划中，不属于提高税收透明度和确定性类别的是（　　）。

A. 数据统计分析　　B. 争端解决

C. 税收协定滥用　　D. 强制披露原则

【解析】提高税收透明度和确定性包括：数据统计分析、强制披露原则、转让定价同期资料、争端解决。税收协定滥用属于重塑现行税收协定和转让定价国际规则的行动计划。

【答案】C

5. 我国与相关税收协定缔约国家的主管当局之间根据约定，以批量形式自动提供有关纳税人取得专项收入的税收情报的行为，这里的税收情报行为指的是（　　）。

A. 自动情报交换　　B. 专项情报交换

C. 自发情报交换　　D. 行业范围情报交换

【解析】税收情报自动交换，是指各国税务主管当局之间根据约定，以批量形式自动提供有关纳税人取得专项收入的税收情报的行为。

【答案】A

6. 在中国境内未设立机构、场所的非居民企业 A 从中国境内 B 企业取得特许权使用费所得 200 万元，并向 B 企业转让位于我国境内的一处房产，取得转让收入 500 万元，该房产净值为 400 万元。假设不考虑其他税费，B 企业应代扣 A 企业的预提所得税为（　　）万元。

A. 30　　B. 28

C. 26　　D. 20

【解析】A 企业预提所得税 =200×10% +（500-400）×10% =20+10=30（万元）

【答案】A

7. 企业与另一企业之间存在持股关系或者同为第三方持股，双方之间借贷资金总额占任一方实收资本比例达到 50% 以上，或企业借贷资金总额的（　　）是由另一企业（独立金融机构除外）担保的，可判定为关联企业。

A. 50%　　B. 25%

C. 20%　　D. 10%

【解析】根据《特别纳税调整实施办法（试行）》（国税发〔2009〕2 号）第九条、《企业所得税法实施条例》第一百零九条及《税收征收管理法实施细则》第五十一条规定，关联关系，是指一方与另一方（独立金融机构除外）之间借贷资金占一方实收资本的 50% 以上，或者一方借贷资金总额的 10% 以上是由另一方（独立金融机构除外）担保。

【答案】D

8. 某非居民企业从事承包工程作业，税务机关核定的利润率为（　　）。

A. 5% ~10%　　B. 10% ~20%

C. 15% ~30%　　D. 20% ~40%

【解析】根据《非居民企业所得税核定征收管理办法》（国税发〔2010〕19 号）规定，税务机关可按照以下标准确定非居民企业的利润率：

（1）从事承包工程作业、设计和咨询劳务的，利润率为 15% ~30%。

（2）从事管理服务的，利润率为 30% ~50%。

（3）从事其他劳务或劳务以外经营活动的，利润率不低于 15%。

【答案】C

9. 非居民企业取得应源泉扣缴的所得为股息、红利等权益性投资收益的，相关应纳税款扣缴义务发生之日为（　　）。

A. 股息、红利等权益性投资实际支付之日

B. 董事会决议派息日

C. 账务处理日

D. 年度终了之日起 5 个月内

【解析】根据《国家税务总局关于非居民企业所得税源泉扣缴有关问题的公告》（国家税务总局公告 2017 年第 37 号）规定，非居民企业取得应源泉扣缴的所得为股息、红利等权益性投资收益的，相关应纳税款扣缴义务发生之日为股息、红利等权益性投资收益实际支付之日。

【答案】A

10. 当前，各国税法和国际税收协定允许采用的减除国际重复征税的方法主要有 4 种，我国在参考国际惯例的基础上，出于维护本国税收利益的考虑，采用了（　　）。

A. 扣除法　　B. 免税法

C. 减免法　　D. 抵免法

【解析】我国在参考国际惯例的基础上，出于维护本国税收利益的考虑，采用抵免法减除国际重复征税。

【答案】D

11. 某非居民企业在中国境内未设立机构、场所，但在中国境内取得利息所得，按照《企业所得税法》规定，该非居民企业应当按照（　　）的税率计算缴纳企业所得税。

A. 25%　　B. 20%

C. 15%　　D. 10%

【解析】根据《企业所得税法实施条例》第九十一条规定，减按 10% 的税率征收企业所得税。

【答案】D

12. 多数国家为了维护本国的税收权益，在税收管辖权方面（　　）。

A. 只实行所得来源地管辖权

B. 只实行居民（公民）管辖权

C. 同时实行所得来源地管辖权和居民（公民）管辖权

D. 只实行地域管辖权

【解析】大多数国家都采取实行所得来源地管辖权和居民（公民）管辖权并行的方法。

【答案】C

13. 非居民企业所得税源泉扣缴时，扣缴义务人应当自扣缴义务发生之日起（　　）日内向扣缴义务人所在地主管税务机关申报和解缴代扣税款。

A. 7　　B. 15

C. 30　　D. 次

【解析】根据《国家税务总局关于非居民企业所得税源泉扣缴有关问题的公告》（国家税务总局公告 2017 年第 37 号）规定，扣缴义务人应当自扣缴义务发生之日起 7 日内向扣缴义务人所在地主管税务机关申报和解缴代扣税款。

【答案】A

14. 2019 年 4 月，第一届“一带一路”税收征管合作论坛在中国乌镇召开，与会国家和地区税务部门共同签署的文件是（　　）。

A.《“一带一路”税收征管合作机制谅解备忘录》

B.《“一带一路”税务合作备忘录》

C. 税收国际合作协议

D. 税收共治行动计划

【解析】在第一届“一带一路”税收征管合作论坛上，34 个国家和地区税务部门共同签署《“一带一路”税收征管合作机制谅解备忘录》。

【答案】A

15. 下列关于避税与节税主要区别的表述，正确的是（　　）。

A. 避税合法但不合理，节税合法又合理

B. 避税不合法但合理，节税合法但不合理

C. 避税不违法但有违国家税收政策导向和意图，节税合法

D. 避税合理，节税合法又合理

【解析】避税不违法但有违国家税收政策导向和意图，节税合法。

【答案】C

16. 我国与外国政府（地区）签署的税收协定（安排）对非居民企业取得的股息征收预提所得税的税率有 5%、7%、8%、10%、15%、20% 等，而我国现行《企业所得税法》规定为 10%，在征收预提所得税时适用税率为（　　）。

A. 按国内法 10% 的税率

B. 按协定规定的税率

C. 低于 10% 的，按协定规定的税率；等于或高于 10% 的，按 10%

D. 低于或等于 10% 的，按 10%；高于 10% 的，按协定规定的税率

【解析】按照孰优原则执行。

【答案】C

17. 境内机构和个人向境外单笔支付等值（　　）美元以上服务贸易、收益、经常转移和部分资本项目外汇资金时，须向外汇指定银行（或外管部门）提交由税务机关出具的《对外支付备案表》。

A. 30000　　B. 10000

C. 20000　　D. 50000

【解析】境内机构和个人向境外单笔支付等值50000美元以上服务贸易、收益、经常转移和部分资本项目外汇资金时，须向外汇指定银行（或外管部门）提交由税务机关出具的《对外支付备案表》。

【答案】D

18. 在我国同发达国家谈判的协定中，建筑工地，建筑、装配或安装工程，或者与其有关的监督管理活动，一般以连续超过（　　）个月的为常设机构。

A. 3　　B. 6

C. 9　　D. 12

【解析】在我国同发达国家谈判的协定中，建筑工地，建筑、装配或安装工程，或者与其有关的监督管理活动，一般以连续超过6个月的为常设机构。

【答案】B

19. 当与我国签订税收协定的缔约国居民申请享受税收协定待遇时，需要对申请人的“受益所有人”的身份进行认定。认定时，下列说法正确的是（　　）。

A. 其代理人可以认定为受益所有人

B. 一些情况下，导管公司也可认定为受益所有人

C. 要按照“实质重于形式”的原则来认定受益所有人

D. 申请人是公司，虽然其资产、规模和人员配置很少，与所得数额难以匹配，但因款项由申请人收取，应当认定其是受益所有人

【解析】要按照“实质重于形式”的原则来认定受益所有人。

【答案】C

20. 非居民纳税人享受协定待遇，采取（　　）、申报享受、相关资料留存备查的方式办理。

A. 备案管理　　B. 申报管理

C. 自行判断　　D. 税务备案

【解析】根据《非居民纳税人享受协定待遇管理办法》（国家税务总局公告2019年第35号）规定，非居民纳税人享受协定待遇，采取“自行判断、申报享受、相关资料留存备查”的方式办理。

【答案】C

21. 申请开具《税收居民证明》，中国居民企业的境内、境外分支机构应由其中国总机构向（　　）申请。

A. 市级税务机关

B. 省级税务机关

C. 分支机构主管税务机关

D. 总机构主管税务机关

【解析】根据《国家税务总局关于调整〈中国税收居民身份证明〉有关事项的公告》（国家税务总局公告 2019 年第 17 号）规定，中国居民企业的境内、境外分支机构应由其中国总机构向总机构主管税务机关申请。

【答案】D

22. 申请开具《税收居民证明》，合伙企业应当以其中国居民合伙人作为申请人向（　　）申请。

A. 市级税务机关

B. 省级税务机关

C. 企业主管税务机关

D. 中国居民合伙人主管税务机关

【解析】根据《国家税务总局关于调整〈中国税收居民身份证明〉有关事项的公告》（国家税务总局公告 2019 年第 17 号）规定，合伙企业应当以其中国居民合伙人作为申请人，向中国居民合伙人主管税务机关申请。

【答案】D

23. 我国税务机关现阶段与《多边税收征管互助公约》其他缔约方之间开展征管协助的形式为（　　）。

A. 情报交换　　B. 税款追缴

C. 文书送达　　D. 财产冻结

【解析】根据《国际税收情报交换工作规程》（国税发〔2006〕70 号）规定，我国税务机关现阶段与《多边税收征管互助公约》其他缔约方之间开展征管协助的形式主要为情报交换。

【答案】A

24. 对外支付税务备案，基于同一合同需要多次对外支付的，仅需在单笔支付首次超过等值（　　）万美元时进行税务备案。

A. 4　　B. 5

C. 6　　D. 7

【解析】未超过等值 5 万美元的单笔对外支付无需进行税务备案。基于同一合同需要多次对外支付的，仅需在单笔支付首次超过等值5万美元时进行税务备案。

【答案】B

25. 非居民企业与中国居民企业签订机器设备或货物销售合同，同时提供设备安装、装配、技术培训、指导、监督服务等劳务，无劳务收入参照标准的，以不低于销售货物合同总价款的（　　）为原则，确定非居民企业的劳务收入。

A. 6%　　B. 9%

C. 10%　　D. 12%

【解析】根据《非居民企业所得税核定征收管理办法》(国税发〔2010〕19号）规定，非居民企业与中国居民企业签订机器设备或货物销售合同，同时提供设备安装、装配、技术培训、指导、监督服务等劳务，其销售货物合同中未列明提供上述劳务服务收费金额，或者计价不合理的，主管税务机关可以根据实际情况，参照相同或相近业务的计价标准核定劳务收入。无参照标准的，以不低于销售货物合同总价款的10%为原则，确定非居民企业的劳务收入。

【答案】C

26. 非居民企业（　　），适用小型微利企业减按20%税率征收企业所得税的政策。

A. 年纳税不到30万元

B. 员工不到80人

C. 资产不到1千万元

D. 均不适用

【解析】根据《国家税务总局关于非居民企业不享受小型微利企业所得税优惠政策问题的通知》(国税函〔2008〕650号）规定，《企业所得税法》第二十八条规定的小型微利企业是指企业的全部生产经营活动产生的所得均负有我国企业所得税纳税义务的企业。因此，仅就来源于我国所得负有我国纳税义务的非居民企业，不适用该条规定的对符合条件的小型微利企业减按20%税率征收企业所得税的政策。

【答案】D

27. 居民企业为跨国企业集团的最终控股企业且其上一会计年度合并财务报表中的各类收入金额合计超过（　　）亿元，应当在报送年度关联业务往来报告表时，填报国别报告。

A. 50　　B. 55

C. 60　　D. 65

【解析】根据《国家税务总局关于完善关联申报和同期资料管理有关事项的公告》(国家税务总局公告2016年第42号）第五条规定，存在下列情形之一的居民企业，应当在报送年度关联业务往来报告表时，填报国别报告：①该居民企业为跨国企业集团的最终控股企业且其上一会计年度合并财务报表中的各类收入金额合计超过 55 亿元。②该居民企业被跨国企业集团指定为国别报告的报送企业。

【答案】B

28. 境外投资者可以享受暂不征收预提所得税政策但未实际享受的，可在实际缴纳相关税款之日起（　　）年内申请追补享受该政策，退还已缴纳的税款。

A. 2　　B. 3

C. 4　　D. 5

【解析】根据《财政部 税务总局 国家发展改革委 商务部关于扩大境外投资者以分配利润直接投资暂不征收预提所得税政策适用范围的通知》（财税〔2018〕102 号）第五条规定，境外投资者按照本通知规定可以享受暂不征收预提所得税政策但未实际享受的，可在实际缴纳相关税款之日起 3 年内申请追补享受该政策，退还已缴纳的税款。

【答案】B

29. 非居民企业在中国境内承包工程作业或提供劳务的，应当自项目合同或协议签订之日起（　　）日内，向项目所在地主管税务机关办理税务登记手续。

A. 7　　B. 10

C. 15　　D. 30

【解析】根据《非居民承包工程作业和提供劳务税收管理暂行办法》第五条规定，非居民企业在中国境内承包工程作业或提供劳务的，应当自项目合同或协议签订之日起 30 日内，向项目所在地主管税务机关办理税务登记手续。

【答案】D

30. 企业或者个人为享受中国政府对外签署的税收协定向主管税务机关申请开具的证明是（　　）。

A. 《完税证明》

B. 《享受协定待遇证明》

C. 《外国税收居民身份证明》

D. 《中国税收居民身份证明》

【解析】根据《国家税务总局关于开具〈中国税收居民身份证明〉有关事项的公告》（国家税务总局公告 2016 年第 40 号）规定，企业或者个人为享受中国政府对外签署的税收协定可以向税务机关申请开具《中国税收居民身份证明》。

【答案】D

31. 非居民纳税人享受协定待遇的办理方式是（　　）。

A. 自行判断、如实申报并报送相关报告表和资料

B. 自行判断、申报享受、相关资料留存备查

C. 年度内首次享受办理税务备案，并报送相关报告表和资料

D. 年度内首次享受办理税务备案，相关资料留存备查

【解析】根据《国家税务总局关于发布〈非居民纳税人享受协定待遇管理办法〉的公告》（国家税务总局公告2019年第35号）规定，非居民纳税人享受协定待遇，采取“自行判断、申报享受、相关资料留存备查”的方式办理。

【答案】B

32. G20国际税改的核心精神是（　　）。

A. 加强国际税收合作

B. 促进跨国企业主动遵从各国税法

C. 提升各国转让定价税制的现代化水平

D. 实现利润在经济活动发生地和价值创造地课税

【解析】2015年G20安塔利亚峰会上通过了BEPS项目一揽子成果，其核心理念就是要通过各国在国内税法和双边税收协定中落实相关的改革措施，确保实现“利润在经济活动发生地和价值创造地课税”。

【答案】D

二、多项选择题

1. 已办理税务登记且税务机关将其认定为非居民企业的纳税人，登记注册类型包括（　　）。

A.（港、澳、台商）企业常驻代表机构

B. 外国企业常驻代表机构

C. 国际运输企业

D. 有出口业务的境内企业

【解析】根据《企业所得税法》第二条规定，非居民企业，是指依照外国（地区）法律成立且实际管理机构不在中国境内，但在中国境内设立机构、场所的，或者在中国境内未设立机构、场所，但有来源于中国境内所得的企业。

【答案】ABC

2. 非居民企业在中华人民共和国境内取得工程作业和劳务所得应缴纳的所得税，税务机关可以指定为扣缴义务人的有（　　）。

A. 纳税人

B. 关联企业

C. 工程价款的支付人

D. 劳务费的支付人

【解析】根据《企业所得税法》第三十八条规定，对非居民企业在中国境内取得

工程作业和劳务所得应缴纳的所得税，税务机关可以指定工程价款或者劳务费的支付人为扣缴义务人。

【答案】CD

3. 非居民企业取得的下列所得可以免征企业所得税的有（　　）。

A. 外国政府向中国政府提供贷款取得的利息所得

B. 国际金融组织向中国政府和居民企业提供优惠贷款取得的利息所得

C. 非政府组织向中国政府提供贷款取得的利息所得

D. 经国务院批准的其他所得

【解析】根据《企业所得税法实施条例》第九十一条规定，非居民企业取得下列所得可以免征企业所得税：①外国政府向中国政府提供贷款取得的利息所得；②国际金融组织向中国政府和居民企业提供优惠贷款取得的利息所得；③经国务院批准的其他所得。

【答案】ABD

4. 根据《企业所得税法》规定，非居民企业在中国境内取得工程作业和劳务所得应缴纳的所得税，税务机关可以指定工程价款或者劳务费的支付人为扣缴义务人的情形包括（　　）。

A. 不单独进行会计核算，没有在银行开立账户的

B. 预计工程作业或者提供劳务期限不足一个纳税年度，且有证据表明不履行纳税义务的

C. 未按照规定期限办理企业所得税纳税申报或者预缴申报的

D. 没有办理税务登记或者临时税务登记，且未委托中国境内的代理人履行纳税义务的

【解析】根据《企业所得税法实施条例》第一百零六条规定，《企业所得税法》第三十八条规定的可以指定扣缴义务人的情形，包括：①预计工程作业或者提供劳务期限不足一个纳税年度，且有证据表明不履行纳税义务的；②没有办理税务登记或者临时税务登记，且未委托中国境内的代理人履行纳税义务的；③未按照规定期限办理企业所得税纳税申报或者预缴申报的。

【答案】BCD

5. 对外国企业常驻代表机构征收企业所得税的征收方法有（　　）。

A. 按核定收入计算征税

B. 按实际申报收入计算纳税

C. 按收入减去一定费用支出后的余额计征

D. 按经费支出额换算为收入额计征

【解析】根据《外国企业常驻代表机构税收管理暂行办法》（国税发〔2010〕

18 号）规定，对外国企业常驻代表机构征收企业所得税的征收方法有：①按核定收入计算征税；②按实际申报收入计算纳税；③按经费支出额换算为收入额计征。

【答案】ABD

6. 下列关于企业所得税境外所得应纳税额抵扣限额的计算的表述，正确的有（　　）。

A. 纳税人来源于境外所得在境外实际缴纳的税额，低于按规定计算的扣除限额，可从应纳税额中据实扣除

B. 纳税人来源于境外所得在境外实际缴纳的税额，超过扣除限额的，其超过部分不得在本年度应纳税额中扣除

C. 纳税人来源于境外所得在境外实际缴纳的税额，超过扣除限额的，其超过部分可作为费用列支

D. 纳税人来源于境外所得在境外实际缴纳的税额，超过扣除限额的，其超过部分可用以后年度税额扣除的余额补扣，补扣期限最长不得超过 5 年

【解析】根据《企业所得税法》第二十三条规定，企业取得的下列所得已在境外缴纳的所得税税额，可以从其当期应纳税额中抵免，抵免限额为该项所得依照规定计算的应纳税额；超过抵免限额的部分，可以在以后 5 个年度内，用每年度抵免限额抵免当年应抵税额后的余额进行抵补。

【答案】ABD

7. 下列非居民企业均未在我国设立机构、场所，其从我国境内取得的各项所得中，以收入全额为应纳税所得额计算缴纳企业所得税的有（　　）。

A. 杰克公司出租一台机器给西安市某公司取得的租金

B. 约翰公司转让一套旧设备给扬州市某公司取得的所得

C. 山本公司自南京市某公司取得的特许权使用费所得

D. 琳达公司投资长沙市某企业分得的权益性投资收益

【解析】财产转让所得以转让净值为应纳税所得额。

【答案】ACD

8. 对非居民企业在中国境内取得工程作业和劳务所得应缴纳的所得税，税务机关可以指定工程价款或者劳务费的支付人为扣缴义务人，并同时告知扣缴义务人所扣税款的具体信息，包括（　　）。

A. 计算依据　　　　B. 计算方法

C. 扣缴期限　　　　D. 扣缴日期

【解析】根据《企业所得税法实施条例》第一百零六条规定，县级以上税务机关告知扣缴义务人所扣税款的计算依据、计算方法、扣缴期限和扣缴方式。

【答案】ABC

9. 境外中资企业被判定其为实际管理机构在中国境内的居民企业，应同时符合的条件有（　　）。

A. 企业负责实施日常生产经营管理运作的高层管理人员及其高层管理部门履行职责的场所主要位于中国境内

B. 企业的财务决策（如借款、放款、融资、财务风险管理等）和人事决策（如任命、解聘和薪酬等）由位于中国境内的机构或人员决定，或需要得到位于中国境内的机构或人员批准

C. 企业的主要财产、会计账簿、公司印章、董事会和股东会议纪要档案等位于或存放于中国境内

D. 企业1/2（含1/2）以上有投票权的董事或高层管理人员经常居住于中国境内

【解析】根据《国家税务总局关于境外注册中资控股企业依据实际管理机构标准认定为居民企业有关问题的通知》（国税发〔2009〕82号）第二条规定，境外中资企业同时符合以下条件的，根据《企业所得税法》第二条第二款和《企业所得税法实施条例》第四条规定，应判定其为实际管理机构在中国境内的居民企业，并实施相应的税收管理，就其来源于中国境内、境外的所得征收企业所得税：①企业负责实施日常生产经营管理运作的高层管理人员及其高层管理部门履行职责的场所主要位于中国境内；②企业的财务决策（如借款、放款、融资、财务风险管理等）和人事决策（如任命、解聘和薪酬等）由位于中国境内的机构或人员决定，或需要得到位于中国境内的机构或人员批准；③企业的主要财产、会计账簿、公司印章、董事会和股东会议纪要档案等位于或存放于中国境内；④企业1/2（含1/2）以上有投票权的董事或高层管理人员经常居住于中国境内。

【答案】ABCD

10. 在国际税收协定管理中，受益所有人包括（　　）。

A. 从事生产经营的个人

B. 从事生产经营的企业

C. 代理公司

D. 导管公司

【解析】受益所有人一般从事实质性的经营活动，可以是个人、公司或其他任何团体。代理人、导管公司等不属于受益所有人。导管公司是指通常以逃避或减少税收、转移或累积利润等为目的而设立的公司，这类公司仅在所在国登记注册，以满足法律所要求的组织形式，而不从事制造、经销、管理等实质性经营活动。

【答案】AB

11. 对于在中国境内未设立机构、场所的，或者虽设立机构、场所但取得的所得与

其所设机构、场所没有实际联系的非居民企业的所得，下列计算应纳税所得额的方法正确的有（　　）。

A. 转让财产所得，以收入全额为应纳税所得额

B. 利息所得，以收入全额为应纳税所得额

C. 租金所得，以收入全额为应纳税所得额

D. 特许权使用费所得，以收入全额为应纳税所得额

【解析】选项A，以收入全额减除财产净值后的余额为应纳税所得额。

【答案】BCD

12. 下列关于转让定价方法的表述，正确的有（　　）。

A. 可比非受控价格法可以适用于所有类型的关联交易

B. 再销售价格法以关联方购进商品再销售给非关联方的价格减去可比非关联交易毛利后的金额作为关联方购进商品的公平成交价格

C. 成本加成法通常适用于有形资产的购销、转让和使用，劳务提供或资金融通的关联交易

D. 可比非受控价格法以关联交易发生的合理成本加上可比非关联交易毛利作为关联交易的公平成交价格

【解析】选项D，成本加成法以关联交易发生的合理成本加上可比非关联交易毛利作为关联交易的公平成交价格。

【答案】ABC

13. 在国际税收中，境外税额抵免办法分为（　　）。

A. 直接抵免　　B. 间接抵免

C. 全部抵免　　D. 部分抵免

【解析】境外税额抵免分为直接抵免和间接抵免。直接抵免适用于同一经济实体的跨国纳税人，如总公司与境外分公司之间汇总利润的税收抵免，以及股息、红利、租金，特许权使用费，财产转让所得在境外被源泉扣缴的预提所得税；间接抵免适用于跨国母、子公司的税收抵免。

【答案】AB

14. 下列情况不适用《一般反避税管理办法（试行）》的有（　　）。

A. 与跨境交易或者支付无关的安排

B. 涉嫌逃避缴纳税款和涉嫌逃避追缴欠税

C. 骗税、抗税

D. 虚开发票

【解析】下列情况不适用《一般反避税管理办法（试行）》规定：①与跨境交易或者支付无关的安排；②涉嫌逃避缴纳税款、逃避追缴欠税、骗税、抗税以及虚开发票

等税收违法行为。

【答案】ABCD

15. 自 2018 年 1 月 1 日起，对境外投资者从中国境内居民企业分配的利润，直接投资于非禁止外商投资的项目和领域，凡符合规定条件的，实行递延纳税政策，暂不征收预提所得税。其中直接投资包括（　　）。

A. 新增或转增中国境内居民企业实收资本或者资本公积

B. 在中国境内投资新建居民企业

C. 从关联方收购中国境内居民企业股权

D. 非战略投资情形下收购上市公司股份

【解析】根据《财政部 税务总局 国家发展改革委 商务部关于扩大境外投资者以分配利润直接投资暂不征收预提所得税政策适用范围的通知》（财税〔2018〕102 号）第二条规定，境外投资者以分得利润进行的直接投资，包括境外投资者以分得利润进行的增资、新建、股权收购等权益性投资行为，但不包括新增、转增、收购上市公司股份（符合条件的战略投资除外）。具体是指：①新增或转增中国境内居民企业实收资本或者资本公积；②在中国境内投资新建居民企业；③从非关联方收购中国境内居民企业股权；④财政部、税务总局规定的其他方式。

【答案】AB

16. 纳税人获取和填报《服务贸易等项目对外支付税务备案表》的方式有（　　）。

A. 通过电子税务局等在线方式填报

B. 从各省、自治区、直辖市和计划单列市税务局官方网站下载并填报

C. 在主管税务机关办税服务厅领取并填报

D. 从税务师事务所处领取填报

【解析】根据《国家税务总局 国家外汇管理局关于服务贸易等项目对外支付税务备案有关问题的补充公告》（国家税务总局 国家外汇管理局公告 2021 年第 19 号）第三条规定，备案人可以通过以下方式获取和填报《服务贸易等项目对外支付税务备案表》：①通过电子税务局等在线方式填报；②从各省、自治区、直辖市和计划单列市税务局官方网站下载并填报；③在主管税务机关办税服务厅领取并填报。

【答案】ABC

17. 下列对外付汇无需进行税务备案的情形有（　　）。

A. 境外个人在境内的工作报酬

B. 我国省级城投公司对外支付专利权资金

C. 外国投资者以境内直接投资合法所得在境内再投资

D. 财政预算内机关、事业单位、社会团体非贸易非经营性付汇业务

【解析】根据《国家税务总局 国家外汇管理局关于服务贸易等项目对外支付税务备案有关问题的补充公告》（国家税务总局 国家外汇管理局公告2021年第19号）第二条规定，下列事项无需办理税务备案：①外国投资者以境内直接投资合法所得在境内再投资；②财政预算内机关、事业单位、社会团体非贸易非经营性付汇业务。

【答案】CD

18. 下列关于年度关联交易金额条件的表述，应当准备本地文档的有（　　）。

A. 金融资产转让金额超过1亿元

B. 其他关联交易金额合计超过4000万元

C. 无形资产所有权转让金额超过1亿元

D. 有形资产所有权转让金额（来料加工业务按照年度进出口报关价格计算）超过2亿元

【解析】根据《国家税务总局关于完善关联申报和同期资料管理有关事项的公告》（国家税务总局公告2016年第42号）第十三条规定，年度关联交易金额符合下列条件之一的企业，应当准备本地文档：①有形资产所有权转让金额（来料加工业务按照年度进出口报关价格计算）超过2亿元；②金融资产转让金额超过1亿元；③无形资产所有权转让金额超过1亿元；④其他关联交易金额合计超过4000万元。

【答案】ABCD

19. 下列属于预约定价安排的谈签与执行经过阶段的有（　　）。

A. 谈签意向　　B. 分析评估

C. 正式申请　　D. 协商签署

【解析】根据《国家税务总局关于完善预约定价安排管理有关事项的公告》（国家税务总局公告2016年第64号）第二条规定，预约定价安排的谈签与执行经过预备会谈、谈签意向、分析评估、正式申请、协商签署和监控执行6个阶段。

【答案】ABCD

20. 情报交换指缔约方税务机关之间交换涉税信息或开展税务检查合作，包括（　　）和境外税务检查。

A. 专项情报交换　　B. 自动情报交换

C. 自发情报交换　　D. 同期税务检查

【解析】根据《国际税收情报交换工作规程》（国税发〔2006〕70号）规定，情报交换指缔约方税务机关之间交换涉税信息或开展税务检查合作，包括专项情报交换、自动情报交换、自发情报交换、同期税务检查和境外税务检查。

【答案】ABCD

21. 《多边税收征管互助公约》规定的税收征管协助形式有（　　）。

A. 情报交换　　B. 税款追缴

C. 文书送达　　　　　　　　　D. 财产冻结

【解析】《多边税收征管互助公约》规定了情报交换、税款追缴和文书送达三种税收征管协助形式。

【答案】ABC

22. 境外投资者以分得利润进行的直接投资，暂不征收预提所得税，其中直接投资具体是指（　　）。

A. 新增或转增中国境内居民企业实收资本或者资本公积

B. 在中国境内投资新建居民企业

C. 从非关联方收购中国境内居民企业股权

D. 财政部、税务总局规定的其他方式

【解析】根据《财政部 税务总局 国家发展改革委 商务部关于扩大境外投资者以分配利润直接投资暂不征收预提所得税政策适用范围的通知》（财税〔2018〕102 号）第二条规定，境外投资者以分得利润进行的直接投资，包括境外投资者以分得利润进行的增资、新建、股权收购等权益性投资行为，但不包括新增、转增、收购上市公司股份（符合条件的战略投资除外）。具体是指：①新增或转增中国境内居民企业实收资本或者资本公积；②在中国境内投资新建居民企业；③从非关联方收购中国境内居民企业股权；④财政部、税务总局规定的其他方式。

【答案】ABCD

三、判断题

1. 境外中资企业居民身份的认定，属于依职权事项，在税务机关调查发现时予以认定。（　　）

【解析】根据《境外注册中资控股居民企业所得税管理办法（试行）》（国家税务总局公告 2011 年第 45 号）第六条规定，境外中资企业居民身份的认定，采用企业自行判定提请税务机关认定和税务机关调查发现予以认定两种形式。

【答案】错误

2. 根据《企业所得税法》规定，依照外国（地区）法律成立且实际管理机构不在中国境内，但在中国境内设立机构、场所的，或者在中国境内未设立机构、场所，但有来源于中国境内所得的企业，是居民企业。（　　）

【解析】根据《企业所得税法》第二条规定，依照外国（地区）法律成立且实际管理机构不在中国境内，但在中国境内设立机构、场所的，或者在中国境内未设立机构、场所，但有来源于中国境内所得的企业，是非居民企业。

【答案】错误

3. 某商贸公司经我国的市场监督管理部门批准依法设立，其在国内、国外均设立

了分支机构，该公司在申报纳税时，应只就国内的所得部分缴纳企业所得税。（　　）

【解析】根据《企业所得税法》第三条规定，居民企业应当就其来源于中国境内、境外的所得缴纳企业所得税。

【答案】错误

4. 非居民企业在我国提供劳务，逾期仍未缴纳税款的，因纳税人属于外国企业，税务机关可以放弃追缴该笔税款。（　　）

【解析】根据《非居民承包工程作业和提供劳务税收管理暂行办法》第十七条规定，非居民企业逾期仍未缴纳税款的，项目所在地主管税务机关应自逾期之日起15日内，收集该非居民企业从中国境内取得其他收入项目的信息，包括收入类型，支付人的名称、地址，支付金额、方式和日期等，并向其他收入项目支付人发出《非居民企业欠税追缴告知书》，并依法追缴税款和滞纳金。

【答案】错误

5. 依照外国（地区）法律成立且实际管理机构不在中国境内，但在中国境内设立机构、场所的非居民企业，无论是否盈利均应按照《企业所得税法》及《非居民企业所得税汇算清缴管理办法》参加所得税汇算清缴。（　　）

【解析】根据《非居民企业所得税汇算清缴管理办法》（国税发〔2009〕6号）第一条规定，依照外国（地区）法律成立且实际管理机构不在中国境内，但在中国境内设立机构、场所的非居民企业，无论盈利或者亏损，均应按照《企业所得税法》及该办法规定参加所得税汇算清缴。

【答案】正确

6. 采取核定征收方式征收企业所得税的非居民企业，在中国境内从事适用不同核定利润率的经营活动，并取得应税所得的，应分别核算并适用相应的利润率计算缴纳企业所得税。（　　）

【解析】根据《非居民企业所得税核定征收管理办法》（国税发〔2010〕19号）第八条规定，采取核定征收方式征收企业所得税的非居民企业，在中国境内从事适用不同核定利润率的经营活动，并取得应税所得的，应分别核算并适用相应的利润率计算缴纳企业所得税；凡不能分别核算的，应从高适用利润率，计算缴纳企业所得税。

【答案】正确

7. 中国境内居民企业向未在中国境内设立机构、场所的非居民企业分配股息、红利等权益性投资收益，应在利润支付的日期代扣代缴企业所得税。（　　）

【解析】根据《企业所得税法实施条例》第十七条规定，《企业所得税法》第六条所称股息、红利等权益性投资收益，是指企业因权益性投资从被投资方取得的收入。股息、红利等权益性投资收益，除国务院财政、税务主管部门另有规定外，按照被投资方作出利润分配决定的日期确认收入的实现。

【答案】错误

8. 境内机构和个人对同一笔合同需要多次对外支付的，仅需在首次付汇前办理税务备案。（　）

【解析】根据《国家税务总局 国家外汇管理局关于服务贸易等项目对外支付税务备案有关问题的补充公告》（国家税务总局 国家外汇管理局公告2021年第19号）第一条规定，境内机构和个人对同一笔合同需要多次对外支付的，仅需在首次付汇前办理税务备案。

【答案】正确

9. 发布《税基侵蚀和利润转移行动计划》的是联合国。（　）

【解析】2013年6月，经济合作与发展组织（OECD）发布《税基侵蚀和利润转移行动计划》。

【答案】错误

10.《实施税收协定相关措施以防止税基侵蚀和利润转移的多边公约》于2022年10月1日对我国生效。（　）

【解析】根据《国家税务总局关于〈实施税收协定相关措施以防止税基侵蚀和利润转移的多边公约〉对我国生效并对部分税收协定开始适用的公告》（国家税务总局公告2022年第16号）第一条规定，该公约将于2022年9月1日对我国生效。

【答案】错误

11. 企业可以选择按国（地区）别分别计算［即"分国（地区）不分项"］，或者不按国（地区）别汇总计算［即"不分国（地区）不分项"］其来源于境外的应纳税所得额，分别计算其可抵免境外所得税税额和抵免限额。上述方式一经选择，5年内不得改变。（　）

【解析】略。

【答案】正确

12. 税收居民身份证明应证明非居民纳税人取得所得的当年度或上一年度的税收居民身份。（　）

【解析】略。

【答案】正确

四、简答题

1. 简述国际税收的未来发展趋势。

【答案】可以从以下方面进行阐述。

（1）在商品课税领域，增值税和消费税的国际协调将逐步取代关税的国际协调成为商品课税国际协调的核心内容。

（2）在所得税领域，国与国之间的税收竞争更为激烈，为了防止“财政降格”或公司所得税税率“一降到底”，国际社会有必要对各国资本所得的课税制度进行协调。

（3）随着地区性国际经济一体化的不断发展，区域性的国际税收协调将会有更广阔的前景。

（4）各国之间将加强税收征管方面的国际合作，共同对付跨国纳税人国际避税和偷税行为。

（5）随着电子商务的发展，国际税收领域将出现新的课题，亟待各国政府和国际社会解决。

2. 简述偷税与避税的异同。

【答案】可以从以下方面进行阐述。

二者都是纳税人有意采取的减轻自己税收负担的行为，但二者又存在本质的区别，主要体现在以下3个方面：

（1）偷税是指纳税人在纳税义务已经发生的情况下，通过种种违法手段达到不缴税目的；而避税则是指纳税人利用现行税法的不明之处，实现规避、减少或延迟纳税义务目的。

（2）偷税直接违反税法，是一种违法行为；而避税是钻税法的漏洞，并不直接违反税法，因而从形式上看，它一般不构成违法犯罪。

（3）偷税不仅仅违反税法，而且往往借助犯罪手段，比如做假账、伪造凭证等，所以偷税应受到法律的制裁；而避税一般并不构成违法犯罪，所以通常不受到法律的制裁。

3. 跨国纳税人进行国际避税的主要手段有哪些？

【答案】可以从以下方面进行阐述。

跨国纳税人国际避税的主要手段有：

（1）利用转让定价转移利润；

（2）滥用国际税收协定；

（3）利用信托方式转移财产；

（4）组建内部保险公司；

（5）资本弱化；

（6）选择有利的公司组织形式；

（7）纳税人通过移居避免成为高税国的税收居民。

五、综合案例题

1. 某市大型国有控股有限公司 2023 年度境内经营应纳税所得额为 3000 万元，该公司在 A、B 两国分别设有分支机构。A 国分支机构当年应纳税所得额 900 万元，其中生产经营所得 500 万元，A 国规定税率为 20%；特许权使用费所得 400 万元，A 国规定的税率为 30%。B 国分支机构当年应纳税所得额 400 万元，其中生产经营所得 300 万元，B 国规定的税率为 30%；租金所得 100 万元，B 国规定的税率为 20%。请计算 A、B 两国分支机构境外所得可从应纳税额中扣除的税额和该公司全年应纳税额（公司选择分国不分项计算抵免限额）。

【答案】企业所得税实行分国不分项计算，因此来源于 A、B 两国的所得应当分别计算抵免限额。

A 国分支机构在境外实际缴纳的税额 =500×20% +400×30% =220（万元），在 A 国的分支机构境外所得的抵免限额 = （3000 +900 +400） ×25% ×900 ÷ （3000 +900 +400） =225（万元），实际缴纳税额未超出抵免限额，应按照实际缴纳的 220 万元抵扣。

B 国分支机构在境外实际缴纳的税额 =300×30% +100×20% =110（万元），在 B 国的分支机构境外所得的抵免限额 = （3000 +900 +400） ×25% ×400 ÷ （3000 +900 +400） =100（万元），实际缴纳税额超出抵免限额，应按照限额扣除。

A、B 两国分支机构境外所得可从应纳税额中扣除的税额分别为 220 万元和 100 万元。

全年应纳税额 = （3000 +900 +400） ×25% −220 −100 =755（万元）

2. 某公司 2023 年度账面投资收益总额 160 万元，其中：境内投资企业分回收益 100 万元，国库券转让收益 40 万元，境外投资企业分回收益 20 万元（被投资企业境外所得税率 20%）；境内生产经营所得 30 万元。请计算该公司 2023 年度的应纳所得税。

【答案】该公司境内的投资收益免税，国库券转让收益和生产经营所得纳税，境外投资收益补税。

该公司 2023 年应纳所得税 = （40 +30） ×25% +20 ÷ （1 −20%） × （25% −20%） =18.75（万元）

错题、要点整理页

第七章　收入规划核算

>> 本章知识框架

节	细目	知识点	学习进度
收入规划核算概述	收入规划核算工作的职责	【知识点】收入规划核算工作的职责	
	收入规划核算工作的重要性	【知识点】收入规划核算工作的重要性	
收入规划	收入管理的原则	【知识点】收入管理的原则	
	新型收入管理体系	【知识点1】新型收入管理体系的内涵	
		【知识点2】新型税收收入管理目标	
		【知识点3】新型税收收入管理内容	
	收入规划管理要求和制度保障	【知识点1】收入规划管理要求	
		【知识点2】收入规划管理制度保障	
	收入口径	【知识点】收入口径	
税收分析	税收分析的概念及表现形式	【知识点1】税收分析的概念	
		【知识点2】税收分析的表现形式	
	税收分析机制	【知识点1】横向税收分析机制	
		【知识点2】纵向税收分析机制	
	税收分析分类及内容	【知识点1】税收形势分析	
		【知识点2】税收风险分析	
		【知识点3】税收政策效应分析	
		【知识点4】经济运行分析	

续表

节	细目	知识点	学习进度
税收分析	税收分析方法	【知识点 1】对比分析法	
		【知识点 2】因素分析法	
		【知识点 3】数理统计分析法	
税收会计	税收会计概述	【知识点 1】税收会计内涵	
		【知识点 2】税收会计工作的主要任务	
		【知识点 3】税收会计核算对象	
		【知识点 4】税收会计核算	
	税收票证	【知识点 1】税收票证的概念	
		【知识点 2】税收票证的种类和适用范围	
		【知识点 3】税收票证的使用管理	
		【知识点 4】税收票证的监督管理	
	欠缴税金核算	【知识点 1】欠缴税金按发生时间核算	
		【知识点 2】欠缴税金按风险类型核算	
	减免税金核算	【知识点 1】减免税核算范围	
		【知识点 2】减免税核算内容	
	社会保险费核算	【知识点 1】社会保险费统计核算的内涵和主要任务	
		【知识点 2】社会保险费统计分析	
		【知识点 3】社会保险降费核算	
	非税收入核算	【知识点 1】非税收入核算的主要任务	
		【知识点 2】非税收入会计核算	
		【知识点 3】非税收入降费核算	
		【知识点 4】数据审核	
		【知识点 5】收入分析	
税收统计	税收统计概述	【知识点 1】税收统计的内涵和对象	
		【知识点 2】税收统计的特点	
		【知识点 3】税收统计的任务和要求	
		【知识点 4】税收统计的工作过程	
		【知识点 5】税收统计调查	
		【知识点 6】税收统计资料整理	

续表

节	细目	知识点	学习进度
税收统计	税收报表指标体系	【知识点】税收报表指标体系	
	常用税收统计分析指标	【知识点 1】税收构成指标	
		【知识点 2】税收相对指标	
	税收统计方法	【知识点 1】税收统计表格的使用	
		【知识点 2】税收统计图形的使用	
	企业登记注册类型、企业规模、行业的划分	【知识点 1】农、林、牧、渔业企业的划分	
		【知识点 2】工业企业的划分	
		【知识点 3】建筑业企业的划分	
		【知识点 4】批发业企业的划分	
		【知识点 5】零售业企业的划分	
		【知识点 6】交通运输业企业的划分	
		【知识点 7】仓储业企业的划分	
		【知识点 8】邮政业企业的划分	
		【知识点 9】住宿业企业的划分	
		【知识点 10】餐饮业企业的划分	
		【知识点 11】信息传输业企业的划分	
		【知识点 12】软件和信息技术服务业企业的划分	
		【知识点 13】房地产开发经营企业的划分	
		【知识点 14】物业管理企业的划分	
		【知识点 15】租赁和商务服务业企业的划分	
		【知识点 16】其他未列明行业企业的划分	
重点税源监控	税源监控概述	【知识点】税源监控的概念	
	重点税源监控标准	【知识点】重点税源监控标准	
	重点税源监控内容	【知识点 1】重点税源数据采集审核	
		【知识点 2】重点税源报表和上报时限要求	
	重点税源行业监控方法	【知识点】重点税源行业监控方法	
税收调查	税收调查工作概述	【知识点】税收调查工作的内涵	
	税收调查工作的意义	【知识点】税收调查工作的意义	

续表

节	细目	知识点	学习进度
税收调查	抽样调查与重点调查	【知识点 1】抽样调查	
		【知识点 2】重点调查	
	税收调查报送内容	【知识点】税收调查报送内容	
	部分税收调查指标	【知识点 1】增值税指标及注意事项	
		【知识点 2】出口退税指标及注意事项	
		【知识点 3】消费税指标及注意事项	
		【知识点 4】房产税指标及注意事项	
		【知识点 5】车船税指标及注意事项	
		【知识点 6】土地增值税指标及注意事项	
		【知识点 7】企业所得税指标及注意事项	
		【知识点 8】其他税费指标及注意事项	
		【知识点 9】利润表指标及注意事项	
		【知识点 10】资产负债表指标及注意事项	
		【知识点 11】其他成本费用类指标及注意事项	

>>习题演练

一、单项选择题

1. 新型税收收入管理体系的基础是（　　）。

A. 税收收入目标

B. 行业分析

C. 税收收入质量管理

D. 税收收入统筹管理

【解析】行业分析是新型税收收入管理体系的基础。

【答案】B

2. 下列各项中，不属于新型税收收入管理的工作目标是（　　）。

A. 强化地方政府完成预算的能力

B. 提高税务机关统筹收入的自主性

C. 增强组织收入工作的科学性

D. 提升税收管理效率和收入增长质量

【解析】新型税收收入管理主要实现以下四项工作目标：一是强化税务机关完成预算的能力，二是提高税务机关统筹收入的自主性，三是增强组织收入的科学性，四是提升税收管理效率和收入增长质量。

【答案】A

3. 从事前、事中和事后密切跟踪税制改革和税收政策变动的实施情况，测算税收政策变动对经济、税收的定量影响，提出调整和优化建议的分析类型是（　　）。

A. 税收形势分析

B. 税收风险分析

C. 税收政策效应分析

D. 经济运行分析

【解析】税收政策效应分析是从事前、事中和事后密切跟踪税制改革和税收政策变动的实施情况，测算税收政策变动对经济、税收的定量影响，提出调整和优化建议。

【答案】C

4. 税务人员如果想了解企业的盈利能力，预测未来潜在的税源情况，应参考的指标是（　　）。

A. 所有者权益比率

B. 资产收益率

C. 主营业务收入增长率

D. 存货周转率

【解析】所有者权益比率是反映企业偿债能力的指标，主营业务收入增长率和存货周转率是反映企业经营效率的指标。

【答案】B

5. 税收会计核算过程中，发生记账差错应当采取的更正方法是（　　）。

A. “红字”更正法　　B. “划线”更正法

C. 补充登记法　　D. 负数冲减法

【解析】记账差错应当采用“红字”更正法。

【答案】A

6. 下列各项中，不属于税收会计报表编制原则的是（　　）。

A. 资料完整　　B. 数据准确

C. 责任明确　　D. 报送及时

【解析】税收会计报表编制的原则是资料完整、数据准确、口径统一和报送及时。

【答案】C

7. 经国家税务总局和财政部批准开设的税款账户有两种，一是税务待缴库资金账户，二是（　　）。

A. 待征税收账户

B. 税务代保管资金账户

C. 减免税金账户

D. 在途税金账户

【解析】目前经国家税务总局和财政部批准开设的税款账户有两种，一是税务待缴库资金账户，二是税务代保管金账户。

【答案】B

8. 纳税人据以缴纳税款，税务机关、扣缴义务人以及代征代售人据以征收、汇总税款的税收票证是（　　）。

A. 税收缴款书　　B. 税收收入退还书

C. 税收完税证明　　D. 其他税收票证

【解析】根据《税收票证管理办法》规定，税收缴款书是纳税人据以缴纳税款，税务机关、扣缴义务人以及代征代售人据以征收、汇总税款的税收票证。

【答案】A

9. 税收会计减免税核算内容进行了调整，在“减免税金”总账科目下增设（　　）明细科目，分户核算反映纳税人享受减免税情况。

A. 纳税人名称

B. 纳税人姓名

C. 纳税人识别号

D. 法定代表人身份证号

【解析】根据国家税务总局关于进一步规范税收会计减免税核算的规定，在“减免税金”总账科目下增设“纳税人识别号”明细科目，分户核算反映纳税人享受减免税情况。

【答案】C

10. 某地区2013年、2014年的税收收入分别为80.1亿元和104亿元，两年的增值税分别为39.2亿元和47.6亿元，增值税对该地区税收收入的增收贡献率为（　　）。（计算结果取整数）

A. 35%　　B. 46%

C. 8%　　D. 以上都不对

【解析】增值税对该地区税收收入的增收贡献率 = （47.6 − 39.2） ÷ （104 − 80.1） × 100% = 35%

【答案】A

11. 已知某市8月增值税完成45000万元，比上年同期增长10%，增收3200万元；

8 月钢铁行业增值税完成 32150 万元，比上年同期增长 25%，增收 1670 万元，则 8 月该市钢铁行业增值税对该市增值税的增收贡献率为（　　）。

A. 52%　　B. 3. 7%

C. 5. 2%　　D. 25%

【解析】钢铁行业增值税对该市增值税的增收贡献率 = 1670 ÷ 3200 × 100% = 52%

【答案】A

12. 各期发展水平与相应前期发展水平之比描述的是（　　）。

A. 累计增长量　　B. 定基增长速度

C. 逐期增长量　　D. 环比增长速度

【解析】环比增长速度是报告期增长量与前一期发展水平之比。

【答案】D

13. 根据宏观税负的定义，用来分析宏观税负的经济指标应该是税收收入总额与（　　）的比值。

A. 总产值　　B. 国内生产总值

C. 增加值　　D. 总的销售收入

【解析】国际上通用的宏观税负指标是一国或一地区一定时期内（通常为 1 年）税收收入总额与国内生产总值（GDP）的比值。

【答案】B

14. 在构成因素分析中，各因素对总量增长的贡献率等于（　　）。

A. 各因素额/总变化额

B. 各因素变化额/总额

C. 各因素变化额/总变化额

D. 各因素额/总额

【解析】贡献率（%）= 某因素贡献量（增量或增长程度）÷ 总贡献量（总增量或增长程度）× 100%

该公式实际上是指某因素的增长量（程度）占总增长量（程度）的比重。

【答案】C

15. 国家税务总局是以企业的（　　）为标准确定税源监控对象和范围。

A. 税收规模　　B. 销售额

C. 企业大小　　D. 地区企业比例

【解析】略。

【答案】A

16. 凡进入 TRAS 重点税源系统的企业，当年企业发生改制、破产、收购、兼并等情况，不得停止报送当年数据。这个规定是为了保证 TRAS（　　）方面的审核要求。

A. 数据质量　　B. 同户率

C. 清单列表　　D. 报表户清单

【解析】为保证重点税源报表报送的一致性，国家税务总局对TRAS的报送企业有要求，年初确定名单，年内不得删减。

【答案】B

17. 建立税源的微观经济指标与宏观经济联系的分析，就是要把具体的企业的微观数据整理、汇总成（　　），并以此推断总体宏观经济形势。

A. 样本数据　　B. 宏观经济数据

C. 经济总量　　D. 具体数据

【解析】略。

【答案】A

18. 某税务局2023年税收收入完成315亿元，2022年完成280亿元；该地区生产总值实现4015亿元，增长10.4%。则税收增长弹性为（　　）。

A. 0.832　　B. 1.2

C. 1.25　　D. 1.5

【解析】税收增幅 =（315 − 280）÷ 280 × 100% = 12.5%，税收弹性 = 12.5% ÷ 10.4% = 1.2。

【答案】B

19. 下列各项中，不属于税收会计占用类科目的是（　　）。

A. 待征税收　　B. 多缴税金

C. 待征其他收入　　D. 减免税金

【解析】多缴税金属于税收会计的来源类科目。

【答案】B

20. 因素分析法是税收微观分析中的一种常用方法。以下关于因素分析法的描述中错误的是（　　）。

A. 因素分析法能够找出主要因素，抓住主要矛盾

B. 因素分析法在实际应用中有连环替代法和差额计算法两种方法

C. 因素分析法适用于多种因素构成的综合性指标的分析

D. 因素分析法的一大缺点是只适用绝对指标的分析

【解析】因素分析法既适用绝对指标的分析，又适用相对指标的分析。

【答案】D

二、多项选择题

1. 收入规划工作要坚持的原则有（　　）。

A. 依法治税　　B. 实质重于形式

C. 从经济到税收　　D. 实事求是

【解析】收入规划工作要坚持依法治税、从经济到税收和实事求是的原则。

【答案】ACD

2. 税收资金的来源形态是指税收资金形成的具体渠道，它包括（　　）。

A. 待征税金　　B. 应征税金

C. 多缴税金　　D. 暂收款

【解析】税收资金的来源形态是指税收资金形成的具体渠道，包括应征税金、多缴税金和暂收款。

【答案】BCD

3. 做好收入规划工作的重要意义有（　　）。

A. 是确保财政收入稳定增长的重要举措

B. 是保证税收调节经济、调节分配作用得以发挥的客观需要

C. 是维护我国市场经济秩序的重要方面

D. 收入规划工作就是为了完成总局和政府下达的收入任务

【解析】做好收入规划工作是确保财政收入稳定增长的重要举措，是保证税收调节经济、调节分配作用得以发挥的客观需要，是维护我国市场经济秩序的重要方面。

【答案】ABC

4. 新型税收收入管理的工作目标包括（　　）。

A. 强化税务机关完成预算的能力

B. 提高税务机关统筹收入的自主性

C. 增强组织收入工作的科学性

D. 提升税收管理效率

【解析】4 个选项都是新型税收收入管理的工作目标。

【答案】ABCD

5. 新型税收收入管理的重要环节有（　　）。

A. 客观地“定”　　B. 科学地“分”

C. 合理地“调”　　D. 准确地“考”

【解析】新型税收收入管理有 4 个重要的环节，包括：客观地“定”、科学地“分”、合理地“调”、准确地“考”。

【答案】ABCD

6. 新型收入规划管理体系包括的内容有（　　）。

A. 内部收入规划管理

B. 外部收入规划管理

C. 深入开展调查研究

D. 高度重视税收分析

【解析】新型收入规划管理体系是新时期我国经济发展对税务部门税收职能充分发挥的客观需要，包括内部收入规划管理和外部收入规划管理两个方面。

【答案】AB

7. 税收统计的特点有（　　）。

A. 数量性　　B. 具体性

C. 综合性　　D. 以税法为依据

【解析】税收统计有5个特点，4个选项都是税收统计的特点，还有一个特点是与税收会计关系密切。

【答案】ABCD

8. 税收会计工作的主要任务包括（　　）。

A. 组织税收会计核算，记录和反映税收业务活动，提供税收会计信息

B. 加强税收缴库、退库、调库业务管理，保障税款安全

C. 实施税收会计监督，规范税收业务行为

D. 开展税收会计分析，反映税收、经济运行情况，服务税收决策

【解析】4个选项都是税收会计工作的任务。

【答案】ABCD

9. 下列属于占用类科目的有（　　）。

A. 待征税金、待解税金

B. 在途税金、减免税金

C. 损失税金

D. 入库税金、提退税金

【解析】4个选项都属于资金占用类科目。

【答案】ABCD

10. 税收会计原始凭证按其反映的税收业务内容的不同，可以划分出的凭证类型有（　　）。

A. 应征凭证　　B. 减免凭证

C. 入库凭证　　D. 征解凭证

【解析】税收会计原始凭证按其反映的税收业务内容的不同分为应征凭证、减免凭证、征解凭证、入库凭证、提退凭证和其他凭证等。

【答案】ABCD

11. 税收会计对账要求将税务机关税收入库数据信息与国库预算收入日报表数据进行核对，税收入库数据信息与国库提供的库报数据要达到（　　）一致。

A. 征收品目

B. 预算级次

C. 税款金额

D. 预算科目的目级科目

【解析】税收入库数据信息与国库提供的库报数据要达到 3 个一致：一是预算科目的目级科目一致；二是预算级次一致，包括中央、省、市、县 4 级；三是数据一致，对账精度到角分。

【答案】BCD

12. 下列属于税收基础报表的有（　　）。

A. 应征税金明细月报表

B. 代征代扣税款明细月报表

C. 待清理呆账税金明细月报表

D. 清欠分地区分时期分析表

【解析】选项 D 为税收分析报表。

【答案】ABC

13. 根据收入规划核算规定，税收分析内容包括（　　）。

A. 税收形势分析　　B. 税收风险分析

C. 征管能力分析　　D. 政策效应分析

E. 经济运行分析

【解析】税收分析作为实现税收职能的工具和方法，包括 4 个方面内容，即税收形势分析、税收风险分析、政策效应分析和经济运行分析。

【答案】ABDE

14. 税收会计核算的减免税政策实行减免税政策库管理。以下不纳入减免税政策库，不进行减免税核算的有（　　）。

A. 税前扣除、低税率、不征税等基本税制安排

B. 分期纳税等不减少应缴税金总额的优惠政策

C. 出口退税政策

D. 具有减税效果的新税制安排

【解析】以下内容不纳入减免税政策库，不进行减免税核算：①税前扣除、低税率、不征税等基本税制安排；②分期纳税等不减少应缴税金总额的优惠政策；③出口退税政策；④具有减税效果的新税制安排；⑤非税务机关执行的减免税政策；⑥国家税务总局规定的其他政策。

【答案】ABCD

15. 税收政策效应分析时要密切跟踪税制改革和税收政策变动的实施情况，应从

（　　）方面跟踪。

A. 事前　　B. 事中

C. 事后　　D. 结果

【解析】税收政策效应分析，是从事前、事中、事后密切跟踪税制改革和税收政策变动的实施情况，测算税收政策变动对经济、税收的定量影响，提出调整和优化建议。

【答案】ABC

16. 2019 年国家税务总局确定的重点税源标准有（　　）。

A. 2018 年实际入库增值税 500 万元以上的增值税纳税人

B. 2018 年缴纳消费税 100 万元以上的消费税纳税人

C. 2018 年缴纳企业所得税 500 万元以上的各类纳税人

D. 2018 年在税务局实际缴纳的其他各项税收合计达到 500 万元以上的纳税人

【解析】4 个选项都是 2019 年国家税务总局确定的重点税源标准。

【答案】ABCD

17. 重点税源数据采集的渠道主要有（　　）。

A. 重点税源企业通过单机或网上重点税源直报系统申报，税务机关通过国家税务总局下发的 TRAS 重点税源系统收集上报

B. 税务机关根据实际需要从发改委、经信委等外部门交换信息取得

C. 从互联网查询取得

D. 从税收征管信息系统查询获取

【解析】重点税源数据采集的渠道主要有 4 种方式：一是重点税源企业通过单机或网上重点税源直报系统申报，税务机关通过国家税务总局下发的 TRAS 重点税源系统收集上报；二是从税收征管信息系统查询获取；三是税务机关根据实际需要从发改委、经信委等外部门交换信息取得，如规模以上企业工业增加值和利税等；四是从互联网查询取得。

【答案】ABCD

18. 全国税收调查报表包括（　　）。

A. 信息表　　B. 企业表

C. 货物劳务服务表　　D. 调查问卷表

【解析】4 个选项均是目前采用的税收调查报表。

【答案】ABCD

19. 根据收入规划核算规定，下列说法正确的有（　　）。

A. 一定时期内一个国家或地区税收总额占同期国民生产总值的比重，是通用的衡量宏观税负的指标

B. 一定时期内某个行业的纳税人所缴纳的税收占同期该行业经济产出的比重，

是衡量中观税负的指标

C. 一定时期内某一纳税人所缴纳的税收占同期该纳税人经济收入的比重，是衡量微观税负的指标

D. 对比分析、因素分析以及数理统计分析，是常见的税收分析方法

E. 税收分析表、税源分析表、税收经济分析表、专题分析表，是常见的税收分析报表

【解析】国际上通用的宏观税负指标是一国或一地区一定时期内（通常为 1 年）税收收入总额与国内生产总值（GDP）的比值。

【答案】BCDE

三、判断题

1. 新型税收收入管理有 4 个重要的环节，即客观地“分”、科学地“定”、合理地“调”、准确地“考”。（ ）

【解析】新型税收收入管理有 4 个重要的环节，包括客观地“定”、科学地“分”、合理地“调”、准确地“考”。

【答案】错误

2. 合理地“调”就是指上级税务机关对下级税务机关下达税收计划后，在整体税收计划保持基本稳定的情况下，对有增收潜力的地区与收入缺口较大地区税收计划进行相应有增有减的调整。（ ）

【解析】合理地“调”是指上级税务机关对下级税务机关下达税收目标后，在整体税收目标保持基本稳定的情况下，对有增收潜力的地区与收入缺口较大地区税收目标进行相应有增有减的调整，或在总体目标受到各种不确定因素影响的情况下，根据客观实际情况对总量进行适度调整的一系列收入目标管理活动。

【答案】错误

3. 税收会计核算的对象是税收资金及其运动，即税务部门组织征收的各项收入的应征、征收、减免、欠缴、入库和提退等运动的全过程。（ ）

【解析】参见《税收会计制度》。

【答案】正确

4. 税收会计核算应当坚持客观性、全面性、连续性原则。（ ）

【解析】税收会计核算应当坚持客观性、相关性、连续性原则。

【答案】错误

5. 扣缴义务人未按规定为纳税人开具税收票证的，税务机关核实税款缴纳情况后，应当为纳税人开具税收缴款书。（ ）

【解析】扣缴义务人未按规定为纳税人开具税收票证的，税务机关核实税款缴纳情

况后，应当为纳税人开具税收完税证明。

【答案】错误

6. 累计税收同比增长幅度常用于描述税收的短期增减趋势。 ( )

【解析】当月税收环比增长幅度常用以描述税收的短期增减趋势。累计税收同比增长幅度常用于表示税收收入增减变化的中长期趋势。

【答案】错误

7. 税收分析内容是做好税收分析工作的基本体制保障。 ( )

【解析】税收分析机制的搭建是做好税收分析工作的基本体制保障。

【答案】错误

8. 对比分析法，是将实际数与基数进行对比。计算实际数与基础的差异，分析形成差异的原因，借以了解经济活动的成绩和问题的一种分析方法，它只适用于同质指标的对比。 ( )

【解析】对比分析法，是将实际数与基数进行对比，计算实际数与基数的差异，分析形成差异的原因，借以了解经济活动的成绩和问题的一种分析方法。分析时，对比的指标可以是绝对数，也可以是相对数，比较标准包括本期计划数、实际完成数、国内外同行业企业同类指标的先进水平或平均水平等。对比分析法只适用于同质指标的对比。税收数据的对比分析通常包括规模、结构、增减、进度、关联税种等方面的对比分析，税收与经济的对比分析主要采用税负和弹性两种方法。

【答案】正确

9. 全国税收调查是由国家税务总局布置各级税务机关开展的一项年度性调查工作。 ( )

【解析】该项工作是由财政部和国家税务总局共同布置。

【答案】错误

10. 重点税源监控实行总局、省级局、地（市）级局和县级局 4 级管理模式，由上而下，层层负责。 ( )

【解析】重点税源监控实行总局、省级局、地（市）级局和县级局 4 级管理模式，由下而上，层层负责。

【答案】错误

错题、要点整理页

第二部分

模拟测试

模拟测试（一）

一、单项选择题（下列各题的备选答案中，只有一个正确选项，请将正确选项的字母填写在括号中，多选、错选、不选均不得分。每小题 2 分，共计 30 分）

1. 自 2024 年 4 月至 7 月，在全党开展的学习教育是（　　）。

A. 党史学习教育

B. 党纪学习教育

C. “不忘初心、牢记使命”主题教育

D. 党章学习教育

2. 发展新质生产力的核心要素是（　　）。

A. 人才培养　　B. 科技创新

C. 实体经济　　D. 传统经济

3. 2024 年“便民办税春风行动”，面向新办纳税人开展的活动是（　　）。

A. “说理式执法”活动　　B. “开业第一课”活动

C. “一窗办”活动　　D. “一条龙服务”活动

4. 根据《国家税务总局关于开展 2024 年“便民办税春风行动”的意见》规定，下列各项中，与税务总局“畅通纳税人缴费人诉求收集渠道”要求背道而驰的是（　　）。

A. “民呼我为”　　B. “接诉即办”

C. “未诉先办”　　D. “提高门槛”

5. 2024 年全国税务工作会议的主题是（　　）。

A. 深入学习贯彻党的二十大精神 守正创新奋力推进新征程税收现代化

B. 凝心聚力勇担使命 高质量推进中国式现代化税务实践

C. 务本求实稳中提质 高质量推进中国式现代化税务实践

D. 坚持以习近平新时代中国特色社会主义思想为指引 高质量推进中国式现代化税务实践

6. 2027 年 12 月 31 日前，对金融机构与小型、微型企业签订的借款合同（　　）印花税。

A. 减按 50% 征收　　B. 全额征收

C. 免征　　D. 减按 70% 征收

7. 下列交易行为中，需要缴纳土地增值税的是（　　）。

A. 个人互换住房　　B. 个人销售住房

C. 个人互换商铺　　D. 个人出租住房

8. 某公司 2017 年 1 月以 1200 万元（不含增值税）购入一幢旧写字楼作为办公用房，该写字楼原值为 2000 万元，已计提折旧 800 万元。当地适用契税税率 3%，该公司购入写字楼应缴纳契税（　　）万元。

A. 60　　B. 36

C. 30　　D. 24

9. 扣缴义务人每次代扣的税款，应当自代扣之日起（　　）日内缴入国库，并向所在地的税务机关报送扣缴企业所得税报告表。

A. 4　　B. 5

C. 6　　D. 7

10. 自 2023 年 1 月 1 日起，对自然人在（　　）内出售持有时间少于 1 年的二手车达到（　　）及以上的，汽车销售企业、二手车交易市场、拍卖企业等不得为其开具二手车销售统一发票。

A. 1 年，2 辆

B. 1 个自然年度内，3 辆

C. 12 个月，2 辆

D. 12 个月，3 辆

11. 运用税收与经济运行中的宏观微观数据，开展关键指标比对，发现税收征管和纳税遵从中存在的风险点，指引征管资源的合理配置，为组织收入服务的分析是（　　）。

A. 税收形势分析

B. 税收风险分析

C. 税收政策效应分析

D. 经济运行分析

12. 以关联交易发生的合理成本加上可比非关联交易毛利后的金额作为关联交易的公平成交价格的方法是（　　）。

A. 成本加成法　　B. 再销售价格法

C. 交易净利润法　　D. 利润分割法

13. 服务贸易等项目对外支付税务备案，未超过等值（　　）万美元的单笔对外支付无需进行税务备案。

A. 4　　B. 5

C. 6　　D. 7

14. 下列选项中，不属于演艺人员活动的是（　　）。

A. 广告拍摄　　B. 企业年会

C. 企业剪彩　　D. 会议发言

15. 主管税务机关自收到异常凭证信息之日起（　　）个工作日内，向接受异常凭证的纳税人发出《税务事项通知书》并制作《送达回证》。

A. 5　　B. 10

C. 15　　D. 30

二、多项选择题（下列各题的备选答案中，至少有两个正确选项，请将正确选项的字母填写在括号中，多选、错选、少选、不选均不得分。每小题 2 分，共计 30 分）

1. 2024 年全国税务系统全面从严治党工作的主要任务包括（　　）。

A. 巩固拓展主题教育成果

B. 强化政治监督

C. 深化税务系统反腐败斗争

D. 推动税务系统党的建设高质量发展

2. 税务系统党委讨论和决定本单位本系统重大问题，应当遵守的工作要求有（　　）。

A. 按照规则由集体讨论和决定

B. 议题由党委书记提出提交

C. 党委会议表决前应当进行充分讨论

D. 党委会议研究决定多个事项的，应一次性进行表决

3. 2024 年的《政府工作报告》指出，在 2024 年经济社会发展政策取向方面，要落实好结构性减税降费政策。重点支持的方向有（　　）。

A. 科技创新　　B. 房地产振兴

C. 文化旅游　　D. 制造业发展

4. 2024 年，国务院在优化政务服务提升行政效能方面，提出推动“高效办成一件事”，其具体目标包括（　　）。

A. 办事流程最优化　　B. 办事时间最短化

C. 办事方式多元化　　D. 办事材料最简化

5. 下列关于“新质生产力”的说法，正确的有（　　）。

A. 由技术革命性突破、生产要素创新性配置、产业深度转型升级而催生

B. 以劳动者、劳动资料、劳动对象及其优化组合的跃升为基本内涵

C. 以全要素生产率大幅提升为核心标志

D. 特点是创新，关键在质优，本质是先进生产力

6. 2022 年党中央、国务院作出对制造业、批发零售业等行业实施更大力度的留抵退税决策部署，其中所称的制造业、批发零售业等行业主要包括（　　）。

A. 科学研究和技术服务业

B. 电力、热力、燃气及水生产和供应业

C. 建筑服务

D. 文化、体育和娱乐业

7. 下列独立于房屋之外的建筑物，不属于房产的有（　　）。

A. 围墙　　B. 烟囱

C. 室外游泳池　　D. 玻璃暖房

8. 下列各项中，属于土地增值税征税范围的有（　　）。

A. 抵押期间的房地产抵押

B. 房产继承

C. 合作建房，建成后转让

D. 将房产捐赠给关联企业

9. 非居民企业取得股息、红利等权益性投资收益和（　　）所得，以收入全额为应纳税所得额。

A. 利息　　B. 租金

C. 特许权使用费　　D. 研发费用

10. 数电票的格式有（　　）。

A. PDF　　B. OFD

C. XML　　D. DOC

11. 大企业税收风险管理内部控制中，属于数据采集环节的主要风险点有（　　）。

A. 未按规定对企业名册进行动态管理

B. 未经授权更改风险分析对象

C. 未按规定采集企业涉税数据

D. 未按规定督促纳税人进行整改

12. 在国际税收中，一般将税收管辖权分为（　　）。

A. 居民管辖权　　B. 公民管辖权

C. 国别管辖权　　D. 地域管辖权

13. 全口径税收泛指各级税务机关组织的税收收入总和，全口径财政收入包括（　　）。

A. 税收收入　　B. 社会保险基金收入

C. 非税收入　　　　　　　　D. 转移性收入

14. 当前税收风险管理的重点工作包括（　　）。

A. 开展高收入者个人所得税风险管理工作

B. 做好增值税发票及出口退税风险管理工作

C. 加强户籍、登记及申报风险管理工作

D. 对大企业实施以税务总局为主体的风险分析及差别化应对

15. 税收协定的主要作用包括（　　）。

A. 降低跨境纳税人在东道国的税负

B. 提高税收确定性

C. 消除双重征税

D. 通过相互协商机制妥善解决涉税争议

三、判断题（每小题 1 分，共计 10 分）

1. 纳税人购进的旅客运输服务、贷款服务、餐饮服务、居民日常服务和娱乐服务的进项税额不得从销项税额中抵扣。（　　）
2. 已经缴纳车船税、车辆购置税的车船，因质量原因被退回生产企业或者经销商的，纳税人可以申请退还自退货月份起至该纳税年度终了期间的车船税和车辆购置税。（　　）
3. 印花税应税合同的计税依据，为合同所列的金额，不包括列明的增值税税款。（　　）
4. 纳税人出口货物劳务、发生跨境应税行为，适用免抵退税办法的，不得申请留抵退税。（　　）
5. 数电票不能作废，数电票红冲使用红字信息确认单取代红字信息表。红字信息确认单需要经过税务机关审批。（　　）
6. 中外合作办学项目中开展教育教学活动的场所不构成常设机构。（　　）
7. “穷尽国内手段原则”是对外发起专项情报交换请求应遵循的基本原则。（　　）
8. 签订委托代征协议的税务机关应当是县以上（含本级）税务局。（　　）
9. 数电票采用授信制，以开具总额（授信额度）替换票种核定和最高开票限额审批。（　　）
10. 各期发展水平与相应前期发展水平之比描述的是逐期增长量。（　　）

四、案例分析题（每小题 2 分，共计 10 分）

2023 年 9 月，顾某在甲县开设了一家个体工商户，主要从事食品批发零售。一段时间后，由于觉得每月都要纳税申报比较繁琐，顾某决定于 2024 年 1 月向当地税务部门申请定期定额征收。

根据上述材料，回答下列问题：

1.（单选题）申请定期定额征收时，顾某必须报送的资料是（　　）。

A. 个体工商户定额核定表

B. 经办人身份证原件

C. 代理委托书

D. 代理人身份证件原件

2.（单选题）顾某向本县的税务机关申请定期定额征收时，该县税务机关发现其申请资料不全不予受理，应当在（　　）日内一次性告知顾某需补充的材料。

A. 3　　B. 5

C. 7　　D. 10

3.（单选题）顾某的定期定额征收申请需经税务机关批准即可实行，这里的税务机关是指（　　）。

A. 主管税务机关

B. 省级税务机关

C. 市级税务机关

D. 县级以上税务机关（含县级）

4.（多选题）主管税务机关如果发现顾某的经营存在（　　），按照规定应当采取核定征收方式征收。

A. 依照国家有关规定应当设置但未设置账簿

B. 虽设置账簿，但账目混乱或者成本资料、收入凭证、费用凭证残缺不全，难以查账

C. 发生纳税义务，未按照规定的期限办理纳税申报，经税务机关责令限期申报，逾期仍不申报的

D. 发票使用明显不合理

5.（多选题）按照规定，并不是所有类型的纳税人都可以采取核定征收的方式，其中就包括（　　）。

A. 税务师事务所

B. 典当事务所

C. 律师事务所

D. 资产评估和房地产估价等鉴证类中介机构

五、简答题（共 20 分）

请简述资源回收企业“反向开票”政策中对报废产品的界定，并说明“反向开票”政策实施后，对于资源回收企业增值税计税方法的规定。

模拟测试（一）·参考答案及解析

答案速查

一、单项选择题（每小题 2 分，共计 30 分）

1. B	2. B	3. B	4. D	5. D
6. C	7. C	8. B	9. D	10. B
11. B	12. A	13. B	14. D	15. B

二、多项选择题（每小题 2 分，共计 30 分）

1. ABCD	2. ABC	3. AD	4. ACD	5. ABCD
6. ABD	7. ABCD	8. CD	9. ABC	10. ABC
11. AC	12. ABD	13. ABCD	14. ABC	15. ABCD

三、判断题（每小题 1 分，共计 10 分）

1. ×	2. ×	3. √	4. ×	5. ×
6. ×	7. √	8. √	9. √	10. ×

四、案例分析题（每小题 2 分，共计 10 分）

1. A	2. B	3. D	4. ABC	5. ACD

答案解析

一、单项选择题

1.【参考答案】B

【答案解析】中共中央办公厅印发的《关于在全党开展党纪学习教育的通知》指出，为深入学习贯彻修订后的《中国共产党纪律处分条例》，经党中央同意，自2024年4月至7月，在全党开展党纪学习教育。

2.【参考答案】B

【答案解析】2024年1月31日，习近平总书记在中共中央政治局第十一次集体学习时指出，科技创新能够催生新产业、新模式、新动能，是发展新质生产力的核心要素。

3.【参考答案】B

【答案解析】根据《国家税务总局关于开展2024年“便民办税春风行动”的意见》规定，开展面向新办纳税人的“开业第一课”活动，精准推送新办纳税人想要了解和需要掌握的政策、指引等宣传辅导产品。

4.【参考答案】D

【答案解析】根据《国家税务总局关于开展2024年“便民办税春风行动”的意见》规定，持续深化“民呼我为”“接诉即办”“未诉先办”，畅通纳税人缴费人诉求收集渠道，强化直联点税务机关诉求感知“触角”作用，进一步提高诉求办理效率，办成办好纳税人缴费人反映较多的热点诉求，并适时向社会公开办理情况。

5.【参考答案】D

【答案解析】2024年全国税务工作会议的主题是“坚持以习近平新时代中国特色社会主义思想为指引 高质量推进中国式现代化税务实践”。

6.【参考答案】C

【答案解析】根据《财政部 税务总局关于支持小微企业融资有关税收政策的公告》（财政部 税务总局公告2023年第13号）规定，2027年12月31日前，对金融机构与小型、微型企业签订的借款合同免征印花税。

7.【参考答案】C

【答案解析】根据《财政部 国家税务总局关于土地增值税一些具体问题规定的通知》（财税字〔1995〕48号）规定，个人之间互换自有居住用房地产的，经税务机关核实，可以免征土地增值税。根据《财政部 国家税务总局关于调整房地产交易环节税收政策的通知》（财税〔2008〕137号）规定，自2008年11月1日起，对个人销售住房暂免征收土地增值税。个人出租住房不属于土地增值税的征税范围。

8.【参考答案】B

【答案解析】应缴纳契税税额 = 1200 × 3% = 36（万元）

9.【参考答案】D

【答案解析】根据《中华人民共和国企业所得税法》第四十条规定，扣缴义务人每次代扣的税款，应当自代扣之日起 7 日内缴入国库，并向所在地的税务机关报送扣缴企业所得税报告表。

10.【参考答案】B

【答案解析】根据《商务部等 17 部门关于搞活汽车流通 扩大汽车消费若干措施的通知》（商消费发〔2022〕92 号）规定，自 2023 年 1 月 1 日起，对自然人在 1 个自然年度内出售持有时间少于 1 年的二手车达到 3 辆及以上的，汽车销售企业、二手车交易市场、拍卖企业等不得为其开具二手车销售统一发票，不予办理交易登记手续，有关部门按规定处理。

11.【参考答案】B

【答案解析】税收风险分析，是运用税收与经济运行中的宏观微观数据，开展关键指标比对，发现税收征管和纳税遵从中存在的风险点，指引征管资源的合理配置，为组织收入服务。

12.【参考答案】A

【答案解析】成本加成法以关联交易发生的合理成本加上可比非关联交易毛利后的金额作为关联交易的公平成交价格。

13.【参考答案】B

【答案解析】根据《国家税务总局 国家外汇管理局关于服务贸易等项目对外支付税务备案有关问题的公告》（国家税务总局 国家外汇管理局公告 2013 年第 40 号）规定和《国家税务总局 国家外汇管理局关于服务贸易等项目对外支付税务备案有关问题的补充公告》（国家税务总局 国家外汇管理局公告 2021 年第 19 号）的政策解读，未超过等值 5 万美元的单笔对外支付无需进行税务备案，基于同一合同需要多次对外支付的，仅需在单笔支付首次超过等值 5 万美元时进行税务备案。

14.【参考答案】D

【答案解析】根据《国家税务总局关于税收协定执行若干问题的公告》（国家税务总局公告 2018 年第 11 号）规定，演艺人员活动包括演艺人员从事的舞台、影视、音乐等各种艺术形式的活动，以及以演艺人员身份开展的其他个人活动，比如演艺人员开展的电影宣传活动，演艺人员或运动员参加广告拍摄、企业年会、企业剪彩等活动，具有娱乐性质的涉及政治、社会、宗教或慈善事业的活动；会议发言一般不属于演艺人员活动，如应邀参加学术会议并发言不属于演艺人员活动，但如果在商业活动中进行具有演出性质的演讲，则不属于会议发言，而是属于演艺人员活动。

15.【参考答案】B

【答案解析】接受方主管税务机关通过异常凭证系统接收异常凭证信息，并自收到异常凭证信息之日起10个工作日内，向接受异常凭证的纳税人发出《税务事项通知书》并制作《送达回证》。

二、多项选择题

1.【参考答案】ABCD

【答案解析】2024年税务系统全面从严治党工作主要任务包括：要巩固拓展主题教育成果，持之以恒学深悟透习近平新时代中国特色社会主义思想；要不断强化政治监督，持之以恒推动党中央决策部署落地见效；要坚持巩固深化提升，持之以恒推动税务系统党的建设高质量发展；要一体推进“三不腐”，持之以恒深化税务系统反腐败斗争；要扎实纠“四风”树新风，持之以恒强化税务系统纪律作风建设；要深入推进税务系统纪检监察体制改革，持之以恒推动一体化综合监督体系有效运转；要加强年轻干部教育管理监督，持之以恒推动税务青年建功新时代、奋进新征程；要加强党建和纪检干部队伍建设，持之以恒做到自身清、自身正、自身硬。

2.【参考答案】ABC

【答案解析】党委作出重大决策，一般应当经过调查研究、征求意见、充分酝酿等程序，按照规则由集体讨论和决定。党委会议议题由党委书记提出，或者由党委其他委员提出建议、党委书记综合考虑后确定。会议议题应当提前书面通知党委委员。党委会议议题提交表决前，应当进行充分讨论。表决可以采用口头、举手、无记名投票或者记名投票等方式进行，赞成票超过应到会党委委员半数为通过。未到会党委委员的书面意见不得计入票数。表决实行主持人末位表态制。会议研究决定多个事项的，应当逐项进行表决。

3.【参考答案】AD

【答案解析】2024年《政府工作报告》，在2024年经济社会发展政策取向方面指出，落实好结构性减税降费政策，重点支持科技创新和制造业发展。

4.【参考答案】ACD

【答案解析】《国务院关于进一步优化政务服务提升行政效能推动“高效办成一件事”的指导意见》（国发〔2024〕3号）第一条规定，把“高效办成一件事”作为优化政务服务、提升行政效能的重要抓手，加强整体设计，推动模式创新，注重改革引领和数字赋能双轮驱动，统筹发展和安全，推动线上线下融合发展，实现办事方式多元化、办事流程最优化、办事材料最简化、办事成本最小化，最大限度利企便民，激发经济社会发展内生动力。

5.【参考答案】ABCD

【答案解析】2024 年 1 月 31 日，习近平总书记在中共中央政治局第十一次集体学习时指出，新质生产力是创新起主导作用，摆脱传统经济增长方式、生产力发展路径，具有高科技、高效能、高质量特征，符合新发展理念的先进生产力质态。它由技术革命性突破、生产要素创新性配置、产业深度转型升级而催生，以劳动者、劳动资料、劳动对象及其优化组合的跃升为基本内涵，以全要素生产率大幅提升为核心标志，特点是创新，关键在质优，本质是先进生产力。

6.【参考答案】ABD

【答案解析】根据《财政部 税务总局关于扩大全额退还增值税留抵税额政策行业范围的公告》（财政部 税务总局公告 2022 年第 21 号）规定，制造业、批发零售业等行业企业，是指从事《国民经济行业分类》中“批发和零售业”“农、林、牧、渔业”“住宿和餐饮业”“居民服务、修理和其他服务业”“教育”“卫生和社会工作”“文化、体育和娱乐业”“制造业”“科学研究和技术服务业”“电力、热力、燃气及水生产和供应业”“软件和信息技术服务业”“生态保护和环境治理业”“交通运输、仓储和邮政业”业务相应发生的增值税销售额占全部增值税销售额的比重超过 50% 的纳税人。

7.【参考答案】ABCD

【答案解析】根据《财政部税务总局关于房产税和车船使用税几个业务问题的解释与规定》（财税地字〔1987〕3 号）规定，独立于房屋之外的建筑物，如围墙、烟囱、水塔、变电塔、油池油柜、酒窖菜窖、酒精池、糖蜜池、室外游泳池、玻璃暖房、砖瓦石灰窑以及各种油气罐等，不属于房产。

8.【参考答案】CD

【答案解析】房地产评估增值、抵押期间的房地产抵押、房产继承不属于土地增值税征税范围。

9.【参考答案】ABC

【答案解析】根据《中华人民共和国企业所得税法》第十九条规定，非居民企业取得该法第三条第三款规定的所得，按照下列方法计算其应纳税所得额：①股息、红利等权益性投资收益和利息、租金、特许权使用费所得，以收入全额为应纳税所得额；②转让财产所得，以收入全额减除财产净值后的余额为应纳税所得额；③其他所得，参照前两项规定的方法计算应纳税所得额。

10.【参考答案】ABC

【答案解析】数电票共有 3 种格式：PDF、OFD、XML。

11.【参考答案】AC

【答案解析】大企业税收风险管理内部控制中，属于数据采集环节主要风险点的有：未按规定对企业名册进行动态管理、未按规定采集企业涉税数据、未按规定对采集数据进行审核。

12.【参考答案】ABD

【答案解析】税收管辖权大致分为三类：居民管辖权、公民管辖权和地域管辖权。其中，前两者遵循的是属人原则，后者遵循的是属地原则。

13.【参考答案】ABCD

【答案解析】全口径税收泛指各级税务机关组织的税收收入总和。全口径财政收入包括税收收入、社会保险基金收入、非税收入、贷款转贷回收本金收入、债务收入、转移性收入在内的所有财政收入。

14.【参考答案】ABC

【答案解析】大企业税收风险管理方式，实施两级风险分析及差别化应对。

15.【参考答案】ABCD

【答案解析】税收协定的主要作用包括降低跨境纳税人在东道国的税负、提高税收确定性、消除双重征税和通过相互协商机制妥善解决涉税争议等。

三、判断题

1.【参考答案】×

【答案解析】根据《财政部 税务总局 海关总署关于深化增值税改革有关政策的公告》（财政部 税务总局 海关总署公告2019年39号）第六条规定，纳税人购进国内旅客运输服务，其进项税额允许从销项税额中抵扣。

2.【参考答案】×

【答案解析】车船税的退还说法正确。车辆购置税应退还的，以已经缴纳的车辆购置税为基准，自缴纳税款之日至申请退税之日，每满一年扣减10%。

3.【参考答案】√

【答案解析】参见《中华人民共和国印花税法》第五条。

4.【参考答案】×

【答案解析】根据《财政部 税务总局关于进一步加大增值税期末留抵退税政策实施力度的公告》（财政部 税务总局公告2022年第14号）第九条规定，纳税人出口货物劳务、发生跨境应税行为，适用免抵退税办法的，应先办理免抵退税。免抵退税办理完毕后，仍符合该公告规定条件的，可以申请退还留抵税额；适用免退税办法的，相关进项税额不得用于退还留抵税额。

5.【参考答案】×

【答案解析】数电票不能作废，数电票红冲使用红字信息确认单取代红字信息表。红字信息确认单不需要税务机关审批，改为双方确认。

6.【参考答案】×

【答案解析】不具有法人资格的中外合作办学机构，以及中外合作办学项目中开展教育教学活动的场所构成税收协定缔约对方居民在中国的常设机构。

7.【参考答案】√

【答案解析】略。

8.【参考答案】√

【答案解析】参见《委托代征管理办法》（国家税务总局公告2013年第24号）相关规定。

9.【参考答案】√

【答案解析】略。

10.【参考答案】×

【答案解析】环比增长速度是报告期增长量与前一期发展水平之比。

四、案例分析题

1.【参考答案】A

【答案解析】纳税人申请定期定额征收时《个体工商户定额核定表》为必报资料，其他为条件报送资料。

2.【参考答案】B

【答案解析】申请材料不齐全或者不符合法定形式的，应当当场或者在5日内一次性告知申请人需要补正的全部内容，逾期不告知的，自收到申请材料之日起即为受理。

3.【参考答案】D

【答案解析】个体工商户定期定额征收，是指税务机关依照法律、行政法规及《个体工商户税收定期定额征收管理办法》的规定，对个体工商户在一定经营地点、一定经营时期、一定经营范围内的应纳税经营额（包括经营数量）或所得额进行核定，并以此为计税依据，确定其应纳税额的一种征收方式。个体工商户定期定额征收适用于经主管税务机关认定和县以上税务机关（含县级）批准的生产、经营规模小，达不到《个体工商户建账管理暂行办法》规定设置账簿标准的个体工商户的税收征收管理。

4.【参考答案】ABC

【答案解析】根据《税收征管操作规范》规定，个体工商户的生产、经营所得有下列情形之一的，主管税务机关应采取核定征收方式征收个人所得税：①依照国家有关规定应当设置但未设置账簿的；②虽设置账簿，但账目混乱或者成本资料、收入凭证、费用凭证残缺不全，难以查账的；③发生纳税义务，未按照规定的期限办理纳税申报，经税务机关责令限期申报，逾期仍不申报的。

5.【参考答案】ACD

【答案解析】税务师事务所、会计师事务所、律师事务所、资产评估和房地产估价等鉴证类中介机构不得实行核定征收个人所得税。

五、简答题

【参考答案】（1）“反向开票”政策中的报废产品，是指在社会生产和生活消费过程中产生的，已经失去原有全部或部分使用价值的产品；涵盖了广泛的生活和生产废弃物，如废旧电器、电子产品、车辆、家具等。

（2）“反向开票”政策实施后，资源回收企业中的增值税一般纳税人销售报废产品，在《国家税务总局关于资源回收企业向自然人报废产品出售者“反向开票”有关事项的公告》（国家税务总局公告2024年第5号）施行前已按有关规定选择适用增值税简易计税方法的，可以在2024年7月31日前改为选择适用增值税一般计税方法。除上述情形外，资源回收企业选择增值税简易计税方法计算缴纳增值税后，36个月内不得变更；变更为增值税一般计税方法后，36个月内不得再选择增值税简易计税方法。

模拟测试（二）

一、单项选择题（下列各题的备选答案中，只有一个正确选项，请将正确选项的字母填写在括号中，多选、错选、不选均不得分。每小题 2 分，共计 30 分）

1. 2024 年“便民办税春风行动”的主题是（　　）。

A. 持续提升效能·办好为民实事

B. 优化执法服务·办好惠民实事

C. 我为群众办实事

D. 智慧税务助发展·惠企利民稳增长

2. 2024 年全国税务系统的首要任务是（　　）。

A. 建强政治机关　　B. 聚财生财并举

C. 服务高质量发展　　D. 智慧税务建设

3. 中央经济工作会议指出，2024 年经济工作要坚持稳中求进、以进促稳和（　　）。

A. 先立后破　　B. 先破后立

C. 边立边破　　D. 先行后稳

4. 全国税务工作会议强调，要加力推进的跨境税费服务品牌是（　　）。

A. “税路通”　　B. “纵合横通强党建”

C. “政策找人”　　D. “高效办成一件事”

5. 坚持把发展经济的着力点放在实体经济上，推进新型工业化，是我国当前建设现代化产业体系的重要举措。下列选项中，不属于建设现代化产业体系内容的是（　　）。

A. 加快建设质量强国　　B. 加快建设农业大国

C. 加快建设数字中国　　D. 加快建设网络强国

6. 下列有关印花税税率的说法，错误的是（　　）。

A. 运输合同的税率为 0.3‰

B. 营业账簿的税率为 0.5‰

C. 建设工程合同的税率为 0.3‰

D. 买卖合同的税率为0.3‰

7. 转让新建房计算土地增值税时，可以作为转让房地产有关的税金扣除的是（　　）。

A. 契税　　B. 增值税

C. 城镇土地使用税　　D. 城市维护建设税

8. 下列污染物中，不属于环境保护税征税对象的是（　　）。

A. 大气污染物　　B. 噪声污染

C. 光污染　　D. 固体废物

9. 位于某县城的一化工厂，2023年1月土地使用证书记载的占用土地面积为80000平方米，8月新征用耕地10000平方米（已缴纳耕地占用税），适用城镇土地使用税税率为10元/平方米。该化工厂2023年应缴纳城镇土地使用税（　　）元。

A. 720000　　B. 800000

C. 820000　　D. 900000

10. 提供住宿服务的小规模纳税人企业按季度纳税申报，2023年第一季度合计不含税销售额为35万元，其中开具增值税专用发票销售额为20万元，开具增值税普通发票销售额为15万元，发票都按1%开具。下列关于增值税及附加税费申报表填写的说法，正确的是（　　）。

A. 在主表《增值税及附加税费申报表（小规模纳税人适用）》“小微企业免税销售额”栏次填写15万元

B. 在主表《增值税及附加税费申报表（小规模纳税人适用）》“应征增值税不含税销售额（3%征收率）”栏次填写20万元

C. 在《增值税减免税申报明细表》减税项目相应栏次填写0.7万元

D. 以上申报表填写均不正确

11. （　　）可以适用于所有类型的关联交易。

A. 可比非受控价格法　　B. 成本加成法

C. 利润分割法　　D. 交易净利润法

12. 同时为缔约国双方居民的个人，应先按照（　　）判定其居民身份。

A. 国籍　　B. 重要利益中心

C. 习惯性居处　　D. 永久性住所

13. 税收居民身份证明应证明非居民纳税人取得所得的当年度或（　　）的税收居民身份。

A. 上一年度　　B. 下一年度

C. 以后年度　　D. 之前年度

14. 在纳税评估中实施税务约谈时，下列各主体不能作为约谈对象的是（　　）。

A. 财务负责人

B. 办税员

C. 法人代表

D. 经法人代表授权的税务代理人

15. 税务总局按照年度计划，以千户集团税收风险指标模型体系为基础，对采集的千户集团总部及其成员企业信息进行计算机扫描，形成的报告是（　　）。

A. 风险分析报告　　B. 风险识别报告

C. 风险应对报告　　D. 指标扫描报告

二、多项选择题（下列各题的备选答案中，至少有两个正确选项，请将正确选项的字母填写在括号中，多选、错选、少选、不选均不得分。每小题 2 分，共计 30 分）

1. 2023 年底召开的中央经济工作会议指出，进一步推动经济回升向好需要克服一些困难和挑战，主要困难和挑战有（　　）。

A. 有效需求不足、部分行业产能过剩

B. 社会预期偏弱、风险隐患仍然较多

C. 国内大循环存在堵点

D. 外部环境的复杂性、严峻性、不确定性上升

2. 全党开展党纪学习教育，组织党员特别是党员领导干部认真学习《中国共产党纪律处分条例》的主要目标包括（　　）。

A. 教育党员做到学纪、知纪、明纪、守纪

B. 搞清楚党的纪律规矩是什么，弄明白能干什么、不能干什么

C. 进一步强化纪律意识、加强自我约束、提高免疫能力

D. 始终做到忠诚干净担当

3. 全面贯彻 2024 年经济工作的总体要求，要注意把握和处理好的几对关系包括（　　）。

A. 速度与质量

B. 宏观数据与微观感受

C. 发展经济与改善民生

D. 发展与安全

4. 下列关于全国税务系统素质提升“2271”工程的表述正确的有（　　）。

A. 200 名左右战略人才

B. 2000 名左右领军人才

C. 7 万名左右专业骨干

D. 7 万名左右业务标兵

5. 2024 年全国税务系统全面从严治党工作会议强调做到八个“持之以恒”。下列属于

八个“持之以恒”内容的有（　　）。

A. 持之以恒学深悟透习近平新时代中国特色社会主义思想

B. 持之以恒加强减税降费效益分析

C. 持之以恒推动税务系统党的建设高质量发展

D. 持之以恒强化税务系统纪律作风建设

6. 下列土地中，应全额计征城镇土地使用税的有（　　）。

A. 校办企业的经营用地

B. 物流企业承租用于大宗商品仓储设施的土地

C. 集体企业的养殖场的办公用地

D. 房地产开发公司建造商品房的用地

7. 采用委托贷款方式书立的借款合同纳税人，为（　　）和（　　）。

A. 受托人　　B. 委托人

C. 借款人　　D. 担保人

8. 在下列各项中，属于非税收入的有（　　）。

A. 政府性基金收入

B. 行政事业性收费收入

C. 社会保险费收入

D. 罚没收入

9. 目前，我国可依据《多边税收征管互助公约》与缔约伙伴开展（　　）。

A. 专项情报交换　　B. 自动情报交换

C. 自发情报交换　　D. 同期税务检查

10. 数电票记载的具体内容具有要素化的特征，包括（　　）。

A. 基本要素　　B. 特定要素

C. 一般要素　　D. 附加要素

11. 预约定价简易程序包括（　　）阶段。

A. 备案管理　　B. 协商签署

C. 监控执行　　D. 申请评估

12. 下列车船中，可以减免车船税的有（　　）。

A. 警用车船

B. 军队专用车船

C. 国家综合性消防救援车船

D. 捕捞、养殖渔船

13. 具有下列情形的非居民企业，可不参加当年度企业所得税汇算清缴的有（　　）。

A. 汇算清缴期内已办理注销的

B. 享受税收优惠免征企业所得税的

C. 本期未取得经营收入的

D. 临时来华承包工程和提供劳务不足 1 年，在年度中间终止经营活动，且已经结清税款的

14. 特别纳税调整事项包括（　　）。

A. 一般反避税　　B. 资本弱化

C. 转让定价　　D. 预约定价安排

15. 税收协定中的特许权使用费包括：使用或有权使用任何（　　）、秘密配方或秘密程序所支付的作为报酬的各种款项。

A. 专利　　B. 商标

C. 设计或模型　　D. 图纸

三、判断题（每小题 1 分，共计 10 分）

1. 居民企业是指依法在中国境内成立或者依照外国（地区）法律成立但实际管理机构在中国境内的企业。（　　）
2. 学校占地减按每平方米 2 元的税额征收耕地占用税。（　　）
3. 对出口产品退还增值税、消费税的，应同时退还城市维护建设税。（　　）
4. 购置新建商品房，自房屋交付使用之次月起，计征城镇土地使用税。（　　）
5. 情报交换可涉及的税种，包括除关税外以缔约方名义征收的其他各类税种。（　　）
6. 印花税征税对象包括所有类型的合同。（　　）
7. 税务执法人员调回资料检查的行政相对人的范围，包括纳税人、扣缴义务人以及检查过程中涉及的其他相关单位或个人。（　　）
8. 个人在上海证券交易所转让上市公司公开发行的股票，取得的股票转让所得，暂免征收个人所得税。（　　）
9. 数电票是与纸质发票具有同等法律效力的全新发票，不以纸质形式存在、不用介质支撑，无需申请领用、发票验旧及申请增版增量。（　　）
10. 具有准备性或辅助性的固定营业场所可以构成常设机构。（　　）

四、案例分析题（每小题 2 分，共计 10 分）

某企业是增值税一般纳税人，有进出口经营权，经营甲商品的生产销售业务，既有内销，也有外销。甲商品的增值税税率为 13%，出口退税率为 11%。2024 年 4 月发生以下经济业务：

（1）国内销售甲商品，取得含税销售额 554800 元。出口甲商品，双方约定用人民币结算，出口销售发票注明的金额为 417000 元，运保费由对方承担。

（2）本月购买原材料，取得的增值税专用发票注明增值税税额合计为 98500 元。

（3）本月支付高速公路通行费，取得的增值税电子普通发票注明的增值税税额为 516.96 元，取得的普通发票注明的金额为 25000 元。

（4）本月差旅人员报销的凭证中，住宿费取得的增值税专用发票注明税额合计为 3636.18 元，餐饮费取得的增值税专用发票注明税额合计为 1726.35 元。

假设本月取得的合法抵扣凭证都依法在本月抵扣进项税额，出口业务在次月申报出口退税。

根据上述资料，回答下列问题：

1.（单选题）本月免抵退税不得免征和抵扣的税额为（　　）元。

A. 54210　　B. 45870

C. 8340　　D. 330000

2.（单选题）本月出口退税计算中应纳增值税税额为（　　）元。

A. －38826.59　　B. －32212.94

C. －30486.59　　D. 0

3.（单选题）本月免抵退税额为（　　）元。

A. 54210　　B. 45870

C. 32212.94　　D. 30486.50

4.（单选题）本月应退增值税税额为（　　）元。

A. 54210　　B. 45870

C. 32212.94　　D. 30486.59

5.（单选题）本月免抵税额为（　　）元。

A. 15383.41　　B. 13657.06

C. 23723.50　　D. 21997.06

五、简答题（共 20 分）

税收风险管理是加强日常征管的有效方法和手段，请简述税收风险管理的意义。

模拟测试（二）·参考答案及解析

答案速查

一、单项选择题（每小题 2 分，共计 30 分）

1. A	2. C	3. A	4. A	5. B
6. B	7. D	8. C	9. B	10. C
11. A	12. D	13. A	14. B	15. B

二、多项选择题（每小题 2 分，共计 30 分）

1. ABCD	2. ABCD	3. ABCD	4. ABD	5. ACD
6. ACD	7. AC	8. ABD	9. AB	10. ABD
11. BCD	12. ABCD	13. AD	14. ABCD	15. ABCD

三、判断题（每小题 1 分，共计 10 分）

1. √	2. ×	3. ×	4. √	5. √
6. ×	7. ×	8. √	9. √	10. ×

四、案例分析题（每小题 2 分，共计 10 分）

1. C	2. C	3. B	4. D	5. A

答案解析

一、单项选择题

1.【参考答案】A

【答案解析】2024 年税务总局决定，2024 年以“持续提升效能 · 办好为民实事”为主题，紧紧围绕推动国务院“高效办成一件事”部署在税务系统落地见效，持续开展“便民办税春风行动”，集成推出系列惠民利企服务举措，进一步提高纳税人缴费人获得感、满意度。

2.【参考答案】C

【答案解析】2024 年全国税务工作会议要求，2024 年全国税务系统要坚持以习近平新时代中国特色社会主义思想为指导，深刻领悟“两个确立”的决定性意义，增强“四个意识”、坚定“四个自信”、做到“两个维护”，坚持加强党对税务工作的全面领导，坚持完整、准确、全面贯彻新发展理念，坚持稳中求进、以进促稳、先立后破，以建强政治机关为首要责任，以服务高质量发展为首要任务，以聚财生财并举为首要担当，以优服务强监管为有力抓手，以智慧税务建设为有力支撑，以全面从严治党为有力保障，守正创新、接续奋斗，真抓实干、善作善成，高质量推进中国式现代化税务实践，更好发挥税收在国家治理中的基础性、支柱性、保障性作用，为以中国式现代化全面推进强国建设、民族复兴伟业作出更大贡献。

3.【参考答案】A

【答案解析】2023 年中央经济工作会议要求，明年要坚持稳中求进、以进促稳、先立后破，多出有利于稳预期、稳增长、稳就业的政策，在转方式、调结构、提质量、增效益上积极进取，不断巩固稳中向好的基础。要强化宏观政策逆周期和跨周期调节，继续实施积极的财政政策和稳健的货币政策，加强政策工具创新和协调配合。

4.【参考答案】A

【答案解析】2024 年全国税务工作会议强调，加强税收多边合作平台建设，完善“一带一路”税收征管合作机制，加力推进“税路通”品牌建设，着力打造市场化、法治化、国际化税收营商环境。

5.【参考答案】B

【答案解析】党的二十大报告第四部分明确：“（二）建设现代化产业体系。坚持把发展经济的着力点放在实体经济上，推进新型工业化，加快建设制造强国、质量强国、航天强国、交通强国、网络强国、数字中国。”

6.【参考答案】B

【答案解析】《中华人民共和国印花税法》所附《印花税税目税率表》规定，营业账簿的税率为万分之二点五（0.25‰）。

7.【参考答案】D

【答案解析】与转让房地产有关的税金，是指在转让房地产时缴纳的城市维护建设税、印花税。因转让房地产缴纳的教育费附加，也可视同税金予以扣除。

8.【参考答案】C

【答案解析】根据《中华人民共和国环境保护税法》第三条规定，环境保护税的征税对象为纳税人直接向环境排放的应税污染物，包括大气污染物、水污染物、固体废物和噪声。

9.【参考答案】B

【答案解析】根据《中华人民共和国城镇土地使用税暂行条例》第九条规定，纳税人新征用的耕地，自批准征用之日起满1年时开始缴纳城镇土地使用税。该化工厂应缴纳城镇土地使用税税额 $=80000\times10=800000$（元）。

10.【参考答案】C

【答案解析】根据《国家税务总局关于增值税小规模纳税人减免增值税等政策有关征管事项的公告》（国家税务总局公告2023年第1号）第七条规定，纳税人按照《财政部 税务总局关于明确增值税小规模纳税人减免增值税等政策的公告》（财政部 税务总局公告2023年第1号）适用减按1%征收率征收增值税的，对应销售额应填写在《增值税及附加税费申报表（小规模纳税人适用）》"应征增值税不含税销售额（3%征收率）"相应栏次，对应减征的增值税应纳税额按销售额的2%计算填写在《增值税及附加税费申报表（小规模纳税人适用）》"本期应纳税额减征额"及《增值税减免税申报明细表》减税项目相应栏次。

11.【参考答案】A

【答案解析】根据《特别纳税调查调整及相互协商程序管理办法》（国家税务总局公告2017年第6号）第十七条规定，可比非受控价格法以非关联方之间进行的与关联交易相同或者类似业务活动所收取的价格作为关联交易的公平成交价格。可比非受控价格法可以适用于所有类型的关联交易。

12.【参考答案】D

【答案解析】在执行税收协定时，如果同为缔约国双方居民时，确定居民身份的先后顺序为：①永久性住所；②重要利益中心；③习惯性居处；④国籍。当采用上述标准依次判断仍然无法确定其身份时，可由缔约国双方主管当局通过相互协商解决。

13.【参考答案】A

【答案解析】略。

14.【参考答案】B

【答案解析】约谈通知，是在约谈举证的建议被批准之后，向纳税人发出约谈通知文书，约请纳税人的财务负责人、法人代表或经法人代表授权的税务代理人到税务机关对疑点问题举证、说明和解释等。

15.【参考答案】B

【答案解析】对纳入年度风险分析计划的本省千户集团及列名企业，以税收风险指标模型体系为基础，进行计算机扫描，形成相关集团及成员企业的税收风险识别报告。

二、多项选择题

1.【参考答案】ABCD

【答案解析】2023 年中央经济工作会议指出，进一步推动经济回升向好需要克服一些困难和挑战，主要是有效需求不足、部分行业产能过剩、社会预期偏弱、风险隐患仍然较多，国内大循环存在堵点，外部环境的复杂性、严峻性、不确定性上升。

2.【参考答案】ABCD

【答案解析】中共中央办公厅印发的《关于在全党开展党纪学习教育的通知》明确，组织党员特别是党员领导干部认真学习《中国共产党纪律处分条例》，做到学纪、知纪、明纪、守纪，搞清楚党的纪律规矩是什么，弄明白能干什么、不能干什么，把遵规守纪刻印在心，内化为言行准则，进一步强化纪律意识、加强自我约束、提高免疫能力，增强政治定力、纪律定力、道德定力、抵腐定力，始终做到忠诚干净担当。

3.【参考答案】ABCD

【答案解析】2023 年中央经济工作会议指出，要全面贯彻明年经济工作的总体要求，注意把握和处理好好速度与质量、宏观数据与微观感受、发展经济与改善民生、发展与安全的关系，不断巩固和增强经济回升向好态势。

4.【参考答案】ABD

【答案解析】2022 年税务总局印发了进一步加强新时代税务人才工作的意见，提出实施素质提升“2271”工程，结合数字人事考核评价，大力开展税务人才选拔培养，着力构建 200 名左右战略人才、2000 名左右领军人才、7 万名左右业务标兵、1 万名左右青年才俊的税务人才队伍新体系。

5.【参考答案】ACD

【答案解析】2024 年全国税务系统全面从严治党工作会议强调，要巩固拓展主题教育成果，持之以恒学深悟透习近平新时代中国特色社会主义思想；要不断强化政治监督，持之以恒推动党中央决策部署落地见效；要坚持巩固深化提升，持之以恒推动税务系统党的建设高质量发展；要一体推进“三不腐”，持之以恒深化税务系统反腐败斗争；要扎实纠“四风”树新风，持之以恒强化税务系统纪律作风建设；要深入推进税务系统纪检监察体制改革，持之以恒推动一体化综合监督体系有效运转；要加强年轻干部教育管理监督，持之以恒推动税务青年建功新时代、奋进新征程；要加强党建和纪检干部队伍建设，持之以恒做到自身清、自身正、自身硬。

6.【参考答案】ACD

【答案解析】根据《财政部 税务总局关于继续实施物流企业大宗商品仓储设施用地城镇土地使用税优惠政策的公告》（财政部 税务总局公告2023年第5号）第一条规定，2023年1月1日至2027年12月31日，对物流企业自有（包括自用和出租）或承租的大宗商品仓储设施用地，减按所属土地等级适用税额标准的50%计征城镇土地使用税。

7.【参考答案】AC

【答案解析】根据《财政部 税务总局关于印花税若干事项政策执行口径的公告》（财政部 税务总局公告2022年第22号）第一条规定，采用委托贷款方式书立的借款合同纳税人，为受托人和借款人，不包括委托人。

8.【参考答案】ABD

【答案解析】非税收入是相对于税收收入而言的，具体包括：行政事业性收费收入、政府性基金收入、罚没收入、国有资源（资产）有偿使用收入、国有资本收益、彩票公益金收入、特许经营收入、中央银行收入、以政府名义接受的捐赠收入、主管部门集中收入、政府收入的利息收入、其他非税收入。

9.【参考答案】AB

【答案解析】目前，我国可依据《多边税收征管互助公约》与缔约伙伴开展专项情报交换、自动情报交换。

10.【参考答案】ABD

【答案解析】数电票记载的具体内容，具有要素化的特征，包括了基本要素、特定要素和附加要素。

11.【参考答案】BCD

【答案解析】根据《国家税务总局关于单边预约定价安排适用简易程序有关事项的公告》（国家税务总局公告2021年第24号）第二条规定，简易程序包括申请评估、协商签署和监控执行三个阶段。

12.【参考答案】ABCD

【答案解析】根据《中华人民共和国车船税法》第三条规定，捕捞、养殖渔船，军队、武装警察部队专用的车船，警用车船，悬挂应急救援专用号牌的国家综合性消防救援车辆和国家综合性消防救援专用船舶，依照法律规定应当予以免税的外国驻华使领馆、国际组织驻华代表机构及其有关人员的车船，都属于法定减免车船。

13.【参考答案】AD

【答案解析】根据《非居民企业所得税汇算清缴管理办法》（国税发〔2009〕6号）规定，非居民企业具有下列情形之一的，可不参加当年度的所得税汇算清缴：①临时来华承包工程和提供劳务不足1年，在年度中间终止经营活动，且已经结清税款。②汇算清缴期内已办理注销。③其他经主管税务机关批准可不参加当年度所得税汇算清缴。

14.【参考答案】ABCD

【答案解析】《特别纳税调整实施办法（试行）》（国税发〔2009〕2号）第二条规定，该办法适用于税务机关对企业的转让定价、预约定价安排、成本分摊协议、受控外国企业、资本弱化以及一般反避税等特别纳税调整事项的管理。

15.【参考答案】ABCD

【答案解析】税收协定中的特许权使用费包括：使用或有权使用文学、艺术或科学著作的版权，任何专利、商标、设计或模型、图纸、秘密配方或秘密程序所支付的作为报酬的各种款项，或者为有关工业、商业、科学经验的信息所支付的作为报酬的各种款项。

三、判断题

1.【参考答案】√

【答案解析】参见《中华人民共和国企业所得税法》第一条。

2.【参考答案】×

【答案解析】根据《中华人民共和国耕地占用税法》第七条规定，军事设施、学校、幼儿园、社会福利机构、医疗机构占用耕地，免征耕地占用税。

3.【参考答案】×

【答案解析】对出口产品退还增值税、消费税的，不退还城市维护建设税。

4.【参考答案】√

【答案解析】根据《国家税务总局关于房产税城镇土地使用税有关政策规定的通知》（国税发〔2003〕89号）规定，购置新建商品房，自房屋交付使用之次月起计征房产税和城镇土地使用税。

5.【参考答案】√

【答案解析】略。

6.【参考答案】×

【答案解析】印花税的税目、税率，依照《中华人民共和国印花税法》所附《印花税税目税率表》执行，不包括所有类型的合同，如同业拆借的借款合同。

7.【参考答案】×

【答案解析】可以调回资料检查的行政相对人，包括纳税人和扣缴义务人。税务检查过程中涉及的其他相关单位或个人，税务机关可以向其调查取证，但不能强制调回这些单位和个人的资料。

8.【参考答案】√

【答案解析】根据《财政部 国家税务总局 证监会关于个人转让上市公司限售股所得征收个人所得税有关问题的通知》(财税〔2009〕167 号) 规定，对个人在上海证券交易所、深圳证券交易所转让从上市公司公开发行和转让市场取得的上市公司股票所得，免征个人所得税。

9.【参考答案】√

【答案解析】略。

10.【参考答案】×

【答案解析】具有准备性或辅助性的固定营业场所不构成常设机构。

四、案例分析题

1.【参考答案】C

【答案解析】免抵退税不得免征和抵扣的税额 = 417000 ×（13% − 11%）= 8340（元）

2.【参考答案】C

【答案解析】应纳增值税税额 = 554800 ÷（1 + 13%）× 13% −（98500 + 516.96 + 3636.18 − 8340）= −30486.59（元）

3.【参考答案】B

【答案解析】免抵退税额 = 417000 × 11% = 45870（元）

4.【参考答案】D

【答案解析】免抵退税额为 45870 元，应纳增值税税额为 −30486.59 元，则应退税额为 30486.59 元。

5.【参考答案】A

【答案解析】免抵退税额为 45870 元，应退税额为 30486.5 元，则免抵税额 = 45870 − 30486.59 = 15383.41（元）。

五、简答题

【参考答案】(1) 税收风险管理是现代税收管理的先进理念和国际通行做法，是完善我国税收管理体系、提高治理能力、实现税收现代化的有效举措，是构建科学严密税收征管体系的核心工作。

（2）税收风险管理是税收征管改革的突破口，实施税收风险管理，就是要把有限的征管资源优先配置到高风险领域和大企业税收领域，实现税源管理专业化，推动服务管理方式创新和税收管理体制变革。

（3）税收风险管理是完成组织收入目标的重要抓手，开展税收风险管理，通过风险分析识别，有助于找准税收漏洞，有效实施风险应对，促进税收收入的可持续增长。

模拟测试（三）

一、单项选择题（下列各题的备选答案中，只有一个正确选项，请将正确选项的字母填写在括号中，多选、错选、不选均不得分。每小题 2 分，共计 30 分）

1. 中国共产党跳出治乱兴衰历史周期率的第二个答案是（　　）。

A. 独立自主　　B. 人民监督

C. 自我革命　　D. 从严治党

2. 党的二十届三中全会提出，健全有利于（　　）的税收制度，优化税制结构。

A. 高质量发展、社会公平、市场统一

B. 高质量发展、社会和谐、市场统一

C. 高质量发展、社会公平、市场完善

D. 高质量发展、社会和谐、市场完善

3. 税务部门要认真学习贯彻习近平经济思想、习近平法治思想和习近平总书记关于税收工作的重要论述，牢牢把握高质量推进中国式现代化税务实践这一主线，坚持以科学精细、务实高效的管理理念打造（　　），坚定不移推动党中央决策部署落地见效。

A. 智慧税务　　B. 效能税务

C. 智能税务　　D. 高效税务

4. 2024 年 4 月，国家税务总局启动第 33 个全国税收宣传月，主题为（　　）。

A. 税惠千万家 共建现代化

B. 税收·发展·民生

C. 税助发展 向新而进

D. 持续提升效能 办好为民实事

5. 2024 年 7 月 31 日，中共中央、国务院印发《关于加快经济社会发展全面绿色转型的意见》，明确要健全绿色转型财税政策。以下不属于《意见》中关于健全绿色转型财税政策的是（　　）。

A. 落实环境保护、节能节水、资源综合利用、新能源和清洁能源车船税收优惠

B. 研究把城市维护建设税、教育费附加、地方教育附加合并为地方附加税

C. 完善绿色税制，全面推行水资源费改税

D. 完善环境保护税征收体系

6. 应税合同、产权转移书据未列明金额的，印花税的计税依据按照（　　）的金额确定。

A. 实际结算　　B. 预估结算

C. 同类合同结算　　D. 发票载明

7. 纳税人建造普通标准住宅出售，增值额未超过扣除项目金额（　　）的免征土地增值税。

A. 10%　　B. 15%

C. 20%　　D. 25%

8. 关于环境保护税的计税依据，下列说法错误的是（　　）。

A. 应税大气污染物按照污染物排放量折合的污染当量数确定

B. 应税水污染物按照污染物排放量折合的污染当量数确定

C. 应税固体废物按照固体废物的排放量确定

D. 应税噪声按照实际测量的分贝数确定

9. A 公司为增值税一般纳税人，2023 年 1 月 1 日将自有厂房出租，当月交付使用，每月收取不含税租金 5000 元，A 公司 2023 年应缴纳房产税（　　）元。

A. 720　　B. 360

C. 7200　　D. 3600

10. 某增值税一般纳税人为符合留抵退税政策条件的制造业企业，其已抵扣的下列扣税凭证的税额，不能作为计算进项构成比例的分子的是（　　）。

A. 农产品收购发票

B. 收费公路通行费增值税电子普通发票

C. 海关进口增值税专用缴款书

D. 增值税专用发票

11. 由居民企业，或者由居民企业和中国居民控制的设立在实际税负低于（　　）的国家（地区）的企业，并非由于合理的经营需要而对利润不作分配或者减少分配应当重点关注。

A. 12. 5%　　B. 25%

C. 9%　　D. 6%

12. 企业每年度发生的关联交易金额在（　　）万元人民币以上，并且符合相关条件的，单边预约定价安排可以申请适用简易程序。

A. 4000　　B. 5000

C. 6000　　D. 7000

13. 对个人投资者持有 2024—2027 年发行的铁路债券取得的利息收入，减按（　　）计入应纳税所得额计算征收个人所得税。

A. 25%　　B. 50%

C. 75%　　D. 12.5%

14. 阶段性降低失业保险费率至 1% 的政策，实施期限延长至（　　）年底。

A. 2023　　B. 2024

C. 2025　　D. 2026

15. 关于农产品发票勾选抵扣纳入电子发票服务平台的发票开具时间范围，下列说法正确的是（　　）。

A. 农产品发票开具之日的次月起

B. 农产品发票开具之日的当月起

C. 纳税人使用电子税务局税务数字账户功能的次月起

D. 纳税人使用电子税务局税务数字账户功能的当月起

二、多项选择题（下列各题的备选答案中，至少有两个正确选项，请将正确选项的字母填写在括号中，多选、错选、少选、不选均不得分。每小题 2 分，共计 30 分）

1. 2024 年全国税务工作会议提到要旗帜鲜明讲政治，坚定不移建强政治机关、走好第一方阵。强调要做到的有（　　）。

A. 持续拓展主题教育成果

B. 持续深化政治机关意识教育和对党忠诚教育

C. 持续提升党建工作质效

D. 持续夯实基层基础

2. 打造效能税务的根本要求，是坚决当好党中央决策部署的（　　）。

A. 执行者　　B. 行动派

C. 实干家　　D. 践行者

3. 根据 2024 年 2 月 5 日中共中央发布的《党史学习教育工作条例》，党史学习教育工作遵循的原则包括（　　）。

A. 坚持党的全面领导

B. 坚持围绕中心、服务大局

C. 坚持以史鉴今、资政育人

D. 坚持统筹谋划、开拓创新

4. 2024 年全国税务工作会议强调要把准税务部门职责定位，具体包括（　　）。

A. 做党中央权威的忠诚捍卫者

B. 做推动高质量发展的高效执行者

C. 做优化营商环境的切实守护者

D. 做纳税人缴费人的倾情服务者

5. 2024 年全国税务工作会议指出，当前和今后一个时期，要做好“六个着力强化”，其中包括（　　）。

A. 着力强化政治统领

B. 着力强化依法治税

C. 着力强化改革创新

D. 着力强化科技先导

6. 下列情形中，以纳税人当期污染物产生量作为排放量计征环境保护税的有（　　）。

A. 未依法安装使用污染物自动监测设备

B. 通过暗管方式违法排放污染物

C. 篡改、伪造污染物监测数据

D. 损毁或擅自移动污染物自动监测设备

7. 根据契税法律制度的规定，下列各项中，不属于契税纳税人的有（　　）。

A. 购买房屋的个人

B. 离婚房产分割

C. 出售房屋的个人

D. 企业承受国家出让的土地使用权

8. 下列凭证中，免征印花税的有（　　）。

A. 应税凭证的副本或者抄本

B. 无息或贴息借款合同

C. 企业与电子商务经营者订立的电子订单

D. 非营利性医疗卫生机构采购药品或者卫生材料书立的买卖合同

9. 增值税一般纳税人取得的下列凭证，允许抵扣进项税额的是（　　）。

A. 购进农业生产者销售的免税农产品取得收购发票

B. 从小规模纳税人批发商购买免税农产品取得增值税普通发票

C. 从国有粮食购销企业购进免税粮食取得增值税专用发票

D. 从一般纳税人购买农产品取得增值税专用发票

10. 企业为境外关联方从事（　　）或者（　　）等单一生产业务，或者从事分销、合约研发业务，原则上应当保持合理的利润水平。

A. 来料加工　　B. 进料加工

C. 合约生产　　D. 委托代工

11. 税务机关实施特别纳税调查，应当重点关注具有一些风险特征的企业，这些风险特征包括（　　）。

A. 与低税国家（地区）关联方发生关联交易

B. 未按照规定进行关联申报或者准备同期资料

C. 从其关联方接受的债权性投资与权益性投资的比例超过规定标准

D. 实施其他不具有合理商业目的的税收筹划或者安排

12. 税务机关在办理增量留抵退税过程中，发现申请留抵退税的纳税人存在（　　）情形的，应暂停为其办理留抵退税。

A. 被税务稽查立案且未结案的

B. 取得增值税异常扣税凭证未处理的

C. 存在增值税涉税风险疑点的

D. 涉嫌骗取出口退税、虚开增值税专用发票等增值税重大税收违法行为的

13. 非居民纳税人享受协定待遇，采取（　　）方式办理。

A. 自行判断

B. 申报享受

C. 相关资料留存备查

D. 相关资料报税务机关备案

14. 数电票的特点有（　　）。

A. 去介质　　B. 去版式

C. 标签化　　D. 要素化

15. 下列各项会计要素中，反映企业经营成果的有（　　）。

A. 资产　　B. 利润

C. 收入　　D. 费用

三、判断题（每小题 1 分，共计 10 分）

1. 纳税保证人未按照规定的履行保证责任的期限缴纳税款及滞纳金的，税务机关无需责令限期缴纳，经县以上税务局（分局）局长批准，即可对纳税保证人采取强制执行措施。（　　）

2. 单位按低于购置或建造成本价格出售住房给职工，职工因此而少支出的差价部分，不符合免征个人所得税情形的，应将差价收入计入综合所得计算缴纳个人所得税。（　　）

3. 房产税在城市、县城、建制镇和工矿区、农村征收。（　　）

4. 个人从两处以上取得经营所得的，应选择向其中一处经营管理所在地主管税务机关办理个人所得税年度汇总申报。（　　）

5. 被查纳税人的弟弟所作的对该被查纳税人有利的证言不能单独作为定案依据。（　　）

6. 境外所得采用简易办法计算抵免额的，可以适用饶让抵免。 (   )
7. 情报交换指缔约方税务机关之间交换涉税信息或开展税务检查合作，包括专项情报交换、自动情报交换、自发情报交换、同期税务检查和境外税务检查。 (   )
8. 合作建房，建成后转让的，免征土地增值税。 (   )
9. 小规模纳税人转让其取得的不动产适用5%征收率计征增值税。 (   )
10. 交易净利润法以关联交易发生的合理成本加上可比非关联交易毛利后的金额作为关联交易的公平成交价格。 (   )

四、案例分析题（每小题2分，共计10分）

小钱是某省设区市税务局征管部门从事税收征管改革的工作人员，参加了全省税收征管改革工作会议，会上要求全省进一步转变税收征管方式，提高税收征管效能，重点加强纳税人分类分级管理。会议结束后，小钱准备对全市的纳税人进行分类分级统计分析，并制定本市的管理办法。

请结合以上材料回答下列问题：

1. （单选题）小钱决定对全市纳税人进行摸底统计，其中企业纳税人按照要求根据一定标准进行分类，这里的标准主要是（   ）。

A. 规模和行业　　B. 规模和地区

C. 行业和地区　　D. 行业和税种

2. （单选题）小钱在制定本市的分类分级管理办法时，最有可能将一般税源企业和一般自然人的管理职责交给（   ）。

A. 市级税务机关　　B. 县级税务机关

C. 属地税务分局　　D. 重点税源分局

3. （多选题）转变税收征管方式，提高税收征管效能的重点在于实现四个转变，具体包括（   ）。

A. 固定管户向分类分级管户

B. 无差别管理向差异化管理

C. 事前审核向事中事后监管

D. 经验管理向大数据管理

4. （多选题）企业纳税人按规模可分为大企业、重点税源企业和一般税源企业，下列关于分类描述准确的有（   ）。

A. 大企业专指税务总局确定并牵头管理的、资产或纳税规模达到一定标准的企业集团

B. 重点税源企业是指省以下税务机关牵头管理的、资产或纳税规模达到一定标准的企业纳税人

C. 一般税源企业是指除大企业、重点税源企业以外的企业纳税人

D. 一般税源企业是指中等规模及以下的企业

5.（多选题）除了对纳税人进行分类外，小钱还需要对涉税事项进行划分，涉税事项可以划分为（　　）。

A. 纳税服务事项　　B. 基础管理事项

C. 风险管理事项　　D. 法制事务事项

五、简答题（共20分）

《关于进一步深化税收征管改革的意见》提出，着力建设以服务纳税人缴费人为中心、以发票电子化改革为突破口、以税收大数据为驱动力的具有高集成功能、高安全性能、高应用效能的智慧税务。请简述数电票的特点。

模拟测试（三）·参考答案及解析

答案速查

一、**单项选择题**（每小题 2 分，共计 30 分）

1. C	2. A	3. B	4. C	5. B
6. A	7. C	8. D	9. C	10. A
11. A	12. A	13. B	14. C	15. C

二、**多项选择题**（每小题 2 分，共计 30 分）

1. ABC	2. ABC	3. ABCD	4. ABD	5. ABC
6. ABCD	7. BC	8. ABD	9. ACD	10. AB
11. ABCD	12. ABC	13. ABC	14. ABCD	15. BCD

三、**判断题**（每小题 1 分，共计 10 分）

1. ×	2. ×	3. ×	4. √	5. √
6. ×	7. √	8. ×	9. √	10. ×

四、**案例分析题**（每小题 2 分，共 10 分）

1. A	2. B	3. ABCD	4. ABC	5. ABCD

答案解析

一、单项选择题

1.【参考答案】C

【答案解析】习近平总书记在党的二十大报告中指出，经过不懈努力，党找到了自我革命这一跳出治乱兴衰历史周期率的第二个答案。

2.【参考答案】A

【答案解析】详见党的二十届三中全会通过的《中共中央关于进一步全面深化改革 推进中国式现代化的决定》。

3.【参考答案】B

【答案解析】国家税务总局党委书记、局长胡静林在《学习时报》发表《高质量推进中国式现代化税务实践》一文中指出，税务部门要认真学习贯彻习近平经济思想、习近平法治思想和习近平总书记关于税收工作的重要论述，牢牢把握高质量推进中国式现代化税务实践这一主线，坚持以科学精细、务实高效的管理理念打造效能税务，坚定不移推动党中央决策部署落地见效。

4.【参考答案】C

【答案解析】国家税务总局每年4月紧扣党中央、国务院重大决策部署，围绕税收重点工作，集中开展全国税收宣传月活动，深入宣传税法知识、解读税费政策、倡导税收诚信，已成为纳税人缴费人自觉接受税法教育的重要课堂，也是社会各界主动了解税收、积极支持税收的重要载体。2024年4月，税务总局启动第33个全国税收宣传月，主题为“税助发展 向新而进”。

5.【参考答案】B

【答案解析】详见中共中央、国务院印发的《关于加快经济社会发展全面绿色转型的意见》。

6.【参考答案】A

【答案解析】根据《中华人民共和国印花税法》第六条规定，应税合同、产权转移书据未列明金额的，印花税的计税依据按照实际结算的金额确定。

7.【参考答案】C

【答案解析】根据《中华人民共和国土地增值税暂行条例》第八条规定，纳税人建造普通标准住宅出售，增值额未超过扣除项目金额之和20%的，免征土地增值税。

8.【参考答案】D

【答案解析】根据《中华人民共和国环境保护税法》第七条规定，应税大气污染物、应税水污染物的计税依据按照污染物排放量折合的污染当量数确定，固体废物的计税依据为排放量，噪声的计税依据为超标分贝。

9.【参考答案】C

【答案解析】应缴纳房产税税额 $=5000\times12\times12\%=7200$（元）

10.【参考答案】A

【答案解析】根据《财政部 税务总局关于进一步加大增值税期末留抵退税政策实施力度的公告》（财政部 税务总局公告2022年第14号）第八条规定，进项构成比例，为2019年4月至申请退税前一税款所属期已抵扣的增值税专用发票（含带有“增值税专用发票”字样全面数字化的电子发票、税控机动车销售统一发票）、收费公路通行费增值税电子普通发票、海关进口增值税专用缴款书、解缴税款完税凭证注明的增值税额占同期全部已抵扣进项税额的比重。

11.【参考答案】A

【答案解析】根据《特别纳税调查调整及相互协商程序管理办法》（国家税务总局公告2017年第6号）第四条规定，税务机关实施特别纳税调查，应当重点关注具有以下风险特征的企业：由居民企业，或者由居民企业和中国居民控制的设立在实际税负低于12.5%的国家（地区）的企业，并非由于合理的经营需要而对利润不作分配或者减少分配。

12.【参考答案】A

【答案解析】根据《国家税务总局关于单边预约定价安排适用简易程序有关事项的公告》（国家税务总局公告2021年第24号）第三条规定，企业在主管税务机关向其送达受理申请的《税务事项通知书》之日所属纳税年度前3个年度，每年度发生的关联交易金额4000万元人民币以上，并符合下列条件之一的，可以申请适用简易程序。

（1）已向主管税务机关提供拟提交申请所属年度前3个纳税年度的、符合《国家税务总局关于完善关联申报和同期资料管理有关事项的公告》（国家税务总局公告2016年第42号）规定的同期资料；

（2）自企业提交申请之日所属纳税年度前10个年度内，曾执行预约定价安排，且执行结果符合安排要求的；

（3）自企业提交申请之日所属纳税年度前10个年度内，曾受到税务机关特别纳税调查调整且结案的。

13.【参考答案】B

【答案解析】根据《财政部 税务总局关于铁路债券利息收入所得税政策的公告》（财政部 税务总局公告2023年第64号）第二条规定，对个人投资者持有2024—2027年发行的铁路债券取得的利息收入，减按50%计入应纳税所得额计算征收个人所得税。

14.【参考答案】C

【答案解析】根据《人力资源社会保障部 财政部 国家税务总局关于延续实施失业保险援企稳岗政策的通知》（人社部发〔2024〕40号）规定，阶段性降低失业保险费率至1%的政策，实施期限延长至2025年12月31日。

15.【参考答案】C

【答案解析】农产品发票勾选抵扣纳入电子发票服务平台的发票开具时间范围，是纳税人使用电子税务局税务数字账户功能的次月起。

二、多项选择题

1.【参考答案】ABC

【答案解析】2024年全国税务工作会议提到，旗帜鲜明讲政治，坚定不移建强政治机关、走好第一方阵。持续拓展主题教育成果，抓好成果转化运用，建立健全完善税务系统主题教育常态化长效化制度机制；持续深化政治机关意识教育和对党忠诚教育，促进税务系统政治机关建设一贯到底；持续提升党建工作质效，进一步优化“纵合横通强党建”工作机制，全面推进党支部标准化规范化建设，强化党建与业务深度融合。

2.【参考答案】ABC

【答案解析】国家税务总局党委书记、局长胡静林在《学习时报》发表《高质量推进中国式现代化税务实践》一文中指出，坚决当好党中央决策部署的执行者、行动派、实干家，这是打造效能税务的根本要求。

3.【参考答案】ABCD

【答案解析】党史学习教育工作遵循以下原则：坚持党的全面领导；坚持围绕中心、服务大局；坚持以史鉴今、资政育人；坚持统筹谋划、开拓创新；坚持分类指导、精准施策；坚持唯物史观和正确党史观。

4.【参考答案】ABD

【答案解析】2024年全国税务工作会议强调，要自觉对标对表党的二十大精神和中央经济工作会议部署，深刻认识当前税务工作面临的形势任务，努力在服务党和国家事业发展大局中进一步牢牢把准税务部门职责定位，做党中央权威的忠诚捍卫者、做推动高质量发展的高效执行者、做纳税人缴费人的倾情服务者、做经济社会秩序的坚定维护者。

5.【参考答案】ABC

【答案解析】2024年全国税务工作会议强调，当前和今后一个时期，要紧紧聚焦“以习近平新时代中国特色社会主义思想为指引，高质量推进中国式现代化税务实践”这一工作主线，着力强化政治统领，着力强化依法治税，着力强化改革创新，着力强化管理增效，着力强化服务提质，着力强化风险防范，坚持一张蓝图绘到底，持续完善“抓好党务、干好税务、带好队伍”的工作体系，在以税收现代化服务中国式现代化的新征程中再建新功。

6.【参考答案】ABCD

【答案解析】根据《中华人民共和国环境保护税法实施条例》第七条规定，纳税人有下列情形之一的，以其当期应税大气污染物、水污染物的产生量作为污染物的排放量：①未依法安装使用监测设备或者未将监测设备联网；②损毁或者擅自移动、改变监测设备；③篡改、伪造监测数据；④通过暗管、渗井、渗坑、灌注或者稀释排放以及不正常运行设施等方式违法排放；⑤进行虚假纳税申报。

7.【参考答案】BC

【答案解析】根据《中华人民共和国契税法》第一条规定，在中华人民共和国境内转移土地、房屋权属，承受的单位和个人为契税的纳税人。

8.【参考答案】ABD

【答案解析】根据《中华人民共和国印花税法》第十二条规定，个人与电子商务经营者订立的电子订单免征印花税。

9.【参考答案】ACD

【答案解析】根据《财政部 税务总局关于简并增值税税率有关政策的通知》（财税〔2017〕37 号）第二条规定，纳税人购进农产品，取得一般纳税人开具的增值税专用发票或海关进口增值税专用缴款书的，以增值税专用发票或海关进口增值税专用缴款书上注明的增值税额为进项税额；从按照简易计税方法依照 3% 征收率计算缴纳增值税的小规模纳税人取得增值税专用发票的，以增值税专用发票上注明的金额和相应的扣除率计算进项税额；取得（开具）农产品销售发票或收购发票的，以农产品销售发票或收购发票上注明的农产品买价和相应的扣除率计算进项税额；纳税人从批发、零售环节购进适用免征增值税政策的蔬菜、部分鲜活肉蛋而取得的普通发票，不得作为计算抵扣进项税额的凭证。根据《财政部 税务总局 海关总署关于深化增值税改革有关政策的公告》（财政部 税务总局 海关总署 2019 年第 39 号公告）第二条规定，纳税人购进农产品，扣除率调整为 9%。纳税人购进用于生产或者委托加工 13% 税率货物的农产品，按照 10% 的扣除率计算进项税额。

10.【参考答案】AB

【答案解析】根据《特别纳税调查调整及相互协商程序管理办法》（国家税务总局公告 2017 年第 6 号）第二十八条规定，企业为境外关联方从事来料加工或者进料加工等单一生产业务，或者从事分销、合约研发业务，原则上应当保持合理的利润水平。

11.【参考答案】ABCD

【答案解析】根据《特别纳税调查调整及相互协商程序管理办法》（国家税务总局公告 2017 年第 6 号）第四条规定，税务机关实施特别纳税调查，应当重点关注具有以下风险特征的企业：

（1）关联交易金额较大或者类型较多；

（2）存在长期亏损、微利或者跳跃性盈利；

（3）低于同行业利润水平；

（4）利润水平与其所承担的功能风险不相匹配，或者分享的收益与分摊的成本不相配比；

（5）与低税国家（地区）关联方发生关联交易；

（6）未按照规定进行关联申报或者准备同期资料；

（7）从其关联方接受的债权性投资与权益性投资的比例超过规定标准；

（8）由居民企业，或者由居民企业和中国居民控制的设立在实际税负低于12.5%的国家（地区）的企业，并非由于合理的经营需要而对利润不作分配或者减少分配；

（9）实施其他不具有合理商业目的的税收筹划或者安排。

12.【参考答案】ABC

【答案解析】根据《国家税务总局关于办理增值税期末留抵税额退税有关事项的公告》（国家税务总局公告2019年第20号）第十二条规定，税务机关在办理留抵退税期间，发现符合留抵退税条件的纳税人存在以下情形，暂停为其办理留抵退税：①存在增值税涉税风险疑点的；②被税务稽查立案且未结案的；③增值税申报比对异常未处理的；④取得增值税异常扣税凭证未处理的；⑤国家税务总局规定的其他情形。

根据该公告第十四条规定，税务机关对增值税涉税风险疑点进行排查时，发现纳税人涉嫌骗取出口退税、虚开增值税专用发票等增值税重大税收违法行为的，终止为其办理留抵退税，并自作出终止办理留抵退税决定之日起5个工作日内，向纳税人出具终止办理留抵退税的《税务事项通知书》。税务机关对纳税人涉嫌增值税重大税收违法行为核查处理完毕后，纳税人仍符合留抵退税条件的，可按照该公告的规定重新申请办理留抵退税。

因此，主管税务机关发现纳税人存在除选项D以外的情形，应暂停为其办理留抵退税；发现选项D情形的，应终止为其办理留抵退税。

13.【参考答案】ABC

【答案解析】根据《非居民纳税人享受协定待遇管理办法》（国家税务总局公告2019年第35号）第三条规定，非居民纳税人享受协定待遇，采取“自行判断、申报享受、相关资料留存备查”的方式办理。

14.【参考答案】ABCD

【答案解析】数电票的特点有：去介质、去版式、标签化、要素化、赋码制、授信制。

15.【参考答案】BCD

【答案解析】反映企业经营成果的会计要素包括收入、费用、利润三项。

三、判断题

1.【参考答案】×

【答案解析】根据《纳税担保试行办法》第十三条规定，纳税人在规定的期限届满未缴清税款及滞纳金，税务机关在保证期限内书面通知纳税保证人的，纳税保证人应按照纳税担保书约定的范围，自收到纳税通知书之日起15日内缴纳税款及滞纳金，履行担保责任。纳税保证人未按照规定的履行保证责任的期限缴纳税款及滞纳金的，由税务机关发出责令限期缴纳通知书，责令纳税保证人在限期15日内缴纳；逾期仍未缴纳的，经县以上税务局（分局）局长批准，对纳税保证人采取强制执行措施，通知其开户银行或其他金融机构从其存款中扣缴所担保的纳税人应缴纳的税款、滞纳金，或扣押、查封、拍卖、变卖其价值相当于所担保的纳税人应缴纳的税款、滞纳金的商品、货物或者其他财产，以拍卖、变卖所得抵缴担保的税款、滞纳金。

2.【参考答案】×

【答案解析】单位按低于购置或建造成本价格出售住房给职工，职工因此而少支出的差价部分，不符合免征个人所得税情形的，差价收入不计入综合所得，单独计算缴纳个人所得税。

3.【参考答案】×

【答案解析】根据《中华人民共和国房产税暂行条例》规定，房产税按房屋的计税余值或租金收入为计税依据，在城市、县城、建制镇和工矿区征收，不包括农村。

4.【参考答案】√

【答案解析】根据《国家税务总局关于个人所得税自行纳税申报有关问题的公告》（国家税务总局公告2018年第62号）规定，纳税人从两处以上取得经营所得的，选择向其中一处经营管理所在地主管税务机关办理年度汇总申报，并报送《个人所得税经营所得纳税申报表（C表）》。

5.【参考答案】√

【答案解析】根据《最高人民法院关于行政诉讼证据若干问题的规定》（法释〔2002〕21号）规定，与一方当事人有亲属关系或者其他密切关系的证人所作的对该当事人有利的证言，或者与一方当事人有不利关系的证人所作的对该当事人不利的证言不能单独作为定案依据。

6.【参考答案】×

【答案解析】根据《企业境外所得税收抵免操作指南》（国家税务总局公告2010年

第 1 号）规定，境外所得采用简易办法计算抵免额的，不适用饶让抵免。

7.【参考答案】√

【答案解析】略。

8.【参考答案】×

【答案解析】根据《财政部 国家税务总局关于土地增值税一些具体问题规定的通知》（财税字〔1995〕48 号）第二条规定，合作建房，建成后转让的，应征收土地增值税。

9.【参考答案】√

【答案解析】根据《纳税人转让不动产增值税征收管理暂行办法》（国家税务总局公告 2016 年第 14 号）规定，小规模纳税人转让其取得的不动产，除个人转让其购买的住房外，按照以下规定缴纳增值税：①小规模纳税人转让其取得（不含自建）的不动产，以取得的全部价款和价外费用扣除不动产购置原价或者取得不动产时的作价后的余额为销售额，按照 5% 的征收率计算应纳税额。②小规模纳税人转让其自建的不动产，以取得的全部价款和价外费用为销售额，按照 5% 的征收率计算应纳税额。

10.【参考答案】×

【答案解析】成本加成法以关联交易发生的合理成本加上可比非关联交易毛利后的金额作为关联交易的公平成交价格。

四、案例分析题

1.【参考答案】A

【答案解析】纳税人分级分类管理办法中提出企业纳税人分类以规模和行业为主。

2.【参考答案】B

【答案解析】一般税源企业和一般自然人主要由县级税务机关负责管理。

3.【参考答案】ABCD

【答案解析】各级税务机关是实施分类分级管理的主体，应当落实管理责任，加强协作沟通，防范管理漏洞，逐步实现固定管户向分类分级管户、无差别管理向差异化管理、事前审核向事中事后监管、经验管理向大数据管理的转变。

4.【参考答案】ABC

【答案解析】企业纳税人按规模分为大企业、重点税源企业和一般税源企业。大企业专指税务总局确定并牵头管理的、资产或纳税规模达到一定标准的企业集团；重点税源企业是指省以下税务机关牵头管理的、资产或纳税规模达到一定标准的企业纳税人，具体标准由省税务机关确定；一般税源企业是指除大企业、重点税源企业以外的企业纳税人。

5.【参考答案】ABCD

【答案解析】涉税事项分为纳税服务事项、基础管理事项、风险管理事项和法制事务事项。

五、简答题

【参考答案】数电票的六大特点为：去介质、去版式、标签化、要素化、赋码制、授信制。

去介质：纳税人不再需要预先领取税控专用设备，可以直接通过电子税务局内嵌的电子发票服务平台，基于实名身份开票。

去版式：数电票以电子形式交付，破除 PDF、OFD 等特定版式要求。

标签化：通过标签实现对电子发票功能、状态、用途的具体分类。

要素化：发票要素，包括最基本的纳税人名称、商品名称及代码、单价、金额、税额等。

赋码制：电子发票服务平台会对开具的发票自动赋予唯一的编码，数电票采取 20 位编码规则。

授信制：依托动态“信用 + 风险”的体系，结合纳税人生产经营、开票和申报行为，自动为纳税人赋予发票开具金额总额度并动态调整。